Einflussfaktoren auf den Erfolg des Problemlösungsprozesses in Projekten

T0316767

ARBEITSWISSENSCHAFT
in der betrieblichen Praxis

Herausgegeben von Peter Knauth

Band 24

PETER LANG

Frankfurt am Main · Berlin · Bern · Bruxelles · New York · Oxford · Wien

Roland Lerch

Einflussfaktoren auf den Erfolg des Problemlösungsprozesses in Projekten

Eine empirische Studie an Kleinprojekten

PETER LANG
Europäischer Verlag der Wissenschaften

Bibliografische Information Der Deutschen Bibliothek
Die Deutsche Bibliothek verzeichnet diese Publikation in der
Deutschen Nationalbibliografie; detaillierte bibliografische
Daten sind im Internet über <http://dnb.ddb.de> abrufbar.

Zugl.: Karlsruhe, Univ., Diss., 2005

Gedruckt auf alterungsbeständigem,
säurefreiem Papier.

D 90
ISSN 0946-4166
ISBN 3-631-54502-9

© Peter Lang GmbH
Europäischer Verlag der Wissenschaften
Frankfurt am Main 2005
Alle Rechte vorbehalten.

Printed in Germany 1 2 3 4 5 7

www.peterlang.de

Inhaltsverzeichnis

1   **Einleitung** **15**

1.1   Aufgabenstellung 15

1.2   Vorgehensweise 19

2   **Begriffe und Definitionen** **23**

2.1   System 24

2.2   Projekt 25

2.3   Prozess 31

2.4   Problem und Problemlösungsprozess 33

2.5   Systems Engineering (Systemtechnik) 38

2.6   Projektmanagement 40

2.7   Interdisziplinärer Bezugsrahmen der Problemlösung 42

3   **Existierende Modelle der Vorgehensweise zur Lösung
komplexer Probleme** **43**

3.1   Wertanalyse (VDI 2800) 44

3.2   Methodik zum Entwickeln und Konstruieren technischer
Systeme und Produkte (VDI-Richtlinie 2221) 47

3.3   6-Stufen-Methode von REFA 49

3.4   Prototyping 51

3.5   Versionenkonzept 52

3.6   Simultaneous Engineering 53

3.7   Systemisch-evolutionäres Projektmanagement 55

3.8   Vorgehensmodell des Systems Engineering 57

3.9   Vergleich der Vorgehensmodelle und Auswahl eines
adäquaten Vorgehensmodells 61

4 Erweitertes Modell zur Messung des Erfolgs des Problemlösungsprozesses in Projekten 69

4.1   Bestandsaufnahme der verwendeten Erfolgsmessgrößen 69

4.2   Erweitertes Erfolgsmessmodell 80

5 Neues integriertes Gesamtmodell der Einflussfaktoren auf den Erfolg des Problemlösungsprozesses in Projekten 85

5.1   Bezugsrahmen von Gemünden 86

5.2   Defizite der bisherigen Einflussfaktorenforschung 88

5.3   Neues Integriertes Gesamtmodell der Einflussfaktoren auf den Erfolg des Problemlösungsprozesses in Projekten 90

6 Hypothesen 95

7 Methodik der Befragung 105

7.1   Befragungstechnik und Personenkreis 105

7.2   Fragebogenerstellung 107

7.3   Pretest 111

7.4   Ablauf der Befragung 117

7.5   Stichprobenauswahl 118

7.6   Durchführung der Studie 119

8 Methodik der Datenauswertung 121

8.1   Bereinigung des Datenmaterials 121

8.2   Prüfung der Einhaltung der Bedingungen für die Stichprobe 123

8.3   Charakterisierung der Stichprobe 124

8.4   Prüfung hypothetischer Konstrukte 124

8.5   Statistisches Verfahren zur Hypothesenprüfung 129

9 Ergebnisse der empirischen Studie **135**

9.1 Bereinigung des Datenmaterials (Schritt 1) 135

9.2 Prüfung des Datenmaterials (Schritt 2) 137

9.3 Charakterisierung der Stichprobe (Schritt 3) 142

9.4 Prüfung der Normalverteilungshypothese (Schritt 4) 153

9.5 Prüfung der hypothetischen Konstrukte (Schritt 5) 154

9.6 Explorative Faktorenanalyse (Zusatzschritt) 160

9.7 Konstruktprüfung beim Modifizierten Erfolgsmessmodell
(Wiederholung Schritt 5) 167

9.8 Hypothesenprüfung (Schritt 6) 170

10 Ergebnisvergleich und Ableitung von Handlungsempfehlungen **187**

10.1 Ergebnisvergleich mit anderen empirischen Studien 187

10.2 Ableitung von Handlungsempfehlungen für Kleinprojekte 189

11 Zusammenfassung und Ausblick **195**

12 Literatur **199**

A Unterlagen zur Vorbereitung des Interviews **221**

B Fragebogen **231**

Abbildungsverzeichnis

Abb. 1-1: Beeinflussungsmöglichkeit und -kosten im Lebenszyklus 17

Abb. 1-2: Schematische Darstellung der Vorgehensweise in dieser Arbeit... 21

Abb. 2-1: Strukturorientierte Systemdarstellung 24

Abb. 2-2: Funktionsorientierte Systemdarstellung 25

Abb. 2-3: Veränderung eines Systems 25

Abb. 2-4: Projektarbeit im zeitlichen Verlauf der Systemveränderung 27

Abb. 2-5: Schematische Darstellung von Prozessen 32

Abb. 2-6: Problem als Differenz zwischen Ist-Zustand und Soll-Zustand 34

Abb. 2-7: Problem und Lösung im zeitlichen Verlauf 34

Abb. 2-8: Problemlösungsprozess als Transformationsprozess 35

Abb. 2-9: Deming-Rad 35

Abb. 2-10: Der Problemlösungsprozess innerhalb des Lebenszyklus eines
Systems 37

Abb. 2-11: Darstellung des Vorgehensprinzips „Vom Groben zum Detail" ... 39

Abb. 2-12: Systems Engineering (SE) 40

Abb. 2-13: Interdisziplinärer Bezugsrahmen der Problemlösung 42

Abb. 3-1: Phasenmodell nach Hansel und Lomnitz 43

Abb. 3-2: Wertanalyse-Arbeitsplan nach VDI-Richtlinie 2801 46

Abb. 3-3: Konstruktionsmethodik nach VDI-Richtlinie 2221 48

Abb. 3-4: REFA-6-Stufen-Methode 50

Abb. 3-5: Vergleich von sequentieller und simultaner Entwicklung 54

Abb. 3-6: Sichtweise des Projektablaufs beim systemisch-evolutionären
Projektmanagement 56

Abb. 3-7: Vorgehensmodelle des Systems Engineering:
Problemlösungsprozess und Problemlösungszyklus in Projekten.. 58

Abb. 3-8: Bedeutung der einzelnen Schritte des Problemlösungszyklus
im Problemlösungsprozess 60

Abb. 3-9: Erweiterter interdisziplinärer Bezugsrahmen der
Problemlösung.. 68

Abb. 4-1: Schematische Darstellung des Projekterfolgs bei Murphy et al.
(eigene Darstellung) 71

Abb. 4-2: Schematische Darstellung des Projekterfolgs bei Pinto
(eigene Darstellung) 72

Abb. 4-3: Erfolgsmodell nach Lechler 73

Abb. 4-4: Modell für Project Excellence 77

Abb. 4-5: Erweitertes Erfolgsmessmodell 81

Abb. 5-1: Bezugsrahmen zur Einordnung der empirischen Studien 87

Abb. 5-2: Neues integriertes Gesamtmodell der Einflussfaktoren
auf den Problemlösungsprozess in Projekten 91

Abb. 7-1: Typen der Befragung 106

Abb. 7-2: Projektbeteiligte bei einem Projekt mit externem Auftraggeber
bzw. internem Auftraggeber 115

Abb. 8-1: Ablaufschritte der konfirmatorischen Faktorenanalyse 125

Abb. 8-2: Beispiel für ein vollständiges LISREL-Modell 126

Abb. 9-1: Vorgehensweise bei der Auswertung des Datenmaterials............ 135

Abb. 9-2: Einhaltung der Bedingungen für Kleinprojekte 140

Abb. 9-3: Verteilung der Projektarten in der Stichprobe 141

Abb. 9-4: Bezeichnung der Unternehmensgrößen 143

Abb. 9-5: Häufigkeitsverteilung der Gesamtzahl der Zielvereinbarungen
bei Projektbeginn 150

Abb. 9-6: Pfaddiagramm des Erweiterten Erfolgsmessmodells 155

Abb. 9-7: Modifiziertes Erfolgsmessmodell 165

Abb. 9-8: Pfaddiagramm des Modifizierten Erfolgsmessmodells 166

Abb. 10-1: Schlüsselfaktoren des Projekterfolges 188

Abb. A-1: Projektbeteiligte bei einem Projekt mit externem Auftraggeber .. 222

Abb. A-2: Projektbeteiligte bei einem Projekt mit internem Auftraggeber... 222

Abb. A-3: Reine oder autonome Projektorganisation 223

Abb. A-4: Einfluss- oder Stabs-Projektorganisation 223

Abb. A-5: Matrix-Projektorganisation 224

Abb. A-6: Projektmanagement in der Linie 224

Abb. A-7: Darstellung des Projektverlaufs
(gemäß Vorgehensmodell des SE) 225

Tabellenverzeichnis

Tab. 2-1: Projektarten - Beispiele für unterschiedliche Klassifizierungen von Projekten 28

Tab. 2-2: Definition von Projektarten in Anlehnung an REFA 29

Tab. 2-3: Projektgröße 29

Tab. 2-4: Eigenschaften des Problemlösungsprozesses 36

Tab. 2-5: Systemtechnik und Projektmanagement, begriffliche Abgrenzung 41

Tab. 3-1: Vergleich der Eigenschaften verschiedener Vorgehensmodelle 62

Tab. 3-2: Die Ablaufschritte bei phasenorientierten Vorgehensmodellen..... 64

Tab. 4-1: Kriterien zur Messung des Projekterfolgs 75

Tab. 5-1: Untersuchungsobjekte der empirischen Studien nach Gemünden . 86

Tab. 6-1: Hypothesen zum Integrierten Gesamtmodell 101

Tab. 7-1: Die Projektbeteiligten und ihre Funktion im Projekt 108

Tab. 7-2: Das Erhebungsinstrument 110

Tab. 7-3: Skalenniveau 111

Tab. 7-4: Unternehmensgrößen in der Stichprobe 118

Tab. 8-1: Übersicht der bivariaten Korrelationsarten 130

Tab. 8-2: Signifikanzniveaus 134

Tab. 9-1: Korrelationen zwischen den Antworten der Planer und der Projektteammitglieder bei Einschätzungsfragen. 137

Tab. 9-2: Maßnahmen bei der Datenbereinigung. 138

Tab. 9-3: Häufigkeit der Unternehmensgrößen 143

Tab. 9-4: Das Alter der Befragten 144

Tab. 9-5: Durch Aus- oder Weiterbildung erworbenes Fachwissen der Befragten 145

Tab. 9-6: Erfahrung in der Projektarbeit (Jahre) 145

Tab. 9-7: Erfahrung in Projektarbeit (Anzahl der Projekte) 146

Tab. 9-8: Auftraggeber beim Projekt 146

Tab. 9-9: Initiator des Projektes 147

Tab. 9-10: Gründe für das Projekt 147

Tab. 9-11: Projektorganisationsform 149

Tab. 9-12: Auswertung der Kriterien zur Bestimmung der Projektgröße...... 149

Tab. 9-13: Häufigkeiten der Zielvereinbarungen bei Projektbeginn 151

Tab. 9-14: Häufigkeiten der Zielvereinbarungen bei Projektbeginn nach Themengebieten 152

Tab. 9-15: Veränderung der Projektvereinbarungen im Projektverlauf......... 153

Tab. 9-16: Hypothetische Konstrukte und Indikatorvariablen...................... 154

Tab. 9-17: Parameterschätzung für das Erweiterte Erfolgsmessmodell 157

Tab. 9-18: Reliabilitäten der Indikatorvariablen des Erweiterten Erfolgsmessmodells.. 158

Tab. 9-19: Standardfehler der Indikatorvariablen des Erweiterten Erfolgsmessmodells.. 158

Tab. 9-20: Gütekriterien des Erweiterten Erfolgsmessmodells 159

Tab. 9-21: Kommunalitäten der Indikatorvariablen................................... 162

Tab. 9-22: Eigenwerte der vier extrahierten Faktoren 162

Tab. 9-23: Rotierte Faktorladungen der Indikatorvariablen 163

Tab. 9-24: Ergebnis der Parameterschätzung für das Modifizierte Erfolgsmessmodell 168

Tab. 9-25: Reliabilitäten der Indikatorvariablen des Modifizierten Erfolgsmessmodell. 169

Tab. 9-26: Standardfehler der Indikatorvariablen des Modifizierten Erfolgsmessmodells.. 169

Tab. 9-27: Gütekriterien für das Modifizierte Erfolgsmessmodell............... 169

Tab. 9-28: Signifikante Korrelationen zwischen den Einflussfaktoren des Elements „Kontext" und den Erfolgsdimensionen 171

Tab. 9-29: Signifikante Korrelationen zwischen den Einflussfaktoren des Elements „Problem" und den Erfolgsdimensionen............... 173

Tab. 9-30: Signifikante Korrelationen zwischen den Einflussfaktoren des Elements „Ressourcen" und den Erfolgsdimensionen.......... 174

Tab. 9-31: Signifikante Korrelationen zwischen den Einflussfaktoren des Elements „Projektarbeit - Zusammenarbeit" und den Erfolgsdimensionen 175

Tab. 9-32: Signifikante Korrelationen zwischen den Einflussfaktoren des Elements „Projektarbeit - Partizipation" und den Erfolgsdimensionen 176

Tab. 9-33: Signifikante Korrelationen zwischen den Einflussfaktoren „Partizipation" im Projektverlauf und den Erfolgsdimensionen .. 177

Tab. 9-34: Signifikante Korrelationen zwischen den Einflussfaktoren des Elements „Projektarbeit - Kommunikation" und den Erfolgsdimensionen 179

Tab. 9-35: Signifikante Korrelationen zwischen den Einflussfaktoren „Kommunikationshäufigkeit" im Projektverlauf und den Erfolgsdimensionen 180

Tab. 9-36: Signifikante Korrelationen zwischen den Einflussfaktoren des Elements „Projektarbeit - Dokumentation" und den Erfolgsdimensionen 181

Tab. 9-37: Signifikante Korrelationen zwischen den Einflussfaktoren des Elements „Projektarbeit – Projektmanagement" und den Erfolgsdimensionen 182

Tab. 9-38: Signifikante Korrelationen zwischen den Einflussfaktoren des Elements „Projektarbeit – Systems Engineering" und den Erfolgsdimensionen 183

Tab. 9-39: Signifikante Korrelationen zwischen den Einflussfaktoren „Risikoabbau nach Zielthema" und den Erfolgsdimensionen 184

Tab. 9-40: Signifikante Korrelationen zwischen den Einflussfaktoren „Änderung der Projektziele im Projektverlauf" und den Erfolgsdimensionen 185

Tab. 10-1: Ausgewählte Einflussfaktoren zu Randbedingungen des Projekts 191

Tab. 10-2: Ausgewählte Einflussfaktoren zum Projektstart 191

Tab. 10-3: Ausgewählte Einflussfaktoren zum Projektverlauf (Teil 1) 193

Tab. 10-4: Ausgewählte Einflussfaktoren zum Projektverlauf (Teil 2) 194

Tab. A-1: Übersicht über die Projektbeteiligten 221

Tab. A-2: Erläuterungen zu den Phasen des Projektverlaufs 226

Tab. A-3: Gliederung des Projektverlaufs 227

Tab. A-4: Veränderung der Projektvereinbarungen über den Projektverlauf 228

1 Einleitung

1.1 Aufgabenstellung

Die Veränderungsprozesse in den Unternehmen sind seit Jahren von massivem Zeit- und Kostendruck gekennzeichnet. Ursache dafür ist der immer schnellere Wandel der ökonomischen Rahmenbedingungen und die daraus resultierende hohe Dynamik der Märkte, die die Unternehmen zu konsequenter und schneller Anpassung an die veränderten Anforderungen zwingen (Schwarzer & Krcmar, 1995, S. 15). Die Beschleunigung der Innovationszyklen bei anhaltender Kostenreduzierung sowie hohem Qualitätsstandard dient dabei der Sicherung oder dem Ausbau von Marktanteilen und stellt die Unternehmen vor ständig neue technische und organisatorische Herausforderungen (Burghardt, 2002, S. 11 f.).

Verstärkt wird diese Verschärfung des Wettbewerbs auf fast allen Märkten durch ein zunehmendes Überangebot aufgrund weltweit stark vergrößerter Industriekapazitäten[1]. So sieht man sich heute in der für die gesamte Weltwirtschaft bedeutenden Automobilbranche mit Überkapazitäten von annähernd 30 % konfrontiert (vgl. Kees, 2004). Die Automobilindustrie ist dabei keine Ausnahme, sondern nur ein Beispiel für den „... Wettbewerb um Marktanteile bei vorhandener Überkapazität und unter der Bedingung langsamen Wachstums" (Fuchs & Giese, 2003, S. 9).

Um sich in diesem globalen Wettbewerb behaupten zu können, muss ein Unternehmen Wettbewerbsvorteile erzielen bzw. erhalten. Zur Stärkung der Marktposition sind immer wieder Veränderungen der Produkte[2], der Produktion und der Organisation des Unternehmens notwendig (vgl. Stork, 1995, S. 43), um

- eine Steigerung der Produktivität,
- eine Steigerung der Produktqualität,
- eine Erweiterung der Produktleistungsfähigkeit,
- eine Reduzierung der Entwicklungs- und Durchlaufzeit,
- eine Steigerung der Kundenzufriedenheit,
- eine Steigerung der Mitarbeiterzufriedenheit oder
- eine Anpassung an geänderte rechtliche Rahmenbedingungen

---

[1] vgl. Stork (1995, S. 43) und Schwarzer & Krcmar (1995, S. 11)

[2] Der Begriff „Produkte" wird in dieser Arbeit als „Ergebnis menschl. Bemühens ..." (Wahrig, 1983, S. 212, Bd. 5) verstanden und schließt somit neben Gegenständen auch Dienstleistungen und geistige Produkte mit ein.

zu erreichen[3]. Der Problemerkennungs- und der Problemlösungsprozess spielen bei all diesen Veränderungen im Unternehmen eine entscheidende Rolle.

Der Problemerkennungsprozesses dient zur Untersuchung der Ist-Situation. Das Ergebnis ist die Beschreibung des Problems als Differenz zwischen dem Ist-Zustand einerseits und dem Soll-Zustand andererseits. Daraus werden dann die konkreten Ziele abgeleitet, die zusammen mit dem Problem in den nachfolgenden Problemlösungsprozess eingehen. In diesem Problemlösungsprozess werden dann die eigentliche Veränderungen geplant und realisiert und damit das Problem in eine Lösung überführt. (vgl. Haberfellner et al., 2002, S. XVIII ff.)

Während das Erkennen von Problemen häufig unbewusst stattfindet und im wesentlichen nur das Ergebnis, nämlich die Kenntnis eines Problems, wahrgenommen wird, gibt es für den Start des Problemlösungsprozesses immer einen Auftrag. An die Form dieses Auftrags werden keine Anforderungen gestellt. Wichtig ist nur, dass er von den beteiligten Stellen verstanden und akzeptiert wird[4].

Bezogen auf die Vorgehensweise unterscheidet man bei der Problemlösung einmalige und wiederholte Problemlösungsprozesse (vgl. Deppe, 1989, S. 15). Einmalige Problemlösungsprozesse dienen dazu, im Rahmen eines Projekts solche Problemstellungen zu lösen, die neuartig, einmalig und komplex sind (vgl. Antoni et al., 1996, S. 491 f.). Dabei kann die Suche nach einer Lösung innerhalb des Problemlösungsprozesses durchaus iterativ, also in wiederholten Prozessschritten erfolgen (vgl. Rinza, 1998, S. 16). Das problembehaftete System soll im Projektverlauf so verändert werden, dass danach das Problem vollständig gelöst ist und das System möglichst den Soll-Zustand erreicht.

Die Aufgaben bei wiederholten Problemlösungsprozessen besteht darin, ein System durch stufenweise Verbesserungen[5] immer mehr an den Sollzustand anzunähern, indem ausgehend vom Ist-Zustand des Systems durch einen Problemlösungsprozess jeweils ein anderes (Teil-) Problem gelöst wird (vgl. Imai, 1992, S. 87 ff.).

Die Festlegung bzw. Veränderung der Eigenschaften eines Systems, wie Preis, Qualität, Leistungsfähigkeit etc., sind entlang des gesamten Lebenszyklus eines Systems möglich, wobei nach Pfeiffer (1992, S. 163) die Beeinflussungsmöglichkeit mit fortschreitender Zeit abnimmt, während gleichzeitig die Beeinflussungskosten steigen (vgl. Abb. 1-1).

---

[3] Zu den Zielen von Veränderungen vgl. Wildemann (1992, S. 8), Hinkel & Mann (1998, S. 2) oder Wexlberger (1984, S. 19).

[4] Zu den verschiedene Möglichkeiten eines Anstoßes vgl. Kaestner (1991, S. 66), Haberfellner et al. (2002, S. 39), Platz (1999, S. 1057).

[5] Beispiele für zyklische Verbesserungsprozesse in unterschiedlicher Ausprägung: KVP (kontinuierlicher Verbesserungsprozess, vgl. z.B. Eschbach, 1996), CIP (continous improvment process, vgl. z.B. Llanes, 1996), BVW (Betriebliches Vorschlagswesen, vgl. z.B. Thom, 1991).

Versäumnisse oder Fehler in der Planungsphase, die durch Veränderungen in einer nachfolgenden Phase ausgeglichen werden müssen, führen zwangsläufig zu höheren Kosten und damit zu Wettbewerbsnachteilen[6].

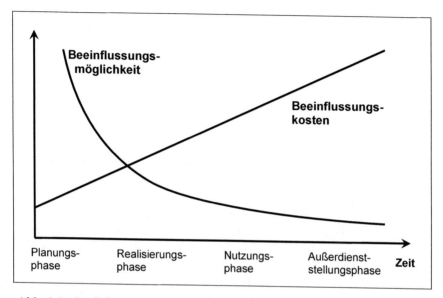

Abb. 1-1: Beeinflussungsmöglichkeit und -kosten im Lebenszyklus (vgl. Pfeiffer, 1992, S. 163)

Die Eigenschaften eines Systems können somit am wirtschaftlichsten in der Planungsphase beeinflusst werden. Dies erklärt auch das große Interesse der Unternehmen an der Optimierung der Problemlösungsprozesse in der Planungsphase, das sich seit Jahrzehnten in der großen Anzahl von Veröffentlichungen zu Themen wie z.b. dem Projektmanagement oder der Systemgestaltung widerspiegelt[7].

Beim überwiegenden Teil dieser Veröffentlichungen stellen die Autoren die Erfahrungen in der praktischen Projektarbeit dar und leiten daraus Empfehlungen für die Projektorganisation, den Einsatz von Werkzeugen und Instrumenten und das Steuern der Projekte ab. Die bisher durchgeführten empirischen Studien zu

---

[6] Beispiele dafür sind in der Realisierungsphase die Kosten für Nachbesserungen an Fertigprodukten oder Halbzeugen und in der Nutzungsphase die Kosten für Produktrückrufaktionen des Herstellers (vgl. auch Schelle, 2001, S. 34 f.).

[7] Bei der Suche nach Literaturquellen zu „Projektmanagement" und „Systemtechnik" liefern Abfragen in Literaturdatenbanken heute weit über zehntausend verschiedene Veröffentlichungen.

den Erfolgsfaktoren der Problemlösung im Rahmen von Projekten weisen mehrere Einschränkungen auf[8]:

1. Das Projektmanagement wurde bis vor wenigen Jahren ausschließlich bei Großprojekten angewendet und dient erst seither auch zur Steuerung von kleineren Projekten.[9] Deshalb wurden in den Studien zur Erfolgsfaktorenforschung bisher ausschließlich größere Projekte untersucht. Die Übertragung dieser Ergebnisse auf Kleinprojekte ist wissenschaftlich nicht gesichert.

2. In den Studien werden im wesentlichen die Einflüsse des Projektmanagements und der Projektorganisation untersucht. Eine Ausdehnung auf alle Einflussfaktoren des gesamten Problemlösungsprozesses wurde bisher nicht vorgenommen.

3. Die untersuchten Einflussfaktoren werden nicht zeitlich differenziert betrachtet, sondern beziehen sich auf die gesamte Projektlaufzeit. Damit musste der Befragte bei diesen empirischen Studien nach seinem Ermessen die z.T. äußerst unterschiedlichen Aspekte innerhalb des Projektverlaufs zu einer einzigen Antwort zusammenfassen.

4. Der Erfolg eines Projekts wird meist nur an der Einhaltung der Kosten- und Terminvereinbarungen und der Erfüllung der technischen Anforderungen gemessen. Nur in wenigen Studien werden die Kriterien zur Beurteilung des Projekterfolgs auf soziale Felder ausgedehnt.

5. Die Beurteilung des Projekterfolgs wird bei den Studien entweder während des Projekts oder unmittelbar nach Projektabschluss durchgeführt. In keiner Studie werden gesicherte Erkenntnisse über die nach der Inbetriebnahme im praktischen Einsatz längerfristig erreichte Systemleistung mit einbezogen.

6. Neue Erkenntnisse, neue Vorgaben oder die Auswirkung von Entscheidungen während des Projekts können die Anpassung der zu Projektbeginn getroffenen Projektvereinbarungen erfordern und sind bei der Erfolgsmessung entsprechend zu berücksichtigen. Diese Veränderungen werden in den Studien nur unzureichend abgebildet.

---

[8] s. dazu die Übersichten über empirische Studien z.B. bei Lechler (1997, S. 307 ff.), Gemünden (1990 a, S. 6 ff.), Beale und Freeman (1991, S. 24 ff.), Pinto (1986, S. 7 ff.), Schelle (1979, S 351 ff.)

[9] Zielasek (1999, S. XI) schreibt zur Verbreitung des Projektmanagements bei der Abwicklung von Projekten unterschiedlicher Größe: „*Projektmanagement ist zwar seit etwa vier Jahrzehnten bekannt, doch beschränkten sich die meisten Anwendungen dieses Managementkonzeptes zunächst auf spezielle Großprojekte, z.B. militärischer Art oder allgemein bei Luft- und Raumfahrt sowie im Großanlagenbau. Erst allmählich setzte sich die Erkenntnis durch, dass auch für die Abwicklung mittlerer bis kleiner Projekte – wie z.B. beim Apparate-, Maschinen und Gerätebau, bei der Entwicklung technologischer Prozesse oder technischer Komponenten sowie bei EDV-Vorhaben – ein darauf angepasstes Projektmanagement-Konzept sehr nützlich sein kann.*"

Aus diesen beschriebenen Defiziten wird folgende Aufgabenstellung abgeleitet: Im Rahmen dieser Arbeit soll ein neues Gesamtmodell des Erfolgs des Problemlösungsprozesses in Projekten erstellt und empirisch überprüft werden. Dieses Gesamtmodell soll die Veränderungen der Einflussfaktoren und der Projektziele über die Laufzeit des Projekts berücksichtigen und Antworten geben auf die beiden Fragen:

- Wie kann die Größe des Erfolgs, der aus einem Problemlösungsprozess innerhalb eines Kleinprojekts hervorgeht, gemessen werden?

- Welche Einflussfaktoren wirken auf die Größe des Erfolgs eines Problemlösungsprozesses in einem Kleinprojekt?

Beschränkungen bezüglich der Projektgröße, der Art der Einflussfaktoren oder der Kriterien zur Erfolgsmessung sollen ausgeschlossen sein, damit das Gesamtmodell bei nachgewiesener Eignung zur Analyse beliebiger Projekte eingesetzt werden kann.

Aufgrund der wachsenden Zahl von Kleinprojekten und damit stetig steigender Bedeutung dieser Projektgröße in den Unternehmen, werden in der vorliegenden Studie gezielt kleine Projekte untersucht, um dieses Forschungsdefizit zu verringern. Das Modell zur Erforschung dieses wissenschaftlichen Neulands muss einerseits die Ergebnisse der bisherigen Forschung zum Erfolg von größeren Projekten berücksichtigen, darf aber andererseits dadurch keine Einschränkungen erfahren.

Mit einer empirischen Überprüfung des zu erstellenden Gesamtmodells soll geklärt werden, ob die Ergebnisse der bisherigen Erfolgsfaktorenforschung bei größeren Projekten auch auf Kleinprojekte übertragbar sind oder ob bei der Charakteristik der Kleinprojekte ganz andere Einflussfaktoren den Erfolg eines Projekts bestimmen.

1.2 Vorgehensweise

In Kapitel 2 werden die grundlegenden Begriffe im Umfeld des Problemlösungsprozesses, die für das weitere Verständnis der Arbeit notwendig sind, definiert.

Das neue Gesamtmodell des Erfolgs des Problemlösungsprozesses in Projekten wird zweistufig entwickelt: zuerst werden Teilmodelle für die drei Komponenten „Vorgehensweise", „Erfolgsmessung" und „Einflussfaktoren" erstellt, die dann in ein Gesamtmodell integriert werden.

Die Teilmodelle sind:

- ein *Modell der Vorgehensweise zur Lösung komplexer Probleme* (Vorgehensmodell), das die zeitliche Dimension und damit auch die Veränderungen im Verlauf der Problemlösung berücksichtigt.

In Kapitel 3 werden alternative Vorgehensmodelle verglichen und ein geeignetes Modell für die Analysen des Problemlösungsprozesses in Projekten ausgewählt.

- ein *Modell zur Messung des Erfolgs des Problemlösungsprozesses in Projekten* (Erfolgsmessmodell), das festlegt, wie der Nutzen, der aus dem Verlauf und dem Ergebnis des Problemlösungsprozesses hervorgeht, bestimmt wird.

  Dazu wird in Kapitel 4 untersucht, welche Erfolgsmessgrößen in anderen wissenschaftlichen Studien erforscht wurden. Diese werden um noch fehlende Faktoren ergänzt und zu einem „Erweiterten Erfolgsmodell" mit drei Erfolgsdimensionen zusammengestellt.

- ein *Modell der Einflussfaktoren auf den Erfolg des Problemlösungsprozesses in Projekten* (Einflussfaktorenmodell), das die Beziehungen zwischen verschiedenen Einflussfaktoren und dem Erfolg des Problemlösungsprozesses darstellt.

  In Kapitel 5 wird ein Modell entwickelt, das alle Bereiche berücksichtigt, die bisher in empirischen Studien untersucht wurden. Zusätzlich enthält das Modell noch weitere Einflussfaktoren aus dem Bereich der Systemtechnik.

Diese drei Modelle werden in Kapitel 5 zum *Integrierten Gesamtmodell des Erfolgs des Problemlösungsprozesses in Projekten* („Integriertes Gesamtmodell") zusammengestellt.

Aus diesem Integrierten Gesamtmodell werden dann in Kapitel 6 die Forschungshypothesen abgeleitet, die die vermuteten Zusammenhänge der Einflussfaktoren mit den Erfolgsdimensionen des Problemlösungsprozesses beschreiben.

Die Vorbereitung und die Durchführung einer empirischen Studie zur Erhebung der erforderlichen Daten in Form eines strukturierten Interviews kombiniert mit einer Dokumentenanalyse für die statistische Prüfung dieser Hypothesen wird in Kapitel 7 beschrieben.

In Kapitel 8 werden die Methoden zur Datenauswertung dargestellt. Die Ergebnisse der Auswertung der Erhebungsbogen werden in Kapitel 9 aufgezeigt. Mit Hilfe der Daten werden eine Charakterisierung der Stichprobe, die Prüfung der Teilmodelle des Erfolgsmodells und die Prüfung der Hypothesen durchgeführt.

Daraus werden in Kapitel 10 Handlungsempfehlungen abgeleitet. Kapitel 11 fasst die wichtigsten Ergebnisse aus der empirischen Studie zusammen und zeigt weitere Forschungsansätze auf.

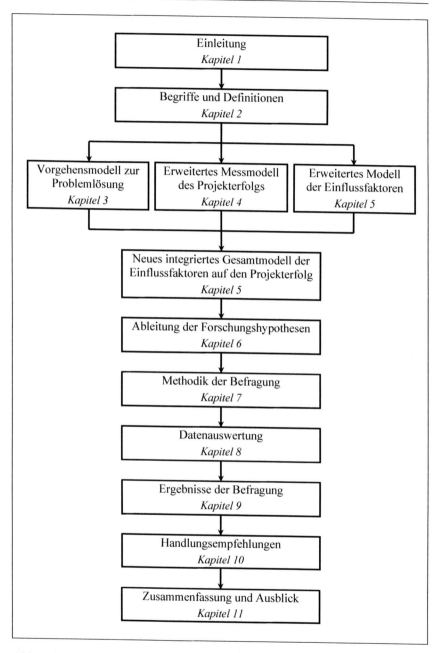

Abb. 1-2: Schematische Darstellung der Vorgehensweise in dieser Arbeit.

2 Begriffe und Definitionen

Begriffe wie z.B. „Projekt" oder „System" sind heute jedem geläufig. Die meisten von uns kennen die Bedeutung oder haben zumindest eine Vorstellung davon, was diese Begriffe beschreiben, wenngleich eine umfassende Definition schwer fällt. Sucht man in den zahlreichen wissenschaftlichen Beiträgen zu diesen Themen nach einer eindeutigen und klaren Definition, so findet man kaum übereinstimmende Definitionen, es sei denn, sie greifen auf die gleiche Quelle zurück.

Dafür gibt es zweierlei Gründe. Zum einen wird insbesondere bei populären Themen häufig viel zu wenig Wert auf eine hinreichende Definition gelegt, so dass teilweise noch nicht einmal die Abgrenzung zu gegensätzlichen Begriffen möglich ist (vgl. Schelle, 1989, S. 3).

Zum anderen dehnen einige Autoren die Aufgaben- bzw. Zuständigkeitsfelder ihres Fachgebietes aus und ordnen angrenzende Disziplinen in das eigene Fachgebiet ein. Der Wandel des Verständnisses des Projektmanagementbegriffs ist dafür ein gutes Beispiel:

Bis in die 70er Jahre wurde das Projektmanagement als ein Werkzeug der Systemtechnik angesehen (vgl. Ropohl, 1975, S. 14). Danach standen das Projektmanagement und die Systemtechnik gleichberechtigt als sich ergänzende Teile der Projektabwicklung nebeneinander (Haberfellner, 1988, S. 121). Seit den 90er Jahren wird von einigen Autoren unter dem Oberbegriff Projektmanagement die Systemtechnik als ein Teilgebiet der gesamten Projektabwicklung gesehen[10] (vgl. Madauss, 1990, S. 133).

Ein einheitliches Verständnis der zentralen Begriffe in dieser Arbeit ist sowohl für die Modellbildung als auch für die Interpretation der Ergebnisse der empirischen Studie unerlässlich. In den folgenden Abschnitten werden deshalb die Begriffe:

- System,
- Projekt,
- Prozess,
- Problemlösungsprozess,
- Systems Engineering (Systemtechnik) und
- Projektmanagement

erläutert und definiert. Beim Systems Engineering und beim Projektmanagement schafft eine Kurzdarstellung der ursprünglichen Bedeutung der Begriffe zusätzliche Klarheit in der Abgrenzung der beiden Disziplinen.

---

[10] vgl. auch Projektmanagementaufgabe bei Rinza (1998, S. 4, S. 15)

2.1 System

Im Fremdwörterlexikon (Wahrig-Burfeind, 2002, S. 1230) wird das aus der griechischen Sprache stammende Wort „System" übersetzt mit *„ein in sich geschlossenes, geordnetes u. gegliedertes Ganzes ...".* Der Begriff „System" wird mit unterschiedlichen Bereichen in Verbindung gebracht. So sprechen wir z.B. vom Ökosystem, vom Sonnensystem, vom Dezimalsystem, vom Transportsystem, vom Betriebssystem für einen Computer und von statisch bestimmten System in der Festigkeitslehre (vgl. Ropohl, 1975, S. 25).

Nach Beer (1967, S. 24) steht dabei das *„... Wort System (...) für Konnektivität. Wir meinen damit jede Ansammlung miteinander in Beziehung stehender Teile. (...) Was wir als System definieren ist deshalb ein System, weil es miteinander in Beziehung stehende Teile umfaßt und in gewisser Hinsicht ein Ganzes bildet."*

Die Grundelemente eines Systems, dargestellt in Abbildung 2-1, bilden nach der Definition von Beer (1967, S. 23 ff.) einzelne Elemente (Teile, Komponenten) und deren Beziehungen. Die Beschreibung von Systemen wird durch eine Ordnung (Systemstruktur) und die Abgrenzung des Systems gegenüber der Umwelt (Systemgrenzen) vervollständigt (vgl. Haberfellner et al., 2002, S. 4 ff.).

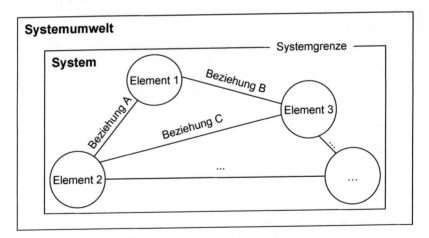

Abb. 2-1: Strukturorientierte Systemdarstellung (vgl. Nagel, 1988, S. 12)

Neben der Struktur ist bei Systemen auch die Funktion von Interesse, die der Erfüllung eines bestimmten Zwecks dient (vgl. Patzak, 1982, S. 19). Die Funktion ist das Ergebnis des Zusammenwirkens der Systemkomponenten und bestimmt die Veränderung des Inputs (I) in den Output (O) (s. Abb. 2-2).

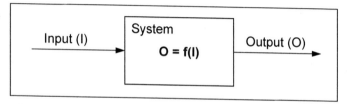

Abb. 2-2: Funktionsorientierte Systemdarstellung (s. Haberfellner et al., 2002, S. 11)

Durch diesen allgemeingültigen Aufbau von Systemen ist eine Beschreibung beliebiger realer Systeme mit geringem Aufwand möglich (vgl. Kosiol et al., 1965, S. 337). Da sich somit auch Arbeitsorganisationen, Arbeitsgegenstände, Betriebsmittel und Betriebsstätten als System beschreiben lassen, kann jede Veränderung in Unternehmen ohne Einschränkung der Allgemeingültigkeit als Veränderung eines Systems dargestellt werden (s. Abb. 2-3).

System			
bestehendes System		System-	neues
fehlendes System		bau	System

t

Abb. 2-3: Veränderung eines Systems[11]

2.2 Projekt

Der Begriff „Projekt" entstammt der lateinischen Sprache und wird übersetzt mit: „Plan, Unternehmen, Entwurf, Vorhaben" (Duden, 2003, S. 1099). Im allgemeinen Sprachgebrauch wird heute bei den unterschiedlichsten Vorhaben von Projekten gesprochen, unabhängig davon, ob eine Industrieanlage aufgebaut werden soll, der wirtschaftliche Aufbau in Entwicklungsländern unterstützt wird oder eine Schulklasse ein bestimmtes Thema über das im Lehrplan festgesetzte Maß hinaus behandelt (vgl. Lechler, 1997, S. 32).

---

[11] Die Anfangszustände „bestehendes System" und „fehlendes System" unterscheiden sich im Grunde genommen nicht, da beim fehlenden System der Systembau auch als Veränderung des übergeordneten Systems angesehen werden kann. Trotzdem werden auf der Systemebene immer beide Alternativen genannt. Für die praktische Arbeit sind die unterschiedlichen Voraussetzungen bedeutend.

In der Literatur sind zahlreiche verschiedene Definitionen für den Projektbegriff zu finden. Nur wenige Definitionen davon grenzen ein Projekt von der repetitiven Form der Leistungserstellung (Routineprozesse) hinreichend ab. Hierzu im folgenden zwei Beispiele von Definitionen zum Begriff Projekt, zum einen die Definition von Martino und zum anderen die Definition nach DIN 69901.

„A project is any task which has a definable beginning and a definable end and requires the expenditure of one or more resources in each of the separate but interrelated and interdependent activities which must be completed to achieve the objectives for which the task (or project) was instituted." (Martino, 1964, S. 17)

Schelle (1989, S. 3) kritisiert daran, dass „bestimmbarer Anfang", „bestimmbares Ende" und „Verbrauch von Ressourcen" keine hinreichende Kriterien für die Identifizierung von Projekten sind, da z.B. die Serienfertigung die genannten Kriterien durchaus auch erfüllen kann.

Die DIN 69901 (1987, S. 1) definiert ein Projekt als ein *„... Vorhaben, das im wesentlichen durch Einmaligkeit der Bedingungen in ihrer Gesamtheit gekennzeichnet ist, wie z.B.*

- *Zielvorgabe*
- *zeitliche, finanzielle oder andere Begrenzungen*
- *Abgrenzung gegenüber anderen Vorhaben*
- *projektspezifische Organisation."* [12]

Obwohl zu den Kriterien von Martino in der DIN 69901 noch zusätzlich „begrenzte Ressourcen", ein „vorgegebenes Ziel" und eine „projektspezifische Organisation" gefordert werden, sind auch diese Kriterien allein nicht geeignet, den Projektbegriff hinreichend zu definieren.

Dülfer hat zahlreiche Projektdefinitionen untersucht[13] und dabei die folgenden sieben Merkmale für Projekte herausgearbeitet (vgl. Dülfer, 1982, S. 2 ff.):

- vorgegebenes Ziel,
- vorgegebene Termine,
- aufgabenbezogenes Budget,
- einmalig,
- neuartig,
- komplex,
- rechtlich-organisatorische Zuordnung.

---

[12] Zur Erläuterung dieser Definitionskriterien eines Projekts s. Schelle (1989, S. 5 ff.)

[13] vgl. Dülfer (1982, S. 2-30), aufbauend auf Pinkenburg (1980, S. 101)

Erfüllen Vorhaben alle sieben Kriterien, dann und nur dann handelt es sich nach Dülfer (1982, S. 2 ff.) um Projekte. In der vorliegende Arbeit wird diese Definition nach Dülfer bei der Einordnung von Vorhaben unabhängig von der Art der Aufgabe zu Grunde gelegt.

Ausgehend von der Definition eines Systems im Abschnitt 2.1 gilt, dass durch die Projektarbeit grundsätzlich Systeme verändert werden. Abbildung 2-4 zeigt die Einordnung der Projektarbeit mit den eingrenzenden Zeitpunkten „Projektbeginn" und „Projektabschluss" in den zeitlichen Verlauf der Systemveränderung.

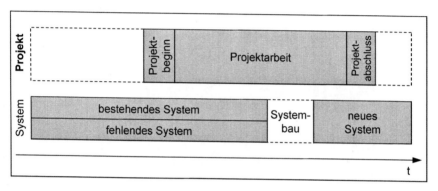

Abb. 2-4: Projektarbeit im zeitlichen Verlauf der Systemveränderung

2.2.1 Projektarten

Projekte können nach bestimmten Kriterien unterschieden und zu Projektarten zusammengefasst werden. Die Festlegung eines allgemeingültigen Klassifizierungsschemas scheitert aber daran, dass in Projekten häufig fachübergreifende Aufgaben gelöst werden und dadurch eine überschneidungsfreie Zuordnung zu den Klassen erschwert wird.

Kraus und Westermann (1994, S. 11) vermuten sogar: „Es gibt sicher genauso viele Klassifizierungen von Projekten wie Projekte selbst." Trotzdem verzichten nur wenige Autoren darauf, ein „Kann"-Schema zur Einteilung von Projekten vorzuschlagen. Tabelle 2-1 zeigt, wie unterschiedlich die Sichtweise verschiedener Autoren bei der Festlegung von Projektarten ist.

Um die Projekte aus der empirischen Studie in dieser Arbeit eindeutig zuordnen zu können, werden in Anlehnung an die Definition von REFA (vgl. Tab. 2-1) die Projekte nach den Systemen, deren Gestaltung im Mittelpunkt des Projekts steht, unterschieden. Somit entstehen die vier in Tabelle 2-2 aufgelisteten Projektarten.

Tab. 2-1: Projektarten - Beispiele für unterschiedliche Klassifizierungen von Projekten

REFA (vgl. 1991, S.103)	Zielasek (vgl. 1999, S. 8)	Burghardt (vgl. 2002, S. 23)	Kraus & Westermann (vgl. 1994, S. 11)	Grün (vgl. 1992, S. 2103)
• Projekt an einem Arbeitssystem (Organisationsprojekt) • Projekt an einem Arbeitsgegenstand (Erzeugnis, technisches Projekt) • Projekt an einer Betriebsstätte (Fabrik/ Fertigungsanlage)	• Forschungs- und Entwicklungsprojekte • Fertigungsprojekte • Organisatorische Vorhaben • Bauprojekte	• Forschungsprojekte • Entwicklungsprojekte • Rationalisierungsprojekte • Projektierungsprojekte • Vertriebsprojekte • Betreuungsprojekte	• Studien, Expertisen • Neue Produkte • Produktanpassung • Anlagenbau • Rationalisierung • Organisationsentwicklung • EDV	• Entwicklung von Waffensystemen und Erschließung des Weltraums; • Erstellung von Anlagen (Anlagenbau, Hochbauten, Verkehrssysteme) • Verfahrensinnovationen (Einführung von Organisations-, Planungs-, und Informationssystemen, Softwareentwicklung) • Produktforschung und Produktentwicklung • Zivile nationale und internationale Großvorhaben mit mehreren Projektunternehmern (E-nergieversorgungsanlagen, Vorhaben im Gesundheits- und Kulturbereich), Entwicklungshilfeprojekte, Großveranstaltungen

Tab. 2-2: Definition von Projektarten in Anlehnung an REFA (1991, S. 103)

Projektart	System
Organisationsprojekte	(Arbeitsorganisation)
Forschungs- & Entwicklungsprojekte	(Arbeitsgegenstand)
Anlagenbauprojekte	(Betriebsmittel)
Gebäudebauprojekte	(Betriebsstätte)

Zu den Inhalten von *Organisationsprojekten* zählen z.b. die Gestaltung der Organisation, der Kultur und der Geschäftsprozesse in Unternehmen.

Für die Zuordnung zu Anlagenbau- bzw. zu Forschungs- und Entwicklungsprojekten (F&E-Projekten) ist entscheidend, welche Funktion das zu gestaltende System aus Sicht des projektdurchführenden Unternehmens nach der Fertigstellung hat. Systeme, die in der eigenen Fertigung zur Produktion eingesetzt werden sollen, gehören zu *Anlagenbauprojekten,* Systeme, die als Produkt an Kunden geliefert werden, zu *F&E-Projekten.*

Besteht die Projektaufgabe im Neubau oder in der Veränderung einer Betriebsstätte - die entsprechende Gebäudeausrüstung (z.b. Wasser-, Stromversorgung, Heizanlagen) eingeschlossen - so handelt es sich um ein *Gebäudebauprojekt.*

2.2.2 Projektgröße

Als charakteristische und vergleichbare Projekteigenschaften können die quantifizierbaren Größen aus der Definition von Dülfer (vgl. S. 26) herangezogen werden. Die Projektkosten und die Projektdauer sowie die damit im Zusammenhang stehende Anzahl der Projektmitarbeiter bilden die Basis für den Ressourcenverbrauch des Projektes. Burghardt (2002, S. 22) berücksichtigt diese drei Kriterien und schlägt folgende Einteilung der Projekte in Größenklassen vor:

Tab. 2-3: Projektgröße (vgl. Burghardt, 2002, S. 22)

Projektgröße	Anzahl Mitarbeiter	Mannjahre	Kosten [Mio. DM]
Sehr kleine	≤ 3	≤ 0,4	≤ 0,1
Kleine	> 3 - 10	> 0,4 - 5	> 0,1 - 1
Mittlere	> 10 - 50	> 5 - 50	> 1 - 10
Große	> 50 - 150	> 50 - 500	> 10 - 100
Sehr große	> 150	> 500	> 100

Im Rahmen dieser Arbeit werden Projekte als Kleinprojekte angesehen, wenn sie mindestens zwei der drei in Tabelle 2-3 genannten Bedingungen für kleine (oder sehr kleine) Projekte erfüllen, d.h. die dort genannten Höchstwerte für kleine Projekte nicht überschreiten.

2.2.3 Projektorganisation

Aufgrund der Komplexität eines Projektes ist eine leistungs- und zielorientierte Zusammenarbeit aller am Projekt Beteiligten von großer Bedeutung (Mühlfelder & Nippa, 1989, S. 368). Für die Abwicklung von Projekten werden daher „... *in der Regel (...) für fachbereichs- oder fachabteilungsüberschreitende Zusammenarbeit neue Organisationsformen benötigt, um die Anforderungen besser zu erfüllen"* (Zielasek, 1999, S. 16). Im wesentlichen können vier Grundformen[14] genannt werden, die sich nach Kompetenzabgrenzung, Weisungsbefugnis und organisatorische Eingliederung der Mitarbeiter unterscheiden:

- Reine Projektorganisation

- Einfluss-Projektorganisation

- Matrix-Projektorganisation

- Projektmanagement in der Linie

Die *Reine Projektorganisation* (vgl. Abb. A-3 im Anhang A) hebt sich dadurch von den anderen Organisationsmodellen ab, dass dabei die Projektorganisation zeitlich befristete als selbstständige Einheit aufgebaut und dem Projektleiter die volle Verantwortung für die Projektziele und die volle Weisungsbefugnis gegenüber dem Projektteam übertragen wird (vgl. Mühlfelder & Nippa, 1989, S. 369, Keßler & Winkelhofer, 1999, S. 28 ff.).

Bei der *Einfluss-Projektorganisation* (vgl. Abb. A-4) übernimmt der Projektleiter in einer Stabsfunktion die Aufgaben eines „... *Projektkoordinator, der kaum Kompetenzen hat und nur koordinierend und lenkend wirken kann; er ist ausschließlich Verfolger des Projektgeschehens und Informant für die Linieninstanzen"* (Burghardt, 2002, S. 91). Da die Verantwortung und die Weisungsbefugnis in der Linie bleiben, werden auch die Projektentscheidungen in der Linie getroffen (vgl. Kraus & Westermann, 1994, S. 37, Eberhardt, 1998, S. 58).

In der *Matrix-Projektorganisation* (vgl. Abb. A-5) bleiben die Mitarbeiter ihrem Bereich formell zugeordnet (vgl. Zielasek, 1999, S. 20). Bezüglich der Projektaufgabe erhält der Projektleiter die Weisungsbefugnis und trägt die volle Verantwortung für die Erreichung der Projektziele (vgl. Heeg, 1991, S. 152, Eberhardt, 1998, S. 55).

Beim *Projektmanagement in der Linie* (vgl. Abb. A-6) wird die Projektverantwortung an den Linienvorgesetzten übertragen, der als Projektleiter unverändert

---

[14] Im Anhang A zeigen die Abbildungen A-3 bis A-6 diese vier Grundformen. In den folgenden Erläuterungen zu den verschiedenen Projektorganisationen wird jeweils auf diese Abbildungen im Anhang verwiesen. Zu den Vor- und Nachteilen der einzelnen Modelle sei auf weiterführende Literatur verwiesen: z.B. Fredrich (1991, S. 52), Burghardt (1995, S. 43 ff.), Gemünden & Zielasek (1997, Folie 2.12)

seine Weisungsbefugnis behält. Eine Veränderung der organisatorischen Zuordnung der Projektmitarbeiter ist nicht erforderlich (vgl. Burghardt, 1995, S. 46).

2.3 Prozess

Prozess bedeutet aus dem lateinischen übersetzt: Fortschreiten, Fortgang, Verlauf (Wahrig-Burfeind, 2002, S. 1006). Übertragen auf die Aktivitäten in Unternehmen folgt daraus: *„Jede Arbeit läßt sich als ein Prozeß betrachten, der aus einer Folge von Tätigkeiten besteht, die ein Ergebnis bewirken. (...) Jeder Prozeß bringt einen Output hervor, von dem der Kunde erwartet, daß er bestimmten (Qualitäts-) Anforderungen entspricht. Die gleichen Anforderungen bestehen für die Inputs.“* (Wildemann, 1992, S. 19). Ein Prozess ist somit eine zielgerichtete Transformation eines Objekts durch Aktivitäten (vgl. Krcmar, 1984, S. 81).

Zur wissenschaftlichen Abgrenzung gegenüber anderen Begriffen definiert Bullinger (1993, S. 22 ff.) Prozesse mit Hilfe von neun Eigenschaften, die das übereinstimmende Grundverständnis aller Publikationen widerspiegeln[15]. Diese Eigenschaften sind im folgenden in Kurzform wiedergegeben (vgl. Bullinger, 1993, S. 22 ff.):

1. Prozesse sind definierte, inhaltlich abgeschlossene Abläufe.

2. Prozesse besitzen einen definierten Beginn und ein definiertes Ende.

3. Prozesse werden meist durch externe Auslöser gestartet.

4. Prozesse enden mit Erreichen des Ziels.

5. Prozesse werden ständig an Veränderungen angepasst und optimiert.

6. Prozesse erhalten Inputs und liefern Outputs und befinden sich im Kontext vor- und nachgelagerter Prozesse.

7. Prozesse setzen sich aus sukzessiv oder parallel ausgeführten Teilprozessen zusammen.

8. Prozesse und Teilprozesse sind oftmals abteilungsübergreifend.

9. Prozesse können Kunden, Lieferanten und andere externe Bezugsgruppen involvieren.

Abbildung 2-5 zeigt schematisch diese neun Eigenschaften, wobei die Nummern in der Abbildung (z.B. ❶) sich jeweils auf die Eigenschaft in der obigen Aufzählung bezieht. Die ständige Veränderung der Prozesse (Eigenschaft 5) spielt sich in einer weiteren Dimension zu den Prozessströmen ab, so dass dies in Abbildung 2-5 nicht dargestellt werden kann.

---

[15] Eine kritische Untersuchungen der Definitionen der Prozessbegriffe in der Literatur hat auch Zachau (1995, S. 16 ff.) vorgenommen und kommt zu vergleichbaren Ergebnissen.

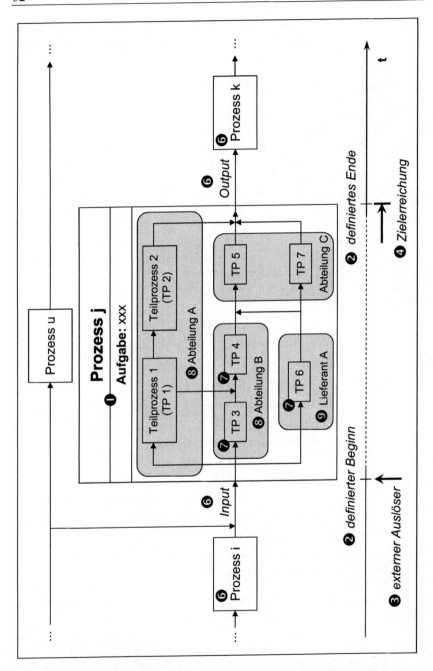

Abb. 2-5: Schematische Darstellung von Prozessen (vgl. Bullinger, 1993, S.23)

Bullinger (1993, S. 22) schreibt zu den Vorteilen der prozessorientierten Organisation von Abläufen gegenüber der funktionsorientierten Organisation: *„Die Mächtigkeit des Prozeßbegriffes liegt vor allem in der abteilungsübergreifenden Zielorientierung, welche die Trennung von technischen und büro-orientierten Unternehmensbereichen überwindet."* Steht der Prozess im Zusammenhang mit einem Unternehmen, so spricht man von einem Geschäftsprozess. Unter Geschäftsprozessen versteht man dabei Aktionen[16], *„... die direkt zur Zielerreichung beitragen. (...) Diese Aktionen (...) beschreiben einen zielorientierten Ausschnitt des Unternehmens ohne eine ganzheitliche Betrachtung aufzugeben und ohne die Nachteile einer tyloristischen, streng abteilungsorientierten Komplexitätsreduktion."* (Bullinger, 1993, S. 22). Beispiele für typische Geschäftsprozesse sind: Angebotserstellung, Auftragsabwicklung, Kundenbetreuung, Personalentwicklung (vgl. z.B. Hinkel & Mann, 1998, S. 3 und Rabl et al., 1995, S. 143).

2.4 Problem und Problemlösungsprozess

Ein Problem ist eine *„schwierige, ungelöste Aufgabe od. Frage"* (Wahrig-Burfeind, 2002, S. 1001), von der bekannt ist, *„... dass das verfügbare Wissen nicht ausreicht, um eine gestellte Aufgabe zu bewältigen oder einen Zusammenhang zu durchschauen, dessen Verständnis erstrebt wird"* (Brockhaus, 1996, S. 505).

"Probleme stellen sich nicht selbst" (Dreßler, 1975, S. 159). Auslöser für ein Problem ist immer eine bewusste Unzufriedenheit mit einem vorhandenen Zustand. Durch die angestrebte Lösung des Problems soll dieser Zustand so verändert werden, dass das Problem beseitigt ist und somit keine Unzufriedenheit bleibt (Kuhn, 1982, S. 26).

Auf allgemeine Systeme bezogen, definieren Haberfellner et al. (2002, S. XVIII) das Problem aus zustandsorientierter Sicht als *„... die Differenz zwischen einem vorhandenen und feststellbaren Ist-Zustand einerseits und der Vorstellung eines Soll-Zustandes andererseits ..."* (s. Abb. 2-6).

Um diese Differenz zu beseitigen, muss das Problem gelöst werden. Unter der Problemlösung versteht Zogg (1974, S. 23) das zielgerichtete Handeln, das die Differenz zwischen Ist- und Soll-Zustand beseitigt, indem der Ist-Zustand in den gewünschten Soll-Zustand überführt wird.

Die Lösung des Problems ist ein umgestaltetes bzw. neu gestaltetes System, das die gestellten Anforderungen erfüllt. Abbildung 2-7 zeigt den Übergang vom

---

[16] Aktionen sind hier Bestandteile des Prozesses und werden bei anderen Autoren auch: „Teilprozesse" (z.B. Hinkel & Mann, 1998), „Phasen" (z.B. Haberfellner et al., 2002), „Aktivitäten" (z.B. Schwarzer & Krcmar, 1995) oder „Handlungen, Tätigkeiten oder Verrichtungen" (z.B. Striening, 1988) genannt.

34

Problem zur Lösung und die Veränderung des betroffenen Systems im zeitlichen Verlauf.

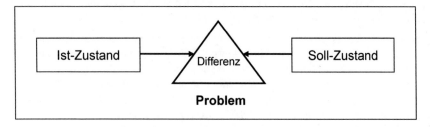

Abb. 2-6: Problem als Differenz zwischen Ist-Zustand und Soll-Zustand (vgl. Haberfellner et al., 2002, S. XVIII)

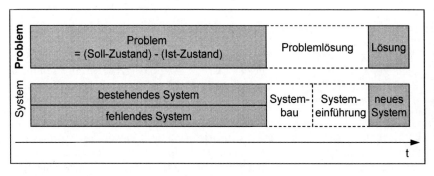

Abb. 2-7: Problem und Lösung im zeitlichen Verlauf

Der Problemlösungsprozess ist ein Transformationsprozess, der das Problem in die Lösung überführt. Die Transformation umfasst die beiden Teilprozesse Planung der Problemlösung und Realisierung der Problemlösung (s. Abb. 2-8). Die Problemerkennung ist im Problemlösungsprozess nicht eingeschlossen, sondern wird vorausgesetzt, da die Problemkenntnis erst den Anstoß zur Durchführung des Problemlösungsprozesses gibt (Haberfellner et al., 2002, S. XX).

Dabei werden zwei Arten von Problemlösungsprozessen unterschieden (vgl. Imai, 1992, S. 281 ff., Saynisch, 1979, S. 45):

- wiederholte (repetitive) Problemlösungsprozesse und

- einmalige (kreative) Problemlösungsprozesse.

Wiederholte Problemlösungsprozesse sind dann geeignet, wenn die Aufgabe darin besteht, vorhandene oder noch aufzunehmende Daten zu analysieren und daraus Lösungen abzuleiten. Diese Art der Problemlösung wird meist für die Probleme in produktionsbezogenen Bereichen eingesetzt (vgl. Imai, 1992,

S. 281). Als eines der wichtigsten Instrumente gilt dabei das Deming-Rad (s. Abb. 2-9) das auch als PDCA[17]- bzw. PTCA-Zyklus[18] bekannt ist und den Prozess der ständigen Verbesserung darstellt (Imai, 1992, S. 32).

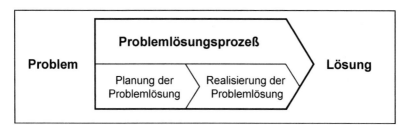

Abb. 2-8: Problemlösungsprozess als Transformationsprozess (vgl. Patzak, 1982, S. 17)

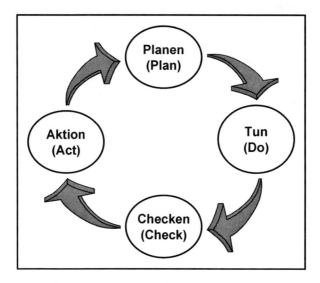

Abb. 2-9: Deming-Rad (Imai, 1992, S. 87)

Einmalige Problemlösungsprozesse finden dort Anwendung, wo für die Lösung des Problems die notwendigen Informationen nicht zur Verfügung stehen.

---

[17] PDCA: beinhaltet die vier Teilschritte: Plan-Do-Check-Act (vgl. Imai 1992, S. 87)

[18] PTCA: Übersetzung von PDCA ins Deutsche: Planen-Tun-Checken-Aktion (vgl. Imai 1992, S. 87)

Aufgrund des neuartigen, komplexen und einmaligen Charakters dieser Probleme, wird die Lösung im allgemeinen im Rahmen eines Projekts erarbeitet.

Tabelle 2-4 zeigt die auf den Problemlösungsprozess in Projekten übertragene Bedeutung der einzelnen Eigenschaften nach Bullinger (vgl. Abschnitt 2.3). Die Vollständigkeit der Zuordnung lässt den Schluss zu, dass der einmalige Problemlösungsprozess in Projekten die neun Prozesseigenschaften nach Bullinger erfüllt und somit als allgemeiner Prozess angesehen werden kann.

Tab. 2-4: Eigenschaften des Problemlösungsprozesses

Allgemeine Prozesseigenschaften (vgl. Bullinger, 1993, S. 22 ff)	Übertragung auf den Problemlösungsprozess in Projekten
1. Prozesse sind definierte, inhaltlich abgeschlossene Abläufe.	Strukturiertes Vorgehen gemäß einem Vorgehensmodell
2. Prozesse besitzen einen definierten Beginn und ein definiertes Ende.	Projektstart und Projektabschluss
3. Prozesse werden meist durch externe Auslöser gestartet.	Projektauftrag bzw. Projektdefinition
4. Prozesse enden mit Erreichen des Ziels.	Projektabschluss mit Umsetzung der Lösung
5. Prozesse werden ständig an Veränderungen angepasst und optimiert.	Wiederholung von Teilschritten
6. Prozesse erhalten Inputs und liefern Outputs und befinden sich im Kontext vor- und nachgelagerter Prozesse.	Erarbeitung von Teillösungen in den Teilschritte eines Projekts
7. Prozesse setzen sich aus sukzessiv oder parallel ausgeführten Teilprozessen zusammen.	Phasen der Projektarbeit
8. Prozesse und Teilprozesse sind oftmals abteilungsübergreifend.	Spiegelt sich in der Projektorganisation wieder.
9. Prozesse können Kunden, Lieferanten und andere externe Bezugsgruppen involvieren.	Einbindung betroffener Gruppen in die Projektarbeit.

Im weiteren und insbesondere auch in der empirischen Studie werden nur einmalige Problemlösungsprozesse in Projekten betrachtet, für die der Begriff „Problemlösungsprozess" ohne weitere Differenzierung verwendet wird.

Abbildung 2-10 zeigt den Problemlösungsprozess mit seinen Komponenten in der Gesamtdarstellung des Lebenszyklus eines Systems. Ausgehend von der Idee zur Veränderung, die den Problemlösungsprozess startet, wird die Planung und Realisierung in verschiedenen Detaillierungsstufen durchlaufen, die letztlich das Ergebnis für die Umsetzung in der Realisierung bereitstellen.

Bei der Realisierung werden zuerst die einzelnen Elemente zu Teilsystemen zusammengestellt und dann daraus das neue System erzeugt. Am Ende des Problemlösungsprozesses steht ein neues bzw. verändertes System zur Nutzung bereit. Dieses System wird dann bis zur Außerdienststellung - in Form einer Stilllegung oder einer Umgestaltung zu einem veränderten System - betrieben.

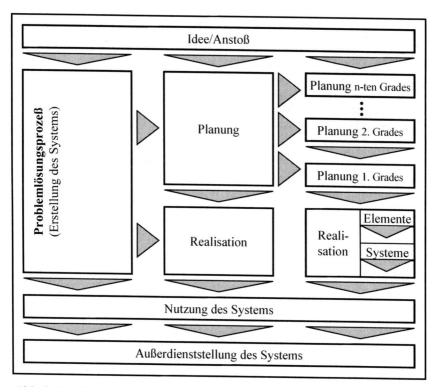

Abb. 2-10: Der Problemlösungsprozess innerhalb des Lebenszyklus eines Systems (vgl. Synisch, 1979, S. 37).

2.5 Systems Engineering (Systemtechnik)

Der Begriff *Systems Engineering* wurde in den vierziger Jahren in den USA geprägt. Bei der Firma *Bell Telephone Laboratories* wurde damit etwas umschrieben, „*... was offensichtlich eine neue Art von Ingenieurleistung darstellte oder doch zumindest bis dahin nicht bewußt praktiziert worden war*" (Ropohl, 1975, S. 1).

„*Systems Engineering befaßt sich mit der Aufgliederung komplexer Probleme in überblickbare und damit einzeln lösbare Teilkomplexe, mit der zweckmäßigen Abfolge von Tätigkeiten und mit der Koordination verschiedener beteiligter Personen.*" (Haberfellner et al., 2002, S. XXI).

Zusammenfassend beschreiben Haberfellner et al. (2002, S. XVIII) das Systems Engineering „*... als eine auf bestimmten Denkmodellen und Grundprinzipien beruhende Wegleitung zur zweckmäßigen und zielgerichteten Gestaltung komplexer Systeme ...*".

Das Systems Engineering fand zuerst bei nachrichtentechnischen, militärischen sowie luft- und raumfahrttechnischen Projekten Anwendung. Da die systemtechnischen Modelle und Methoden nicht fachspezifisch sind, können sie aber in allen Bereichen der Technik angewendet werden (vgl. Ropohl, 1975, S. 1).

Diese Vorgehensweise beim Systems Engineering ist in Abbildung 2-11 dargestellt: das komplexe Gesamtproblem wird in Stufen zuerst in Teilprobleme und dann in Einzelprobleme zerlegt, die aufgrund der reduzierten Komplexität einfacher zu lösen sind. Wenn Lösungen für die Einzelprobleme erarbeitet sind, werden die Systemkomponenten mit den Einzellösungen zu einem komplexen Gesamtsystem mit einer integrierten Gesamtlösung zusammengesetzt.

Bei der Weiterentwicklung des Systems Engineering wurden die Erfahrungen bei der Planung immer komplexer werdender Systeme[19] berücksichtigt und die Grundideen aus den vierziger Jahren zu einer eigenständigen und umfassenden Methode zur Problemlösung ausgebaut (s. Abb. 2-12). Als wichtigster Baustein steht dabei der Problemlösungsprozess mit den Komponenten „Systemgestaltung" und „Projektmanagement" im Zentrum. Darüber gibt die SE-Philosophie mit dem „Systemdenken" und dem „Vorgehensmodell" dem Systems Engineering den geistigen Überbau (vgl. Haberfellner et al., 2002, S. XX).

---

[19] Patzak (1982, S. 1 f.) führt diese steigende Komplexität verbunden mit kürzeren Innovationszeiten und fachübergreifenden Problemstellungen als Grund für die Schaffung eines „*... Instrumentariums zur wirkungsvollen Behandlung und Lösung von komplexen interdisziplinären Problemstellungen ...*" an, d.h. der Systemtechnik.

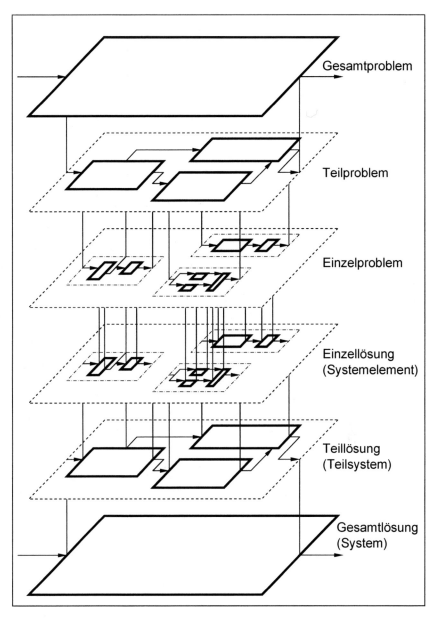

Abb. 2-11: Darstellung des Vorgehensprinzips „Vom Groben zum Detail" (VDI-Richtlinie 2221, 1993a, S. 3).

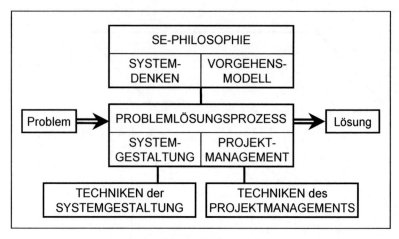

Abb. 2-12: Systems Engineering (SE) (vgl. Haberfellner et al., 2002, S. XIX).

2.6 Projektmanagement

Die Gedanken des Projektmanagements gehen auf wissenschaftliche Untersuchungen zur Beeinflussung des menschlichen Verhaltens in den 50er Jahren in den USA zurück. Dabei wurden neben verschiedenen anderen Führungsmodellen auch das Projektmanagement entwickelt. (Zielasek, 1999, S. 9 f.)

Das Haupteinsatzgebiet des Projektmanagements waren zunächst Großprojekte der Luft- und Raumfahrt, bevor dann auch kleiner Vorhaben und andere Bereiche wie z.b. der Anlagenbau und die Datenverarbeitung von dieser Konzeption immer mehr durchdrungen wurden (vgl. Saynisch, 1995, S. 193).

Aggteleky (1973, S. 40) schreibt zur Entstehung des Projektmanagements: „*Für die Lösung von großen und komplexen Aufgaben hat sich in den letzten Jahren ein spezielles Gebiet der Systemtechnik entwickelt, das unter der Bezeichnung 'Projektmanagement' bekannt geworden ist. Es handelt sich hier um eine Führungskonzeption für außergewöhnliche Vorhaben.*"

In den 80er Jahren wurde der Begriff des Projektmanagement über die reine Führungsaufgabe hinaus erweitert und z.b. in der DIN 69901 (1987) definiert als die „*Gesamtheit aller Führungsaufgaben, -organisation, -techniken und -mittel für die Abwicklung eines Projektes.*"

Haberfellner et al. (2002, S. 242) schreiben zum heutigen Verständnis des Projektmanagements: „*Der Begriff Projekt-Management kann (...) als Überbegriff für alle willensbildenden und -durchsetzenden Aktivitäten in Zusammenhang mit der Abwicklung von Projekten definiert werden. Dabei handelt es sich inhaltlich nicht um Aktivitäten, die das zu lösende Problem selbst betreffen, insbes. nicht um die fachlichen Beiträge zur Problemlösung, sondern um das Management des Problemlösungsprozesses ...".*

Als Unterscheidungsmerkmal der beiden Komponenten des Problemlösungsprozesses (s. Tab. 2-5) sehen Haberfellner et al. (2002, S. XX) die Systemtechnik als die *„... eigentliche konstruktive Arbeit an der neuen Lösung ...",* während das Projektmanagement der *„... Frage der Organisation und Koordination des Problemlösungsprozesses ..."* nachgeht. [20]

Tab. 2-5: Systemtechnik und Projektmanagement, begriffliche Abgrenzung (vgl. Haberfellner et al., 2002, S. XX)

Problemlösungsprozess	
Systemtechnik	**Projektmanagement**
Im Vordergrund steht:	*Im Vordergrund steht:*
• das zu gestaltende Objekt • relevante Umwelt des Objektes	• Zuteilung von Aufgaben, Kompetenzen und Verantwortungen • Organisatorische Verankerung der Beteiligten
Die Aufgaben:	*Die Aufgaben:*
• Abklärung der Anforderungen • Abgrenzung des Problems • Ziel- und Lösungssuche • Variantenauswahl	• Organisation der Entscheidungsprozesse • Durchsetzung der getroffenen Entscheidungen

Die Vorteile, die durch die Anwendung des Projektmanagements bei der Projektarbeit erreicht werden, sieht Zielasek (1999, S. 11) in der:

- *"verbesserten zielorientierten Kooperation,*

- *Förderung der persönlichen und fachlichen Qualifikation der Projektmitarbeiter,*

- *Steigerung der Kreativität und Innovationsfähigkeit,*

- *Reduzierung von Risiken bei der Projektarbeit,*

- *Verbesserung des Informationsflusses und -austausches sowie*

- *Erhöhung der Effizienz und Effektivität. "*

---

[20] Zur begrifflichen Abgrenzung geben Haberfellner et al. (2002, S. XX) zu bedenken: "*Natürlich können die inhaltlichen Aspekte des Problemlösungsprozesses (Systemgestaltung) und die organisatorischen (Projekt-Management) in der Realität kaum voneinander getrennt werden. Sie beeinflussen sich auf vielfältige Art und betreffen außerdem vielfach ganz oder teilweise dieselben Personen.*"

2.7 Interdisziplinärer Bezugsrahmen der Problemlösung

Die vorausgegangenen Abschnitte in diesem Kapitel haben gezeigt, dass die Begriffe „System", „Projekt" und „Prozess" als drei Dimensionen der Problemlösung interpretiert werden können. Diese Dimensionen lassen sich in einem interdisziplinären Bezugsrahmen zusammenfassen (vgl. Abb. 2-13). Welche Bedeutung die einzelnen Dimensionen haben, während das Problem in die Lösung überführt wird, zeigt folgende Erläuterung:

System: Ausgehend von einem unbefriedigenden Systemzustand, der das Problem darstellt, wird durch Um- oder Neubau des Systems und der anschließenden Systemeinführung ein Zustand erreicht, der die Lösung des Problems darstellt.

Prozess: Das durch den Problementdeckungsprozess identifizierte Problem wird durch den Problemlösungsprozess mit den beiden Komponenten Planung und Realisierung in die Lösung überführt. Die Realisierung endet nicht mit dem Systembau, sondern beinhaltet auch die Systemeinführung.

Projekt: Ein erkanntes Problem wird im Rahmen eines Projektes bearbeitet. Das Projekt wird durch den Projektbeginn und den Projektabschluss zeitlich begrenzt.

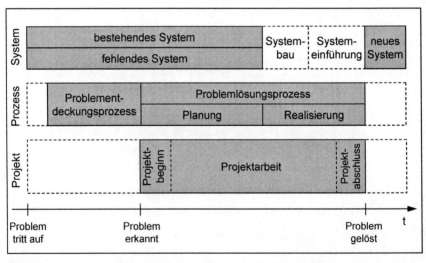

Abb. 2-13: Interdisziplinärer Bezugsrahmen der Problemlösung

3 Existierende Modelle der Vorgehensweise zur Lösung komplexer Probleme

Ein Vorgehensmodell zur strukturierten Bearbeitung einer Projektaufgabe scheint im Gegensatz zu den charakteristischen Eigenschaften eines Projekts zu stehen, zumal viele Projektbeteiligte schon die Erfahrung gemacht haben, dass zumindest zeitweise die Projektarbeit unerwartet chaotisch verläuft. Hansel und Lomnitz haben diese Erfahrung in einem Phasenmodell (s. Abb. 3-1) zusammengefasst.

Phase 1:	Wilde Begeisterung
Phase 2:	Ernüchterung
Phase 3:	Frustration
Phase 4:	Konfusion
Phase 5:	Suche nach den Schuldigen
Phase 6:	Bestrafung der Unschuldigen
Phase 7:	Beförderung der Unbeteiligten
Phase 8:	und dann Gras über die Sache wachsen lassen

Abb. 3-1: Phasenmodell nach Hansel und Lomnitz (1993, S. 197)

Bis heute wird immer wieder die Frage gestellt, ob es für den Ablauf bei der Problemlösung überhaupt eine strukturierte Vorgehensweise gibt oder ob die Arbeitsschritte ganz spezifisch der jeweiligen Situation angepasst werden müssen. Schon seit Jahrzehnten beschäftigen sich Unternehmen und auch die Wissenschaft mit dieser Frage.

Viele verschiedene Vorgehensmodelle wurden inzwischen formuliert und in der Praxis erprobt. Die Ergebnisse[21], die damit erzielt wurden, haben gezeigt, dass diese Modelle für ihr jeweiliges Anwendungsgebiet durchaus einen Leitfaden darstellen. Die darin genannten Arbeitsabschnitte müssen von den Projektbeteiligten bei der Projektdurchführung projektspezifisch umgesetzt werden, womit dann dem innovativen, komplexen usw. Charakter eines Projekts Rechnung getragen wird.

Die in der Literatur beschriebenen Vorgehensmodelle zur Lösung komplexer Probleme lassen sich auf die folgenden 8 Grundmodelle zurückführen:

- Wertanalyse-Arbeitsplan nach VDI-Richtlinie 2800
- Konstruktionsmethodik nach VDI-Richtlinie 2221

---

[21] Zusammen mit der Beschreibung der Vorgehensmodelle werden häufig Anwendungsbeispiele und Erfahrungsberichte veröffentlicht. Beispiele hierfür sind: Miles (1964), Nadler (1967), Bullinger (1995), Haberfellner et al. (2002), Klose (1999), Litke (2004)

- 6-Stufen-Methode von REFA

- Rapid Prototyping

- Versionenkonzept

- Simultaneous Engineering

- systemisch-evolutionäres Projektmanagement

- Vorgehensmodell des Systems Engineering

Durch Anpassung an die Aufgabenstellungen entstehen auf Basis dieser Grundmodelle aufgaben- oder branchenspezifische Varianten mit präzisierten Arbeitsschritten[22]. Weitere Varianten dieser Vorgehensmodelle entstehen durch die Reduzierung auf die in speziellen Anwendungsfällen tatsächlich notwendigen Arbeitsschritte. Die Gültigkeit der dazugehörigen Grundmodelle auch für diese Problemlösungen besteht aber weiterhin.

Die folgenden Abschnitte beschreiben ausführlich die acht Grundmodelle, damit anschließend ein Vergleich möglich wird. Dazu werden die verschiedenen Modelle im Abschnitt 3.9 einander gegenübergestellt und daraus ein für die Ziele dieser Arbeit adäquates Vorgehensmodell ausgewählt.

3.1 Wertanalyse (VDI 2800)

Die amerikanische Industrie suchte Mitte der 40er Jahre nach einem Weg, die bestehenden Produktionsengpässe und die Materialknappheit auszugleichen. *„In jener Zeit bemerkte die Geschäftsleitung der General Electric Company, daß zwangsläufige Änderungen aufgrund dieser Materialknappheiten oft einen günstigen Einfluß auf die Qualität und die Kosten ihrer Produkte hatten."* (Hoffmann, 1983, S. 131) Im Rahmen von Forschungsaufträgen wurden dann Konzepte gesucht, um die Rationalisierungen gezielt durchführen zu können. Das Ergebnis der fünfjährigen Forschungsarbeit wurde „Value Analysis" (Wertanalyse) genannt (vgl. Hoffmann, 1983, S. 131).

Ursprünglich wurde die Wertanalyse als Methode entwickelt, mit der bei bestehenden Produkten Rationalisierungen durchgeführt werden können[23]. Die Wertanalyse hat dabei zum Ziel, *„... wirksam unnötige Kosten festzustellen, d.h. Kos-*

---

[22] dazu drei Beispiele: die "Planungssystematik zur Planung und Einführung komplexer Produktionssysteme" (vgl. REFA, 1987, S. 89) geht auf die „6-Stufen-Methode" von REFA (1985, S. 78) zurück; das „Wasserfallmodell" (vgl. Theiner, 2002, S. 6 f.; Blümlinger, 2003, S. 25) geht auf das „Vorgehensmodell des System Engineerings" (vgl. Haberfellner et al., 2002, S. 59 ff.) zurück; das „Spiralmodell" (vgl. Litke, 2004, S. 265 f.) geht auf das evolutionäre Prototyping zurück (vgl. Floyd, 1984, S. 6 ff.).

[23] zur Anwendbarkeit und zu den Zielen der Wertanalyse vgl. auch Mendelson (1964), Miles (1972), Sherwin (1967) und Fallon (1973)

ten die weder zur Qualität, noch zum Nutzwert, noch zur Lebensdauer, noch zur äußeren Erscheinung beitragen, noch zu anderen Eigenschaften, die dem Kunden erwünscht sind. " (Miles, 1967, S. 11)

Später wurde die Wertanalyse[24] für den Einsatz bei der Gestaltung von Neuprodukten, Produktionsmitteln, Arbeitsabläufen und Tätigkeiten weiterentwickelt (vgl. Haberfellner et al., 2002, S. 557). In ihrer heutigen Form kann die Wertanalyse für die Problemlösung bei Produkten, Prozessen und Dienstleistungen angewendet werden (vgl. VDI, 2000, S. 2).

Die VDI-Richtlinie 2800 (2000, S. 2) definiert die Wertanalyse als *„... ein Wirksystem zum Lösen komplexer Probleme in Systemen, die nicht oder nicht vollständig algorithmierbar sind.* " Dieses Wirksystem umfasst nach Haberfellner (1988, S. 266) *„... die systematische Anwendung bekannter und bewährter Techniken und Methoden zur Ermittlung der Funktion eines Erzeugnisses oder einer Tätigkeit (Arbeit), zur Bewertung dieser Funktion und zum Auffinden von Wegen, um die Funktionen mit den geringsten Gesamtkosten verläßlich zu erfüllen.* " Damit wird deutlich, dass im Mittelpunkt der Wertanalyse nicht das System selbst, sondern die Funktion(-en) und die Kosten des Systems stehen (vgl. VDI, 2000, S. 3).

Die Ablaufschritte der Wertanalyse

Im Rahmen der Wertanalyse (s. Abb. 3-2) werden zuerst losgelöst vom Objekt die Funktionen und die damit im Zusammenhang stehenden Kosten ermittelt. Dann wird auf Basis der Zielvorgaben aus dem Projektauftrag und der ermittelten Funktionen der Idealzustand (Soll-Zustand) beschrieben. Im anschließenden Schritt werden neue oder auch schon vorhandene Ideen, die zur Problemlösung beitragen können, gesammelt.

Aus den Lösungsideen, die durchaus auch nur Teile des Problems betreffen können, werden vollständige Varianten für die gesamte Problemlösung zusammengestellt. Um der idealen Lösung möglichst nahe zu kommen, werden die Varianten nach geeigneten Kriterien bewertet und miteinander verglichen. Die Bewertung der Lösungsvarianten bildet die Basis für eine Entscheidungsvorlage.

Ist die Entscheidung für eine Variante getroffen, so wird im abschließenden Schritt die Umsetzung nach Detailprüfung veranlasst und kontrolliert. Bei Projektabschluss erfolgt die Übergabe und die Projektorganisation wird aufgelöst.

---

[24] In der deutschen Sprache wird der Begriff „Wertanalyse" einheitlich sowohl bei entstehenden als auch bei bestehenden Produkten verwendet. Im Englischen wird meist differenziert: „Value Engineering" bei entstehenden und „Value Analysis" oder „Value Improvement" bei bestehenden Produkten. Als Oberbegriff für die Wertanalysen unabhängig vom Analyseobjekt wird in den USA meist der Begriff „Value Engineering" eingesetzt. (vgl. Hoffmann, 1983, S. 9)

Grundschritt	Teilschritt
1 Projekt vorbereiten	1.1 Objekt auswählen
	1.2 Grobziele mit Bedingungen festlegen, Untersuchungsrahmen abgrenzen
	1.3 Projektorganisation festlegen
	1.4 Einzelziele aus Grobzielen herleiten
	1.5 Projektablauf planen
2 Objektsituation analysieren	2.1 Objekt und Umfeldinformationen beschaffen
	2.2 Kosteninformationen beschaffen
	2.3 Funktionen ermitteln
	2.4 Lösungsbedingende Vorgaben ermitteln
	2.5 Kosten den Funktionen zuordnen
3 Soll-Zustand beschreiben	3.1 Informationen auswerten
	3.2 Soll-Funktionen festlegen
	3.3 Lösungsbedingende Vorgaben festlegen
	3.4 Kostenziele den Soll-Funktionen zuordnen
4 Lösungsidee entwickeln	4.1 Vorhandene Ideen sammeln
	4.2 Neue Ideen entwickeln
5 Lösungen festlegen	5.1 Bewertungskriterien festlegen
	5.2 Lösungsideen bewerten
	5.3 Ideen zu Lösungsansätzen verdichten und darstellen
	5.4 Lösungsansätze bewerten
	5.5 Lösungen ausarbeiten
	5.6 Lösungen bewerten
	5.7 Entscheidungsvorlage erstellen
	5.8 Entscheidungen herbeiführen
6 Lösungen verwirklichen	6.1 Realisierung im Detail prüfen
	6.2 Realisierung einleiten
	6.3 Realisierung überwachen
	6.2 Projekt abschließen

Abb. 3-2: Wertanalyse-Arbeitsplan nach VDI-Richtlinie 2801 (VDI, 1993b, S. 13 ff.)

Die in Abb. 3-2 aufgelisteten Schritte geben die Grundstruktur des Wertanalyse-Arbeitsplans vor. Am Ende der Grundschritte 2, 3 und 5 findet jeweils eine Prüfung statt, ob mit dem Ergebnis des aktuellen Teilschritts eine Annäherung an das Ziel erreicht werden kann.

Ist dies nicht möglich oder haben sich neue Erkenntnisse ergeben, kann zu einem der vorherigen Grundschritte zurückgekehrt werden. Durch diese Iterationsmöglichkeit wird sichergestellt, dass der Projektfortschritt immer an den definierten Zielen gemessen wird und diese Ziele mit den vorliegenden Ergebnissen erreichbar sind (vgl. VDI, 2000, S. 9).

Außerdem gilt für die Teilschritte: *„Die Bearbeitungsintensität der einzelnen Teilschritte innerhalb eines Grundschritts kann (...) projektspezifisch variiert werden."* (VDI, 2000, S. 8)

Die häufig im Zusammenhang mit der Wertanalyse in der Literatur zitierte DIN-Norm 69 910 wurde 1996 zurückgezogen und durch die überarbeiteten VDI-Richtlinie 2800 und VDI-Richtlinie (Entwurf) 2801 ersetzt (vgl. VDI, 2000, S. 2).

3.2 Methodik zum Entwickeln und Konstruieren technischer Systeme und Produkte (VDI-Richtlinie 2221)

Die *Methodik zum Entwickeln und Konstruieren technischer Systeme und Produkte* nach VDI-Richtlinie 2221 (kurz: Konstruktionsmethodik) wurde in der ersten Version 1985 veröffentlicht (VDI, 1993a, S. 2). Ziel der Konstruktionsmethodik ist die Darstellung einer allgemeingültigen, branchenunabhängigen und praxisorientierten Vorgehensweise zum methodischen Entwickeln und Konstruieren, die leistungsfähige Entwicklungs- und Konstruktionsprozesse ermöglichen soll (VDI, 1993a, S. 2).

Abbildung 3-3 zeigt das Vorgehensmodell der Konstruktionsmethodik. Neben den einzelnen Arbeitsschritten sind bei der Konstruktionsmethodik auch die erwarteten Ergebnisse aus dem jeweiligen Arbeitsschritt explizit genannt.

Nach der Ableitung der Anforderungsliste aus der Aufgabenstellung in Schritt 1 werden im zweiten Schritt die Funktionen des Objekts analysiert. Mit der Anforderungsliste (Sollzustandsbeschreibung) ist das Problem beschrieben und die Lösungssuche beginnt mit der Suche nach allgemeinen Lösungsprinzipien im dritten Schritt.

Die gefundenen Lösungsprinzipien werden in den Schritten 4 bis 6 auf das Objekt übertragen und das Objekt dann entsprechend gestaltet. Im abschließenden Schritt 7 werden die Ausführungsanweisungen für die Fertigung und die Nutzungsangaben für die Anwender in Form einer Produktdokumentation erstellt.

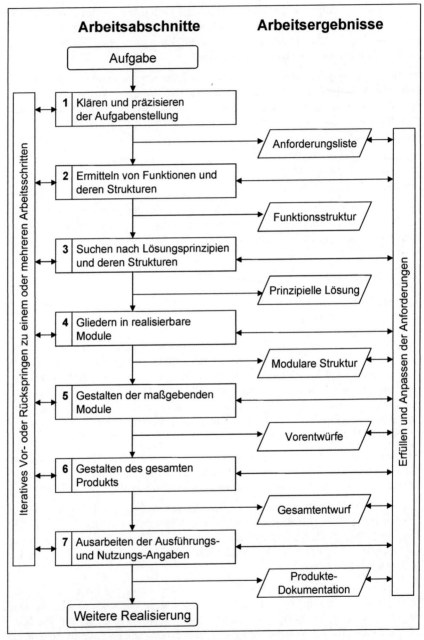

Abb. 3-3: Konstruktionsmethodik nach VDI-Richtlinie 2221 (vgl. VDI, 1993a, S. 6)

Die Konstruktionsmethodik sieht nach jedem Schritt vor, dass die Zielerreichung überprüft wird und in Abhängigkeit davon je nach Bedarf ein oder mehrere vorangegangene Schritte wiederholt werden können.

Ergeben sich bei der Projektarbeit neue Erkenntnisse in Bezug auf die gestellten Anforderungen, so kann jederzeit eine Anpassung der Anforderungen vorgenommen werden. Dadurch ist sichergestellt, dass die Arbeitsergebnisse immer nur an Zielen gemessen werden, die auch zu diesem Zeitpunkt als realistisch angesehen werden. Insbesondere dem innovativen Charakter von Projekten wird damit Rechnung getragen.

3.3 6-Stufen-Methode von REFA

Die 6-Stufen-Methode von REFA (s. Abb. 3-4) ist ein Vorgehensmodell, das zur Arbeits- und Systemgestaltung entwickelt wurde und auf dem IDEALS-Concept[25] von Nadler und der Wertanalyse nach DIN 69 910 (s. Abschnitt 3.1) basiert (vgl. REFA, 1985, S. 78).

Nadler hat in dem IDEALS-Concept eine seit Ende des neunzehnten Jahrhunderts entwickelte Methode zur „Gestaltung der Arbeit zur Erfüllung bestimmter Funktionen" (Hilf, 1969, S. XVIII) zusammengefasst. *„Unter dem Begriff ‚IDEALS' versteht man die systematische Untersuchung vorgestellter und bestehender Wirksysteme, um aus der Vorstellung des bestmöglichen Systems das leichteste und wirksamste System zur Erfüllung der geforderten Funktionen zu entwickeln."* (Nadler, 1969, S. 22)

REFA hat diese Vorgehensweise im wesentlichen übernommen und aus den zehn Schritten bei Nadler (vgl. Nadler, 1969, S. 36) die 6-Stufen-Methode entwickelt (s. Abb. 3-4).

Ausgehend von den im ersten Schritt festgelegten Zielen erfolgt im zweiten Schritt die Abgrenzung der Aufgaben. Danach werden ggf. unterstützt durch eine Ist-Zustandsanalyse im dritten und vierten Planungsschritt Lösungsalternativen entwickelt. Diese beiden Schritte werden bei Bedarf mehrfach durchlaufen, bis eine oder mehrere der Zielsetzung entsprechenden Lösungen gefunden wurden. Die 6-Stufen-Methode von REFA enthält als fünften Schritt die Auswahl einer Lösungsvariante und schließt im sechsten Schritt mit der Einführung der Lösung und der Kontrolle der Zielerfüllung.

REFA beschreibt die Vorgehensweise innerhalb der Lösungssuche nicht detailliert, sondern schlägt für die Suche nach Lösungen je nach Anwendungsfall verschiedene Techniken vor (vgl. REFA, 1985, S. 80 ff.).

---

[25] IDEALS: „Ideal Development of Effective an Logical Systems" oder in der Interpretation: *„... das Entwerfen und Entwickeln von logischen und wirksamen Systemen aufgrund von Idealvorstellungen"* (Hilf, 1969, S. 186)

50

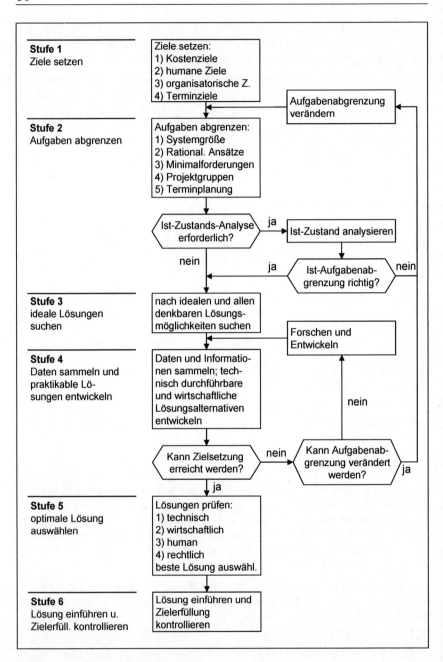

Abb. 3-4: REFA-6-Stufen-Methode (REFA, 1985, S. 79)

Nach REFA (1985, S. 78) ist die 6-Stufen-Methode universell einsetzbar und *„… ebenso gut für eine leicht überschaubare Arbeitsplatzgestaltung wie auch für die Rationalisierung von komplexen Abläufen in Fertigung, Verwaltung oder Vertrieb geeignet."*

Mit der „Planungssystematik zur Planung und Einführung komplexer Produktionssysteme" (REFA, 1987, S. 89) wurde die 6-Stufen-Methode der Systemgestaltung an die Begriffe und die speziellen Erfordernisse der Planung von Produktionssystemen angepasst. Zusätzlich wurden noch die für die Projektarbeit erforderlichen Entscheidungen als Abschluss in jede Planungsstufe mit eingebaut (vgl. REFA, 1987, S. 88 ff.). Das zugrunde liegende Ablaufschema der 6-Stufen-Methode wurden dabei nicht verändert, so dass die 6-Stufen-Methode auch als Grundmodell der Planungssystematik angesehen werden kann.

3.4 Prototyping

Schöll (1986, S. 2) schreibt zum Ursprung des Prototyping[26]: *„Das Konzept von Prototyping wurde dadurch geboren, daß alle Endanwender von Software erst dann wissen, was sie wollen, wenn sie sehen, was sie nicht wollen!"*

Aus dieser Erkenntnis ist Mitte der 70er Jahre eine Vorgehensweise zur Systementwicklung entstanden, die das Ziel verfolgt, dem Auftraggeber bzw. dem Systembenutzer zu einem möglichst frühen Zeitpunkt im Projekt ein System vorzuführen, das die wesentlichen Eigenschaften und Merkmale des zu gestaltenden Systems aufweist (vgl. Budde et al., 1997, S. 353). Das Prototyping hat heute, ausgehend von den ersten Anwendungen im Bereich der Datenverarbeitung, Einzug in die Entwicklungsprozesse aller Fachrichtungen gefunden (vgl. Budde et al., 1992, S. 9).

Was z.B. im Bauwesen schon sei langer Zeit in Form des Modellbaus praktiziert wird, hat zum Ziel, dem Auftraggeber in einem frühen Stadium Einblick in die Arbeitsergebnisse zu geben. Dabei wird der Projektfortschritt nicht auf der Ebene der Anforderungsdefinition oder Variantenbeschreibung diskutieren, sondern dem Auftraggeber bzw. dem Systembenutzer werden die alternativen Lösungsentwürfe in realisierter Form mit eingeschränktem Funktionsumfang, dem sogenannten Prototypen, zur Beurteilung vorgelegt (vgl. Haberfellner et al., 2002, S. 65). Sind die ersten Lösungen noch ‚quick and dirty', so werden ausgehend vom Prototypen im weiteren Projektverlauf die Lösung immer mehr an die Anforderungen angepasst und vorhandene Fehler beseitigt (vgl. Selig, 1986, S. 248).

---

[26] Zum Verständnis der Begriffe „Prototyping" und „Rapid Prototyping" herrschen in der Literatur unterschiedliche Auffassungen. Die Begriffe werden z.T. synonym (vgl. z.B. Heeg, 1991, S. 192) und z.T. mit unterschiedlicher Bedeutung (vgl. z.B. Budde et al., 1992, S. 8) verwendet.

Der Vorteil des Prototyping ist weniger darin zu sehen, dass die Systemrealisierung schrittweise in unterschiedlichen Detaillierungsgraden sichtbar wird, sondern mehr darin, dass „... *die Gestaltungsbeteiligung des Endnutzers dadurch wesentlich verstärkt wird"* (Heeg, 1991, S. 194). Aus der Beurteilung des Prototypen fließen die Kritikpunkte und Anmerkungen der Systembenutzer in den nächsten, vertiefenden Planungszyklus mit ein und werden nicht erst nach dem Projektende geäußert.

„Die Grundidee des Prototyping besteht nun darin, abstrakte Lösungen schneller zu konkretisieren, um damit eine effizientere Kommunikation zwischen Entwicklern und z.B. Anwendern zu erreichen. (...) Man sollte sich jedoch der Gefahr bewußt sein, daß der Hang zur Improvisation dabei zunimmt und Lösungen ‚quick and dirty‘ bleiben." (Haberfellner et al., 2002, S. 65).

Grundsätzlich ist der Prototyp nur ein Muster, das für den temporären entwicklungs- und ggf. auch produktionsbegleitenden Einsatz hergestellt wurde, das aber niemals das durch das Prototyping zu erstellende System vorwegnehmen oder ersetzen kann. (vgl. Haberfellner et al., 2002, S. 67). Je nach Verwendungszweck des Prototypen unterscheidet Floyd[27] (1984, S. 6 ff.) das:

„prototyping for exploration" (exploratives Prototyping): der Prototyp dient nur als Diskussionsgrundlage und ist für den Einsatz in das endgültige System nicht geeignet.

„prototyping for experimentation" (experimentelles Prototyping): der Prototyp wird für Testzwecke zur Überprüfung bestimmter Anforderungen entwickelt. Die für die Tests entworfenen Teile des Prototypen können bei der Realisierung in das System mit aufgenommen werden.

„prototyping for evolution" (evolutionäres Prototyping): entspricht dem Versionenkonzept (s. Abschnitt 3.5) und setzt sich damit vom ursprünglichen Grundgedanken des Prototypings ab, da das Ziel kein Prototyp im Sinne eines Musters ist, sondern realisierte Ausbaustufen der Lösung (Versionen), die im Laufe des Problemlösungsprozesses aufeinander aufbauend entwickelt werden (slowly growing system).

3.5 Versionenkonzept

Das Versionenkonzept stellt eine dem Prototyping sehr ähnliche Vorgehensweise dar. Auch hier wird eine Lösung für den Auftraggeber bzw. für den Systemnutzer zu einem frühen Zeitpunkt im Projekt realisiert und dient dann als Grundlage zur Definition von Verbesserungen oder von veränderten Anforderungen an das System (vgl. Haberfellner et al., 2002, S. 67).

---

[27] vgl. auch Selig (1984, S. 247), Budde et al. (1992, S. 38 ff.), Budde et al. (1997, S. 354)

Im Gegensatz zum Prototyping wird aber der gesamte zum Zeitpunkt der Realisierung schon definierte Funktionsumfang integriert. Das damit erstellte System ist kein Muster, sondern ein für den realen Einsatz bestimmtes funktionsfähiges System in seiner ersten Version (vgl. Haberfellner et al., 2002, S. 67).

In mehreren Zyklen (Versionen) wird dann mit Hilfe der Erfahrung aus der Systemnutzung das System überarbeitet und verbessert (slowly growing system) mit dem Ziel, die gewünschte Leistungsfähigkeit des Systems zu erreichen (vgl. Krüger, 1987, S. 213).

Das Versionenkonzept kommt überall dort zum Einsatz, wo das Problem oder die Anforderungen nur ungenügend beschrieben werden können oder sollen. Zum einen kann der Grund dafür fehlende Erfahrung oder eine sich laufend wandelnde Projektumgebung sein, zum anderen aber auch bewusst zu Gunsten einer schnelleren Realisierung in Kauf genommene Planungsversäumnisse (vgl. Krüger, 1987, S. 213 und Haberfellner et al., 2002, S. 67).

Durch die Realisierungsorientierung des Versionenkonzepts verliert die konstruktive Planung an Bedeutung. Somit birgt die Vorgehensweise beim Versionenkonzept ebenso wie beim Prototyping die Gefahr, dass nur eine Mängelbeseitigung und keine tief greifende Weiterentwicklung zwischen den Versionen vorgenommen wird (vgl. Haberfellner et al., 2002, S. 67).

3.6 Simultaneous Engineering

Das Simultaneous Engineering[28] ist eine Vorgehensweise, die ihren Ursprung in der Produktentwicklung hat und seit Mitte der 70er Jahre zuerst in Japan und seit Mitte der 80 Jahre auch in den USA und in Europa erfolgreich zur Reduzierung der Entwicklungszeit angewendet wird (vgl. Pantele & Lacey, 1989, S. 56).

„Simultaneous Engineering ist dadurch gekennzeichnet, daß Ingenieurstätigkeiten begonnen werden, bevor traditionell vorangehende Tätigkeiten beendet wurden." (Garbowski et al., 1992, S. 129) Während bei der sequentiellen Entwicklung immer zuerst der aktuelle Planungsschritt vollständig beendet wird bevor der nachfolgende begonnen wird, überlappen sich die Planungsschritte bei der simultanen Entwicklung (s. Abb. 3-5).

Durch das Vorziehen und gleichzeitige Bearbeiten von unterschiedlichen Entwicklungsschritten, wird nicht nur die Entwicklungszeit reduziert, sondern auch ein ablaufbedingter Nachteil der sequentiellen Entwicklung vermieden: *„Bei der herkömmlichen, sequentiellen Arbeitsweise beginnt die Planung der Produktionseinrichtung erst, wenn der Konstruktionsprozeß abgeschlossen ist und das*

---

[28] Synonyme: Integrierte Produktentwicklung, Total Product Development, Integriertes Innovations-Management (vgl. Bösenberg, 1992, S. 219)

Produkt freigegeben ist. Anforderungen der Produktionsmittelplanung können somit nachträglich nicht mehr berücksichtigt werden. " (Eversheim, 1989, S. 6)

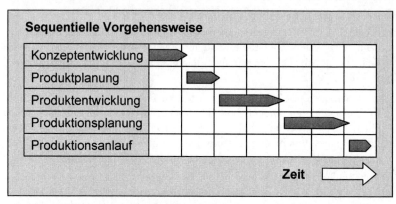

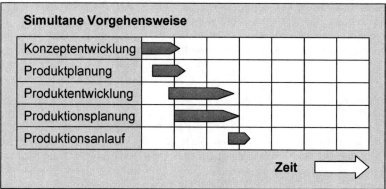

Abb. 3-5: Vergleich von sequentieller und simultaner Entwicklung (Bösenberg, 1992, S. 171)

Das Simultaneous Engineering fördert damit auch die vorausschauende und fachbereichsübergreifende Bearbeitung der Probleme (vgl. Swietlik & Schwanke, 1994, S. 177). Da die Reduzierung der Entwicklungszeit nicht auf Kosten der Qualität der Lösung gehen soll, ist das Ziel des Simultaneous Engineering „... *die schnelle, effiziente Entwicklung erfolgreicher Produkte*" (Bösenberg, 1992, S. 166).

Die Idee, Planungsaufgaben nicht streng sequentielle anzuordnen, sondern dort, wo es die Möglichkeiten gibt, Planungsschritte simultan auszuführen, wurde inzwischen von der reinen Produktentwicklung auch auf andere Planungsaufgaben übertragen und findet dort Anwendung (vgl. Eidenmüller, 1989, S. 112).

3.7 Systemisch-evolutionäres Projektmanagement

Das systemisch-evolutionäre Projektmanagement nach Malik (1992) steht hier beispielhaft[29] für die Gruppe der Evolutionsmodelle, die in den 80er Jahren entwickelt wurden, um die Vorgehensweise bei der Problemlösung an die Charakteristik der Probleme in Projekten anzupassen (vgl. Balck, 1989, S. 398). Kritisiert wurde an den Phasenmodellen das Vorwegnehmen von Ergebnissen des Problemlösungsprozesses durch eine detaillierte Zielvorgabe und der Widerspruch zwischen dem Einsatz von klassischen, wiederholt eingesetzten Techniken und Organisationsformen einerseits und die Suche nach individuellen Lösungen für einmalige Probleme andererseits (vgl. Balck, 1989, S. 401).

Großen Einfluss auf die Entwicklung des systemisch-evolutionären Projektmanagements hatten die damals neuen Erkenntnisse[30] der Evolutionstheorie, der Molekularphysik und der Verhaltensforschung, die als Basis für die Neukonzeption des Projektmanagements herangezogen wurden (vgl. Saynisch, 1990, S. 226).

In der ganzheitlichen Sicht des systemisch-evolutionären Projektmanagements (s. Abb. 3-6) wird der Problemlösungsprozess „... *als stufenweiser Abbau von Problemkomponenten bei gleichzeitigem Aufbau von Lösungsbestimmungen aufgefaßt.*" (Balck, 1989, S. 400). Dazu ist es notwendig, dass die Projektbeteiligten nicht streng an der Umsetzung eines Plans festhalten, sondern den Plan fortlaufend der Entwicklung des Projekts anpassen (Malik, 1990, S. 82). Konkret bedeutet diese Vorgehensweise (vgl. Balck, 1989, S. 398 ff.):

- Orientierung des Managements an den Grenzen der Planbarkeit,

- weichere, elastischere und offenere Zielvorgaben,

- Veränderung und Anpassung der Ziele, der Organisationsform, der Techniken etc. entsprechend der Entwicklung und der Erkenntnisse im Projektverlauf,

- Zusammenführen von Planung und Ausführung.

Haberfellner et al. (2002, S. 71) bezeichnen das systemisch-evolutionäre Projektmanagement als ein noch nicht geschlossenes Konzept. Bedingt durch die von Balck formulierten Voraussetzungen (s.o.), bei denen „... *die Freiheit zur situationsbedingten Interpretation und damit Flexibilität ...*" (Haberfellner et al., 2002, S. 73) im Vordergrund steht, können derzeit noch keine klaren Leitlinien formuliert werden.

---

[29] Weitere Vertreter sind z.B.: Peters & Waterman (1986), Ulrich & Probst (1988), Saynisch (1990), Doujak (1991)

[30] Zu nennen sind hier Arbeiten bzw. Veröffentlichungen von: Riedl (1976, 1982), Jantsch (1979), Prigogine & Stengers (1981), Heisenberg (1971), Monod (1971), Lorenz (1973), Eigen & Winkler (1975), Haken (1978, 1983)

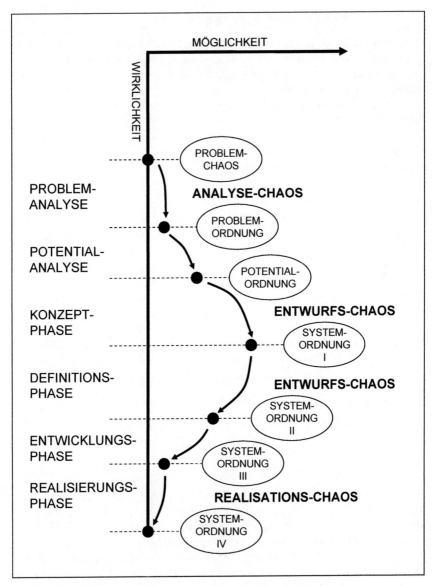

Abb. 3-6: Sichtweise des Projektablaufs beim systemisch-evolutionären Projektmanagement (Balck, 1989, S. 401)

3.8 Vorgehensmodell des Systems Engineering

Die praktischen Erfahrungen bei der Problemlösung mit Hilfe des Systems Engineering (SE) wurden in den siebziger Jahren im „Vorgehensmodell des Systems Engineerings" zusammengefasst (vgl. Daenzer, 1976, S. 2), das seither mit Hilfe neuer Erkenntnisse weiterentwickelt wurde[31]. Bis heute ist daraus ein Vorgehensmodell entstanden, das in Form eines Phasenmodells auf zwei Detaillierungsebenen einen wesentlichen Bestandteil der SE-Methodik darstellt.

Das SE-Vorgehensmodell basiert auf vier Grundideen (vgl. Haberfellner et al., 2002, S. 29):

- Gliederung des Problemlösungsprozesses in Phasen (Phasenmodell)

- Zyklische Abfolge der Arbeitsschritte innerhalb der Phasen (Problemlösungszyklus)

- Erarbeiten von Lösungen durch zunehmende Detaillierung (Methode: vom Groben zum Detail, Top down)

- Ausarbeitung von verschiedenen Lösungsvarianten

die im folgenden inhaltlich erläutert werden.

Problemlösungsprozess

Der Problemlösungsprozess in Projekten (s. Abb. 3-7) besteht beim Vorgehensmodell des Systems Engineering aus den fünf Phasen:

1. Vorstudie,

2. Hauptstudie,

3. Detailstudie,

4. Systembau und

5. Systemeinführung,

die nach Inhalt und Ergebnis unterschieden werden (vgl. dazu im folgenden Haberfellner et al., 2002, S. 39 ff.).

In der Vorstudie werden die Aufgabe abgegrenzt und der Ist-Zustand analysiert. Des weiteren gehört zu den Aufgaben in der Vorstudie auch die Erarbeitung und Prüfung von verschiedenen Lösungsprinzipien aus denen abschließend ein Lösungsprinzip ausgewählt wird.

Auf Basis dieser Lösungsprinzipien werden in der Hauptstudie Varianten von Gesamtkonzepten entworfen, aus denen die Struktur des Gesamtsystems

---

[31] Zur Entwicklung vgl. Daenzer (1976, S. 27 ff.) und Haberfellner et al. (2002, S. 29 ff., S. 79 ff.)

abgelesen werden kann. Die Hauptstudie endet mit der Entscheidung für ein Gesamtkonzept, das dann die Vorgabe für die Detailstudie darstellt.

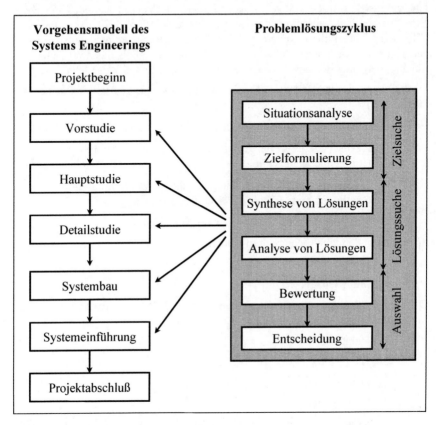

Abb. 3-7: Vorgehensmodelle des Systems Engineering: Problemlösungsprozess und Problemlösungszyklus in Projekten (vgl. Haberfellner et al., 2002, S. 59)

In der Detailstudie wird das Lösungskonzept in Varianten soweit ausgearbeitet, dass anhand dieser Pläne eine Umsetzung möglich ist. Durch die Entscheidung am Ende der Detailstudie wird festgelegt, welches Lösungskonzept realisiert werden soll.

Die Umsetzung der geplanten Lösung erfolgt in der Systembauphase. Hier werden durch den Umbau oder Neubau eines Systems die Voraussetzungen für die Beseitigung des Problems geschaffen. Dazu gehören sowohl der Aufbau und Test der Teilsysteme als auch die Erstellung von entsprechenden Prüf- und Abnahmeverfahren.

Bei der Systemeinführung werden die Teilsysteme in Betrieb genommen und die Systemnutzer und -betreiber geschult. Nachdem die Erfüllung der Anforderungen geprüft ist, endet die Systemeinführung mit der Übergabe der Verantwortung für das neue bzw. geänderte Systems an den Auftraggeber.

Die Erfahrung bei der Problemlösung hat gezeigt, „... *dass neue Einflüsse, Möglichkeiten, Forderungen oder Wünsche früher beschlossene Gesamtkonzepte überholungsbedürftig erscheinen lassen können. Die Wahrscheinlichkeit dafür wächst mit dem Umfang und der Dauer eines Projekts"* (Haberfellner et al., 2002, S. 90). Daher stellt das SE-Vorgehensmodell keinen linearen Ablauf dar, sondern ermöglicht Rücksprünge in vorangegangene Phasen, um der Dynamik, die ein Projekt durch Veränderung der Einflussgrößen oder Kenntnisgewinn erhält, gerecht zu werden.

Gleichzeitig können bei entsprechendem Projektverlauf die Phasen des Problemlösungsprozesses in zeitlicher Hinsicht auch parallel angeordnet werden mit dem Vorteil, nicht auf das Ergebnis einer vorgelagerten Phase warten zu müssen, bevor an anderen Teilproblemen gearbeitet werden kann (Grundgedanke des Simultaneous Engineerings, vgl. Haberfellner et al., 2002, S. 91).

Problemlösungszyklus

Innerhalb jeder der fünf Phasen des Problemlösungsprozesses beim SE-Vorgehensmodell läuft ein Problemlösungszyklus ab (vgl. Haberfellner et al., 2002, S. 59), der aus folgenden Teilen besteht:

- der Situationsanalyse und der Zielformulierung zur Zielsuche,

- der Synthese und der Analyse von Lösungen zur Lösungssuche und

- der Bewertung und der Entscheidung zur Auswahl.

Bei der Entscheidung am Ende des Problemlösungszyklus wird entweder eine Variante ausgewählt oder es wird beschlossen, den Problemlösungszyklus je nach Bedarf ganz oder teilweise zu wiederholen. Dadurch können auch hier, wie bei den übergeordneten Phasen, laufend Veränderungen z.B. neue Erkenntnisse in die Lösungsfindung mit einfließen (Haberfellner et al., 2002, S. 96 ff.).

Die Bedeutung des Problemlösungszyklus ändert sich im Projektverlauf (vgl. Abb. 3-8). Haberfellner et al. (2002, S. 59) schreiben dazu: „*Die größte Bedeutung kommt ihm zweifellos in den Entwicklungsphasen (Vor-, Haupt-, Detailstudie) zu, weil die meisten hier auftretenden Probleme zweckmäßigerweise methodisch gelöst werden. In den Realisierungsphasen (Systembau und Systemeinführung) dagegen gewinnen Routineprozesse und eine situationsbedingte Improvisation zunehmend an Bedeutung. Der Problemlösungszyklus kann prinzipiell aber auch bei jedem in der Realisierung auftretendem Problem zur Anwendung kommen.*"

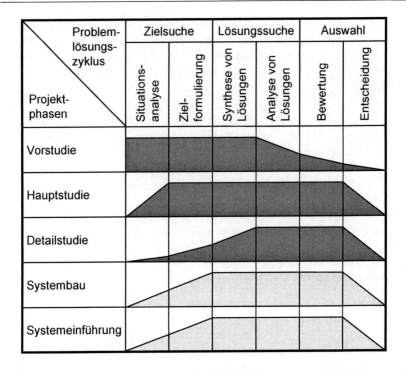

größere Bedeutung des Problemlösungszyklus in den Entwicklungsphasen

geringere Bedeutung des Problemlösungszyklus in den Realisierungsphasen

Abb. 3-8: Bedeutung der einzelnen Schritte des Problemlösungszyklus im Problemlösungsprozess (Haberfellner et al., 2002, S. 61)

Zunehmende Detaillierung

Wird ein System als Ganzes betrachtet, so fällt bei großer Systemkomplexität, wie dies bei Projektaufgaben in der Regel gegeben ist, die Lösung eines damit in Zusammenhang stehenden Problems schwer. Das Systems Engineering zerlegt deshalb ein System zur Problemlösung in überschaubare Teilsysteme (s. Kap. 2.5, Abb. 2-11, oberer Teil).

Auf dieser Stufe wird dann bei verringerter Komplexität die Problemlösung bearbeitet. Steht der Lösungsweg fest, dann wird in den beiden Realisierungsphasen Systembau und Systemeinführung aus den Detailplänen ein Gesamtsystem erstellt. Der Weg der zunehmenden Detaillierung wird - mit einem komplexen Gesamtsystem als Ziel - dabei umgekehrt (s. Kap. 2.5, Abb. 2-11, unterer Teil).

Lösungsvarianten

"Für praktisch jedes Problem gibt es mehrere Möglichkeiten der Lösung. Ein weiteres Vorgehensprinzip des Systems Engineering besteht deshalb darin, sich nicht mit der erstbesten Lösung zufriedenzugeben, sondern sich einen möglichst umfassenden Überblick über Lösungsmöglichkeiten zu verschaffen" (Haberfellner et al., 2002, S. 33). Diese Lösungsmöglichkeiten, die aus der Synthese und Analyse von Lösungen hervorgehen (vgl. „Lösungssuche" in Abb. 3-7) stehen dann als Lösungsvarianten zur Auswahl.

Durch die möglichst vollständige Darstellung aller unterschiedlichen Lösungswege soll verhindert werden, dass erst in einer späteren Phase des Problemlösungsprozesses weitere Lösungsideen erkannt werden, was ggf. zur Wiederholung von bereits abgeschlossenen Arbeitsschritten führen könnte (vgl. Haberfellner et al., 2002, S. 33).

3.9 Vergleich der Vorgehensmodelle und Auswahl eines adäquaten Vorgehensmodells

Für die Integration in das Gesamtmodell soll aus den vorgestellten Vorgehensmodellen ein adäquates ausgewählt werden. Dazu ist es notwendig, die verschiedenen Modelle auf ihre Fähigkeit hin, den Problemlösungsprozess in Projekten abbilden zu können, zu untersuchen.

Mit dem Gesamtmodell und somit auch mit dem auszuwählenden Vorgehensmodell sollen gemäß der in Kapitel 1 beschriebenen Aufgabenstellung alle Projekte ohne Einschränkung analysiert werden können. Um dieser Aufgabe gewachsen zu sein, muss das Vorgehensmodell vier Eigenschaften aufweisen:

- **vollständig**, d.h. der gesamte Problemlösungsprozess einschließlich der Realisierung ist im Vorgehensmodell mit eingeschlossen

- **flexibel bzgl. Ablauf**, d.h. alle Abweichungen vom linearen Ablauf, um Schritte zu **wiederholen** oder um Schritte **überlappend** abzuarbeiten, sind erlaubt

- **flexibel bzgl. Veränderungen**, d.h. Veränderungen bzw. Anpassungen der Ziele im Projektverlauf (z.B. aufgrund neuer Erkenntnisse) können berücksichtigt werden

- **universell**, d.h. bei verschiedenen Projektarten und Projektgrößen ohne Einschränkung anwendbar

Die Vorgehensmodelle werden im Hinblick auf diese Eigenschaften einer kritischen Prüfung unterzogen. Die dabei aufgedeckten Defizite werden im folgenden dargestellt und in Tabelle 3-1 zusammengefasst. Diese Tabelle dient dann auch als Grundlage für die Auswahl eines geeigneten Vorgehensmodells in der anschließenden Zusammenfassung.

Tab. 3-1: Vergleich der Eigenschaften verschiedener Vorgehensmodelle

✓   Eigenschaft wird erfüllt
(✓) Eigenschaft wird teilweise erfüllt
—   Eigenschaft wird nicht erfüllt

Eigenschaft / Vorgehensmodell	Vollständigkeit	Ablauf-flexibilität		Veränderungsflexibilität	Universalität
		Wiederholung	Überlappung		
1. Wertanalyse-Arbeitsplan nach VDI-Richtlinie 2800	✓	✓	–	(✓)	(✓)
2. Konstruktionsmethodik nach VDI-Richtlinie 2221	–	✓	–	✓	✓
3. 6-Stufen-Methode nach REFA	(✓)	(✓)	–	(✓)	✓
4. Prototyping	✓	–	–	–	–
5. Versionenkonzept	✓	✓	–	–	–
6. Simultaneous Engineering	✓	✓	✓	✓	–
7. systemisch-evolutionäres Projektmanagement	✓	–	–	✓	–
8. Vorgehensmodell des Systems Engineering	✓	✓	✓	✓	✓

Für die sechs phasenorientierten Vorgehensmodelle[32] zeigt Tabelle 3-2 die Bezeichnung und die Abfolge der einzelnen Phasen. Aus dieser Gegenüberstellung

---

[32] dazu zählen: Wertanalyse, Konstruktionsmethodik, 6-Stufen-Methode, Simultaneous Engineering, systemisch-evolutionäres Projektmanagement, Systems Engineering

nicht phasenorientierte Vorgehensmodelle: Prototyping, Versionenkonzept

lässt sich ablesen, wo Lücken in der Abdeckung eines vollständigen Projektablaufs auftreten. Als Maßstab kann hierbei das SE-Vorgehensmodell angesehen werden, das durch seine detaillierten, zyklisch zu durchlaufenden Phasen, das umfangreichste Modell darstellt.

Beim Wertanalyse-Arbeitsplan nach VDI-Richtlinie 2800 sind die Ziele für die Wertermittlung zu quantifizieren, damit auf dieser Basis im Laufe der Wertanalyse eine Systemverbesserung berechnet werden kann (vgl. VDI, 2000, S. 7). Ist bei einem Projekt aufgrund der gegebenen Problemstruktur keine Quantifizierung möglich, so kann dieses Problem nicht mit der Vorgehensweise nach VDI-Richtlinie 2800 gelöst werden.

Für die Lösungsfindung ist im Wertanalyse-Arbeitsplan der Schritt „Lösungsidee entwickeln" vorgesehen (vgl. Tab. 3-2), d.h. es wird erwartet, dass die Lösung „in einem Wurf" gefunden wird. Zwar erlaubt der Ablauf des Wertanalyse-Arbeitsplans Wiederholungen, aber nicht um die Lösung schrittweise aufzubauen, sondern nur um unzureichende Ergebnisse durch Wiederholung der entsprechenden Schritte zu verbessern. Komplexe Problemstellungen erfordern aber häufig einen zyklischen Aufbau einer Lösung mit entsprechendem Zielabgleich.

Ein weiterer Nachteil, der sich aus der „konzentrierten" Lösungsfindung ergibt, beeinflusst die Flexibilität bzgl. Veränderungen: durch die Wiederholungen sind Anpassungen grundsätzlich möglich, aber in den Schritt „Lösungsidee entwickeln" kann nicht eingegriffen werden. Der Wertanalyse-Arbeitsplan kann somit nicht uneingeschränkt zur Abbildung von beliebigen Problemlösungsprozessen eingesetzt werden (vgl. Tab. 3-1).

In der Konstruktionsmethodik nach VDI-Richtlinie 2221 ist die Suche nach einer Lösung in mehrere Schritte unterteilt (vgl. Tab. 3-2). Verbunden mit beliebigen Schrittwiederholungen können dadurch der Ablauf nach Bedarf gestaltet und Veränderungen jederzeit eingebracht werden. Wie beim Wertanalyse-Arbeitsplan wird jedoch die sequentielle Bearbeitung der Schritte vorausgesetzt, die letztlich als Ergebnis einen Entwurf hervorbringen. Die abschließende Realisierung ist nicht mehr Teil dieses Vorgehensmodells, sondern wird am Ende des Flussdiagramms als Folgeschritt ausgewiesen (vgl. Kap. 3.2).

Die Konstruktionsmethodik nach VDI-Richtlinie 2221 kann somit nicht uneingeschränkt zur Abbildung von beliebigen Problemlösungsprozessen eingesetzt werden (vgl. Tab. 3-1).

Die 6-Stufen-Methode von REFA ist auf Ratioprojekte ausgelegt (vgl. REFA, 1985, S. 78 ff.), kann aber methodisch durchaus als Werkzeug für allgemeine Systemveränderungen angesehen werden. Im sequentiell aufgebauten Vorgehensmodell von REFA sind Rücksprünge auf bereits durchgeführte Schritte nur von bestimmten Stellen aus möglich und können entweder zurück zur Aufgabenabgrenzung oder zur Lösungsentwicklung gehen (vgl. Kap. 3.3).

Tab. 3-2: Die Ablaufschritte bei phasenorientierten Vorgehensmodellen.

Vorgehensmodell des Systems Engineerings	Wertanalyse Arbeitsplan VDI 2800	REFA (6-Stufen-Methode)
Projektbeginn	Projekt vorbereiten (1)	
Vorstudie		
Situationsanalyse	Objektsituation analysieren (2)	Aufgaben abgrenzen (2)
Zielformulierung	SOLL-Zustand beschreiben (3)	Ziele setzen (1)
Synthese von Lösungen	Lösungsidee entwickeln (4)	
Analyse von Lösungen		
Bewertung	Lösungen beschreiben (5)	
Entscheidung		
Hauptstudie		
Situationsanalyse		
Zielformulierung		
Synthese von Lösungen		Ideale Lösungen suchen (3)
Analyse von Lösungen		
Bewertung		
Entscheidung		
Detailstudie		
Situationsanalyse		Daten sammeln und ...
Zielformulierung		
Synthese von Lösungen		... praktikable Lösungen entwickeln (4)
Analyse von Lösungen		
Bewertung		Optimale Lösung auswählen (5)
Entscheidung		
Systembau		Lösungen einführen und Zielerfüllung kontrollieren (6)
Systemeinführung	Lösung verwirklichen (6)	
Projektabschluss		

☐ zum SE-Vorgehensmodell analoge Ablaufschritte mit Bezeichnung

■ nicht berücksichtigte Ablaufschritte

Systemisch-evolutionäres Projektmanagement	Simultaneous Engineering	Konstruktionsmethodik VDI 2221
Problemanalyse (1)		Ermitteln von Funktionen (2)
Potentialanalyse (2)		Klären der Aufgabenstellung (1)
Konzeptphase (3)	Konzeptentwicklung (1)	Suche nach Lösungsprinzipien (3)
		Gliedern in realisierbare Module (4)
Definitionsphase (4)		
		Gestalten der maßgeblichen Module (5)
Entwicklungsphase (5)		
	Produktplanung (2)	Gestalten des gesamten Produkts (6)
	Produktentwicklung (3)	und:
	Produktionsplanung (4)	Ausarbeiten der Ausführungs- und Nutzungs-Angaben (7)
Realisierungsphase (6)	Produktionsanlauf (5)	

Die Möglichkeiten, Veränderungen in den Problemlösungsprozess einzubringen, sind dadurch stark eingeschränkt. Insbesondere in den beiden letzten Stufen (s. Tab. 3-2) sind in der 6-Stufen-Methode von REFA keine Rücksprünge vorgesehen. Aus diesen Gründen kann die 6-Stufen-Methode von REFA nicht uneingeschränkt zur Abbildung von beliebigen Problemlösungsprozessen eingesetzt werden (vgl. Tab. 3-1).

Die Vorgehensweise beim Prototyping ist auf den Grundgedanken, einen Prototypen zu bauen, beschränkt. Klassisch durchgeführte Projekte mit wiederholten und überlappenden Planungsphasen können ebenso wenig abgebildet werden wie der Prozess einer Realisierung nach ausgearbeiteten Plänen. Das Rapid Prototyping kann somit nicht uneingeschränkt zur Abbildung von beliebigen Problemlösungsprozessen eingesetzt werden (vgl. Tab. 3-1).

Im Unterschied zum Prototyping sind beim Versionenkonzept Wiederholungen gewollt. Aber im Bezug auf die Möglichkeiten, klassische Planungsprozesse abzubilden, gelten für das Versionenkonzept die gleichen Einschränkungen wie für das Prototyping. Das Versionenkonzept ist somit ebenfalls nicht uneingeschränkt zur Abbildung von beliebigen Problemlösungsprozessen einsetzbar (vgl. Tab. 3-1).

Das Simultaneous Engineering ist ein Vorgehensmodell, das die Eigenschaften der Ablauf- und Veränderungsflexibilität und der Vollständigkeit erfüllt. Aber nicht alle Probleme sind mit sich überlappenden Vorgehensschritten lösbar. Das Maß der Parallelität ist zwar nicht vorgegeben, aber ein sequentieller Ablauf widerspricht dem Grundgedanken des Simultaneous Engineering. Daher kann auch das Simultaneous Engineering nicht uneingeschränkt zur Abbildung von beliebigen Problemlösungsprozessen eingesetzt werden (vgl. Tab. 3-1).

Die Stärken des systemisch-evolutionäres Projektmanagement liegen in der Berücksichtigung von Veränderungen während des gesamten Projektverlaufs. Die eigentlichen Schritte, die ein Vorgehen ausmachen, sind dabei nur vage definiert (vgl. Tab. 3-2). Wiederholungen im klassischen Sinn, wie sie z.B. bei der Konstruktionsmethodik von VDI möglich sind, gibt es beim systemisch-evolutionäres Projektmanagement nicht (vgl. Balck 1989, S. 401), so dass auch das systemisch-evolutionäres Projektmanagement nicht uneingeschränkt zur Abbildung von beliebigen Problemlösungsprozessen eingesetzt werden kann (vgl. Tab. 3-1).

Das Vorgehensmodell des Systems Engineering ermöglicht sowohl beliebige Wiederholungen im Ablauf als auch Überschneidungen der einzelnen Phasen. Veränderungen im Projektumfeld können jederzeit berücksichtigt werden. Im Vorgehensmodell des Systems Engineering sind alle Aufgaben des Problemlösungsprozess einschließlich der Realisierung der Lösung beinhaltet. Das Vorgehensmodell des Systems Engineering kann somit als einziges der acht vorgestellten Vorgehensmodelle uneingeschränkt zur Abbildung von beliebigen Problemlösungsprozessen eingesetzt werden (vgl. Tab. 3-1). Alle anderen Modelle können die oben gestellten Anforderungen nicht erfüllen.

Zusammenfassung

Die Gegenüberstellung der Modelle hat gezeigt, dass das Vorgehensmodell des Systems Engineerings alle Arbeitsschritte, die in anderen Modellen enthalten sind, abdeckt und darüber hinaus weitergehende Abläufe bietet, die die Verwendungsmöglichkeiten erweitern ohne die Übersichtlichkeit zu verringern (vgl. Tab. 3-2).

Das SE-Modell geht aber mit seinen vier Grundideen (vgl. Kap. 3.8) über eine einfache Phasengliederung noch hinaus, so dass damit nicht nur phasenorientiertes Vorgehen abgebildet werden kann, sondern auch das Prototyping, das Versionenkonzept und auch das systemisch-evolutionäre Projektmanagement.

Das Prototyping und das Versionenkonzept werden beim SE-Vorgehensmodell als planungsbegleitende Aktivitäten interpretiert (vgl. Haberfellner et al., 2002, S. 75), die keineswegs gegen die Grundsätze des Systems Engineering verstoßen, sondern die Grundideen des SE unterstützen[33].

Das gleiche gilt für das Simultaneous Engineering: zwar wird beim SE ausdrücklich darauf hingewiesen, dass die grundsätzliche Reihenfolge gemäß dem Prinzip der zunehmenden Detaillierung beibehalten werden soll, aber die Phasen müssen deshalb nicht streng sequentiell bearbeitet werden, sondern dürfen sich gezielt überlappen. (vgl. Haberfellner et al., 2002, S. 69).

Das systemisch-evolutionäre Projektmanagement bezeichnet Haberfellner (2002, S. 73) als eine sinnvolle Ergänzung des SE-Ansatzes, die nicht im Widerspruch zu den SE-Grundideen steht. *„Der evolutionäre Ansatz des sePM (systemisch-evolutionären Projektmanagements, d. Verf.) gibt die Freiheit zur situationsbedingten Interpretation und damit Flexibilität."* (Haberfellner et al., 2002, S. 73)

Für die Integration in das Gesamtmodell des Erfolgs des Problemlösungsprozesses in Projekten und damit auch für die Analyse der Projekte in der empirischen Studie wird deshalb der formale Rahmen des Vorgehensmodells des Systems Engineerings gewählt. Im Pretest wird die Tauglichkeit dieses Modells anhand konkreter, in der Praxis durchgeführter Projekte überprüft.

In Abbildung 3-9 wird der in Kapitel 2.7 entwickelte interdisziplinäre Bezugsrahmen der Problemlösung um die Dimension „Vorgehen" erweitert. Die fünf

---

[33] Selig (1986, S. 248) schreibt über das Prototyping: *„... Prototyping ist (...) nicht als Alternative zum Phasenkonzept aufzufassen, sondern in dieses integrierbar ..."*. Ähnlich formuliert auch Krüger (1987, S. 213): *„Sie (die Prototypen, d. Verf.) sollten in das Phasenkonzept integriert werden, es aber nicht ersetzen."*

68

Phasen im Vorgehensmodell des System Engineering erstrecken sich zeitlich über die Dauer des Problemlösungsprozesses und damit auch über die Dauer des gesamten Projekts.

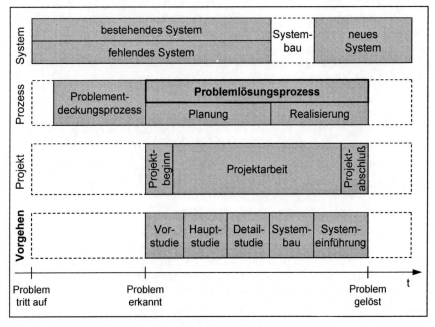

Abb. 3-9: Erweiterter interdisziplinärer Bezugsrahmen der Problemlösung

4 Erweitertes Modell zur Messung des Erfolgs des Problemlösungsprozesses in Projekten

„In addition to achieving a better understanding of the attributes used to characterize and define projects, any discussion of projects should also include a well-accepted definition of project implementation success." (Pinto, 1986, S. 18)

Gemünden (1990, S.8) hat diese Feststellung von Pinto in seinem Artikel über die Erfolgsfaktoren des Projektmanagements übernommen und schrieb:

„Wer Aussagen über 'Erfolgsfaktoren' des Projektmanagements machen möchte, der muß sich zunächst dem Problem stellen, was unter dem 'Erfolg' eines Projektes verstanden werden soll."

Analog zur Erfolgsfaktorenforschung auf dem Gebiet des Projektmanagements ist es auch bei der Untersuchung der Einflussfaktoren auf den Erfolg des Problemlösungsprozesses in Projekten notwendig, ein Modell aufzustellen, aus dem die Bestimmung von Erfolgsmaßen hervorgeht. Dieses Modell wird im folgenden vereinfacht als **Erfolgsmessmodell** bezeichnet.

4.1 Bestandsaufnahme der verwendeten Erfolgsmessgrößen

„Nahezu jede Veröffentlichung über Projektmanagement beschäftigt sich implizit oder explizit mit dem Projekterfolg." (Daum, 1993, S. 99). Da ist es nicht schwer, in der Literatur eine große Anzahl von höchst unterschiedlichen Modellen zu finden, die jeweils eigene Bestimmungsgrößen zur Messung des Projekterfolgs verwenden. Zum einen liegt der Grund dafür in den verschiedenen Zielen, die die Studien hatten, zum anderen ist auch eine Weiterentwicklung des Verständnisses durch die Einbeziehung von jeweils vorliegenden Forschungsergebnissen über die Jahre zu beobachten.

Mit ihren empirischen Studien zum Projektmanagement und dem Projekterfolg haben Murphy et al. (1974), Pinto (1986) und Lechler (1997) Meilensteine in der Erfolgsfaktorenforschung gesetzt, weil sie

- den jeweiligen Stand der Forschung ermittelt und darauf aufbauend ihre Modelle entwickelt haben,

- allgemeingültige Modelle ohne wesentliche Einschränkung aufgestellt haben,

- verschiedene Branchen und Projektarten in die Studien mit einbezogen haben,

- eine relativ große Anzahl von Projekten in ihrer empirische Studie untersucht haben.

Die Modelle zur Messung des Projekterfolgs, die in diesen drei Studien verwendet wurden, werden im folgenden vorgestellt.

Eine weitere Gruppe von Erfolgsmessmodellen bilden die Benchmarking-Modelle (vgl. Schelle, 2000, S. 42). Stellvertretend für diese Bewertungsmodelle wird im Abschnitt 4.1.5 das Project-Excellence-Model der renommierten Deutschen Gesellschaft für Projektmanagement e.V. (GPM) dargestellt, das auf dem auf dem EFQM-Model[34] basiert (vgl. Tipotsch, 2001, S. 6).

4.1.1 Erfolgsmessgrößen bei Murphy, Baker und Fischer

Murphy, Baker und Fischer führten 1974 mit insgesamt 646 ausgewerteten Fragebögen die bisher umfangreichste Untersuchung auf dem Gebiet der Erfolgsfaktorenforschung des Projektmanagements durch. Der Projekterfolg wurde dabei durch die drei Kriterien „Gesamterfolg", „Erfolgsbeurteilung der Projektbeteiligten" und „technischer Erfolg" (s. Abb. 4-1) mit insgesamt sechs zu bewertende Aussagen in einem Fragebogen abgebildet (vgl. Murphy et al., 1974, S. 61 und S. 138 ff.):

- Beurteilung des Gesamterfolgs

  „All things considered, the project was a success" (1)

- Beurteilung des Ergebnisses aus Sicht der Projektbeteiligten

  „In general, how satisfied were the following groups with the outcome of the project:

  a. parent organization (2)

  b. client organization (3)

  c. ultimate users (4)

  d. project team" (5)

- Beurteilung der Erfüllung der technischen Anforderungen

  „the extent to which the end result fulfilled the technical performance mission or function" (6)

---

[34] European Foundation for Quality Management. EFQM hat 1992 ein EFQM Excellence Model im Zusammenhang mit der Ausschreibung des European Quality Awards eingeführt (Ausführliche Informationen dazu bei EFQM, 2004)

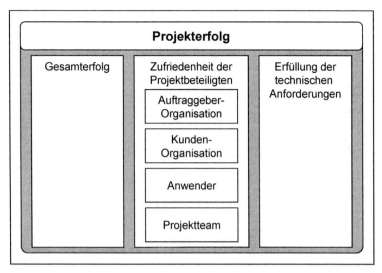

Abb. 4-1: Schematische Darstellung des Projekterfolgs bei Murphy et al. (1974) (eigene Darstellung)

4.1.2 Erfolgsmessgrößen bei Pinto

Im Rahmen seiner Dissertation untersuchte Pinto (1986, S. 89) die Einflussfaktoren auf den Projekterfolg bei 418 Projekten. Sein Erfolgsmessmodell „Measure Of Project Success" baute Pinto (1986, S. 18) aus den folgenden fünf Kriterien auf (s. Abb. 4-2):

- cost (Einhaltung des Budgetrahmens) (1)

  „necessity of bringing in the project on or near the budget allocated"

- schedule (Einhaltung des Terminplans) (2)

  „bringing the project in on time, or within the specified time frame"

- performance, defined in terms of

  - Technical Validity (TV) (3)

    "the project is technically sound, in that it meets minimum technical performance criteria"

  - Organizational Validity (OV) (4)

    „acceptance of the project on the part of the project team members and clients who ultimately receive the result of the project"

- Organizational Effectiveness (OE)   (5)

„improvement in organizational effectiveness as a result of the project, either though more effective decision making or performance on the part of clients"

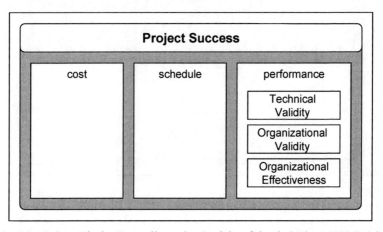

Abb. 4-2: Schematische Darstellung des Projekterfolgs bei Pinto (1986) (eigene Darstellung)

Diese fünf Kriterien wurden im Fragebogen über insgesamt zwölf Fragen erfasst (vgl. Pinto, 1986, S. 74 ff.). Die dreizehnte Frage[35], deren Antwort ebenfalls in die Berechnung einer Projekterfolgszahl eingeht (Pinto, 1986, S. 73) aber nicht in der Modellbeschreibung auftaucht, bezieht sich auf den Gesamterfolg des Projekts.

4.1.3 Erfolgsmessgrößen bei Lechler

Die neuste der drei größten empirischen Studien wurde 1996 von Lechler durchgeführt. Lechler (1997, S. 44) formulierte zusammenfassend als Definition für Projekterfolg: *„Ein Projekt ist erfolgreich, wenn die Beteiligten zufrieden sind und die Qualität der technischen Lösung und die Termin- und Kostenziele insgesamt positiv bewertet werden."*

Im einzelnen wurden bei der empirischen Untersuchung von Lechler die folgenden vier Erfolgsmaße ermittelt (vgl. Abb. 4-3):

---

[35] *„All things considered, this project was/will be a success."* (Pinto, 1986, S. 75)

- Gesamterfolg (1)

  Bedeutung und Ermittlung des Gesamterfolgs analog den Studien von Murphy et al. und Pinto: „... *umfasst Einschätzung über das Ergebnis und den Verlauf des Projektes sowohl aus der Perspektive des Auftragnehmers als auch aus jener des Auftraggebers.* " (Lechler, 1997, S. 89)

- Effektivität (2)

  In der Effektivität berücksichtigt Lechler (1997, S. 89) die technische Systemleistung und beschreibt damit „...*den Grad des erreichten Leistungsumfangs und der Zufriedenheit des Kunden mit der technischen Leistung.* "

- Effizienz (3)

  Zum „... *Erfüllungsgrad von Prozeßzielen* ... " fasst Lechler (1997, S. 91) die beiden Messgrößen „Einhaltung des Kostenrahmens" und „Einhaltung des Terminplans" zur Erfolgsdimension „Effizienz" zusammen

- Sozialerfolg (4)

  Im Rahmen seiner Untersuchung bezeichnet Lechler (1997, S. 91) den „... *Erfüllungsgrad der Zufriedenheit mit dem Kooperationsklima als Sozialerfolg.* "

- Wirtschaftlicher Erfolg (-)

  Lechler nimmt den wirtschaftlichen Erfolg **nicht** in sein Messmodell für den Projekterfolg mit auf (vgl. Abb. 4-3), da diese Größe „...*oft erst nach Projektabschluß in der Nutzungsphase des technischen Systems* ... " ermittelt werden kann (Lechler, 1997, S. 92).

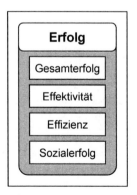

Abb. 4-3: Erfolgsmodell nach Lechler (1997, S. 87)

4.1.4 Zusammenfassung der Erfolgsmessgrößen in den empirischen Studien

Die empirischen Studien von Murphy et al. (1974), von Pinto (1986) und von Lechler (1997) sind bis heute die drei umfangreichsten Studien, die unterschiedliche Projekte bei verschiedenen Unternehmen untersuchen, ohne sich dabei auf Teilaspekte der Projektarbeit zu beschränken[36]. Alle drei genannten Studien basieren auf den Erfahrungen und Ergebnissen vorangegangener Studien[37], die hier nicht im einzelnen dargestellt werden.

Die Gegenüberstellung dieser drei Erfolgsmodelle (s. Tab. 4-1) zeigt, dass ausgehend von den ersten empirischen Studien in den 70er Jahren die Erfolgsmaße um die Kriterien „Zufriedenheit" und „Nutzen" erweitert wurden.

Wie aus der Tabelle 4-1 abgelesen werden kann, wurden mit wenigen Ausnahmen jeweils die Beurteilungskriterien der zeitlich davor liegenden Studie für die Modellbildung übernommen. Beim Vergleich der im Rahmen der jeweilige Studie erstellten Fragebögen wird diese Überschneidung noch deutlicher. Dazu drei Beispiele:

Obwohl der Gesamterfolg bei Lechler (1997, S. 165) in der Modellbeschreibung auf die beiden Dimensionen „Einschätzung des Auftraggebers" und "Einschätzung des Auftragnehmers" beschränkt ist, wird in seinem Fragebogen analog zu den Studien von Murphy et al. und Pinto auch die Einschätzung des Interviewten zum Projekterfolg erfasst[38] und in der Erfolgsmessung mit verwendet (schwarz unterlegt).

Das gleiche gilt für das Kriterium „Nutzen", das mit sechs Fragen nach Verbesserung und Leistungssteigerung durch das Projektergebnis und nach weitergehenden Vorteilen durch das Projekt bei Lechler (1997, S. 340) berücksichtigt wird.

Ergänzend zu der Einschätzung der Auftraggeber- und Auftragnehmerzufriedenheit mit dem Projektergebnis wird bei Lechler indirekt über die Frage nach der positiven Wirkung des Projektergebnisses (Lechler, 1997, S. 340, Frage 7) auch die Zufriedenheit der Anwender bzw. Nutzer erfragt.

---

[36] Zu den größten Studie gehört z.B. auch Knöpfle et al. (1992) mit einem Stichprobenumfang von 424. Dort liegt der Schwerpunkt aber auf der Projektorganisationsform und deren Einfluss auf den Projekterfolg. In die neueste empirische Studie, die Studie von Wahl (2001), sind die Antworten von 277 Befragten eingeflossen. Der Teilnehmerkreis war aber auf drei Unternehmen beschränkt und der Schwerpunkt der Untersuchung lag auf den Akzeptanzproblemen bei der Implementierung von Projektmanagementkonzepten.

[37] Der interessierte Leser findet Übersichten über empirische Studien zu Erfolgsfaktoren in der Projektarbeit z.B. in Gemünden (1990, S. 6 ff.), Haunschildt (1991, S. 454 ff.), Lechler (1997, S. 307 ff.)

[38] „15. Insgesamt gesehen, unter Berücksichtigung aller Aspekte, war das Projekt ein Erfolg." (Lechler, 1997, S. 340)

Tab. 4-1: Kriterien zur Messung des Projekterfolgs

✔ : in der Modellbeschreibung berücksichtigte Kriterien

☑ : nicht in der Modellbeschreibung berücksichtigte Kriterien, die aber im Fragebogen enthalten sind

— : sowohl in der Modellbeschreibung als auch im Fragebogen nicht enthaltene Kriterien

Beurteilungskriterien	Murphy et al. (1974)	Pinto (1986)	Lechler (1997)
Gesamterfolg	Gesamterfolg	Gesamterfolg	**Gesamterfolg**
beurteilt vom Interviewten	✔	✔	✔
Technische Anforderungen	Technical Performance	Technical Validity	Effektivität
Erfüllungsgrad	✔	✔	✔
Kundenzufriedenheit	—	—	✔
Einhaltung des Budgetrahmens		Cost	Effizienz
	—	✔	✔
Einhaltung des Terminplans		Schedule	Effizienz
	—	✔	✔
Zufriedenheit mit dem Projektergebnis	Outcome	Organizational Validity	Gesamterfolg
Auftraggeber	✔	✔	✔
Auftragnehmer	✔	✔	✔
Anwender	✔	✔	☑
Projektteam	✔	✔	—
Zufriedenheit mit dem Projektverlauf			Gesamterfolg
Auftraggeber	—	—	✔
Auftragnehmer	—	—	✔
Projektteam	—	—	☑
Sozialerfolg			Sozialerfolg
Zufriedenheit mit dem Kooperationsklima	—	—	✔
Teamgeist	—	—	✔
Nutzen aus dem Projekt		Organizational Effectiveness	**Verbesserungen**
		—	✔

In der Tabelle 4-1 sind diejenigen Kriterien, die in der Modellbeschreibung nicht beinhaltet sind, aber im Fragebogen erfasst werden und in die Auswertung mit einfließen, schwarz unterlegt. Nur wenn man diese Kriterien mit einbezieht, zeigt sich, dass bei den empirischen Studien jeweils alle Kriterien der vorangegangenen Studien vollständig übernommen und ergänzt wurden, was aus dem reinen Modellvergleich nicht hervorgeht.

4.1.5 Erfolgsmessgrößen im Project-Excellence-Modell

Seit 1997 vergibt die Deutsche Gesellschaft für Projektmanagement e.v. (GPM) jährlich einen Projektmanagement Award, der seit dem Jahr 2001 international als „IPMA Internationaler Projektmanagement Award"[39] ausgeschrieben wird (vgl. GPM, 2003a). Die GPM bewertet dafür alle Projekte, die von den Bewerbern um diesen Award eingereicht werden nach einem bestimmten Schema, dem Project-Exellence-Modell (vgl. Abb. 4-4). Das Ergebnis ist ein Punktwert, der die Projekte auf einer Skala von 0 bis 1000 im Bezug auf ihren Erfolg vergleichbar macht.

Die insgesamt neun für den Projekterfolg bewerteten Kriterien gliedern sich in zwei Bereiche (GPM, 2003b):

„*Bereich Projektmanagement (500 Punkte)*

    1. Zielorientierung (140 Punkte)

      Wie das Projekt seine Ziele aufgrund umfassender Informationen über die Anforderungen seiner Interessengruppen formuliert, entwickelt, überpüft und umsetzt ...

    2. Führung (80 Punkte)

      Wie das Verhalten aller Führungskräfte im Projekt "Project Excellence" inspiriert, unterstützt und promotet ...

    3. Mitarbeiter (70 Punkte)

      Wie die Projektmitarbeiter einbezogen und ihre Potentiale erkannt und genutzt werden ...

    4. Ressourcen (70 Punkte)

      Wie die vorhandenen Ressourcen wirksam und effizient eingesetzt werden ...

    5. Prozesse (140 Punkte)

      Wie im Projekt wertschöpfende Prozesse identifiziert, überprüft und gegebenenfalls verändert werden ... "

---

[39] IPMA – International Project Management Association ist eine internationale Dachorganisation von Projektmanagement Fachverbänden (GPM, 2003c).

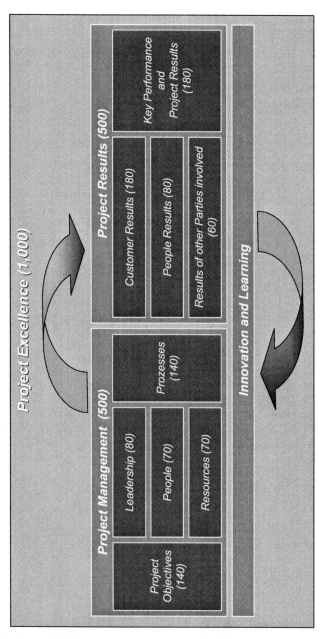

Abb. 4-4: Modell für Project Excellence (GPM, 2003b)

„Bereich Projektergebnisse (500 Punkte)

6. *Kundenzufriedenheit (180 Punkte)*

   Was das Projekt im Hinblick auf die Erwartungen und die Zufriedenheit seiner Kunden leistet ...

7. *Mitarbeiterzufriedenheit (80 Punkte)*

   Was das Projekt im Hinblick auf die Erwartungen und Zufriedenheit seiner Mitarbeiter leistet ...

8. *Zufriedenheit bei sonstigen Interessengruppen (60 Punkte)*

   Was das Projekt im Hinblick auf die Erwartungen und Zufriedenheit sonstiger Interessengruppen leistet ...

9. *Zielerreichung (180 Punkte)*

   Was das Projekt im Hinblick auf das geplante Projektziel leistet... "

Beim Vergleich der verwendeten Beurteilungskriterien in den Modellen der empirischen Studien (Tab. 4-1) mit den Kriterien des Benchmarking-Modells der GPM fällt eine Gegenüberstellung wegen unterschiedlicher Begriffe teilweise schwer. Die bei GPM hinterlegte Detailerläuterung zu den neun Kriterien zeigen aber, dass sich die hinter dem Project-Excellence-Model stehenden Fragestellungen alle im umfangreichen Fragebogen von Lechler wiederfinden und somit bis auf einen Aspekt in seine Erfolgsbeurteilung eingehen.

Zum Kriterium „Prozess" im Project-Excellence-Model schreibt GPM (2003b) als Erläuterung: *„Es ist nachzuweisen, wie (...) (5.3) das Projekt die entstandenen und entstehenden Erfahrungen so aufbereitet und darstellt, daß diese für andere Projekte personenunabhängig nutzbar sind. "* Lechler (1997, S. 350) greift diesen Aspekt des Erfolgs unter dem Punkt „Projektabschluss" in seinem Frageboden auf, hat aber diesen Punkt nicht durch sein Modell abgedeckt und wertet diese Fragen auch nicht aus.

4.1.6 Fazit zu bisher verwendeten Erfolgsmessgrößen

Das Modell zur Messung des Projekterfolgs[40] von Lechler ist das umfangreichste der vier vorgestellten Modelle und beinhaltet mit Ausnahme des Erfahrungstransfers auch alle Kriterien der anderen drei Erfolgsmessmodelle. Die kritische Betrachtung der einzelnen Kriterien im Lechler'schen Modell im Hinblick auf ihre Tauglichkeit zur Analyse von Projekten - insbesondere auch von Kleinprojekten - wirft aber noch weitere Fragen auf:

---

[40] Grundlage ist hierbei alles, was im Modell und damit im Fragebogen und der Datenauswertung berücksichtigt wird, nicht nur die Kriterien, die in der Modellbeschreibung explizit wiederzufinden sind (s. Tab. 4-1)

1. Werden mit der Beurteilung des Projekterfolgs durch den Auftraggeber, den Auftragnehmer und das Projektteam alle relevanten Gruppen berücksichtigt?

   Auch wenn die Konsequenzen aus der Wahrnehmung des Auftraggebers für die Vergabe von zukünftigen Projekten von entscheidender Bedeutung sein könnte, darf der Einfluss anderer Projektbeteiligter wie z.b. des Steuerungsgremiums auf die Projektarbeit, die Motivation des Projektteams etc. nicht von vorne herein ausgeschlossen werden.

   Daher sollte die Bewertung aller Projektbeteiligten einschließlich der Systemnutzer zum Projektverlauf und zum Projektergebnis getrennt berücksichtigt werden.

2. Sind die Projektvereinbarungen durch die drei Bereiche „technische Eigenschaften", „Kosten" und „Termine" ausreichend erfasst?

   Damit sind Projekte, die z.b. nur der Qualitätsverbesserung dienen, lediglich über Fehlerkosten abbildbar, obwohl diese monetäre Größe nur indirekt durch den Auftraggeber vorgegeben wird.

3. Ist die Beurteilung des Gesamterfolgs, die z.b. Pinto in sein Erfolgsmessmodell aufgenommen hat, eine unabhängige Messgröße, die neben den anderen Erfolgsmessgrößen in ein Erfolgsmodelle integriert werden kann?

   Es ist nicht zu erwarten, dass in der Beurteilung des Gesamterfolgs sich andere Kriterien niederschlagen als in den übrigen Erfolgsmessgrößen der vorgestellten Modelle. Wenn der Gesamterfolg vor allem den Eindruck der Projektbeteiligten vom Projektverlauf und -ergebnis widerspiegelt, ist er kein eigenständiges Kriterium zur Erfolgsbeurteilung.

4. Reicht es aus, die Zielerreichung z.b. bei den Budget- oder Terminzielen ausschließlich an den Vereinbarungen zu messen, die zum Projektbeginn Gültigkeit hatten?

   Die Projektarbeit braucht den Freiraum für Anpassungen an die Erkenntnisse, die im Laufe des Projekts gewonnen werden. Sofern mit dem Auftraggeber Einigkeit über die Anpassung der Projektziele herrscht, müssen diese veränderten Ziele als Maßstab für die Beurteilung des Projekterfolgs herangezogen werden.

5. Wo findet sich der Know-how-Zuwachs wieder, der sich durch die Projektarbeit ergibt (vgl. Project-Excellence-Model)?

   Know-how, das von den Projektbeteiligten aus den Erfahrungen im Rahmen eines Projekts erworben wird, kann in Folgeprojekten gewinnbringend eingesetzt werden. Es kann sich dabei sowohl um

Know-how in Sachen der Projektabwicklung als auch um technisches Know-how handeln.

Um die erkannten Defizite der vier vorgestellten Erfolgsmessmodelle nicht in die eigene empirische Studie zu übernehmen, wird ein „Erweitertes Erfolgsmessmodell" erstellt, das die notwendigen Ergänzungen bzw. Modifikationen enthält.

4.2 Erweitertes Erfolgsmessmodell

Als Grundlage für die empirische Studie im Rahmen dieser Arbeit wird ein erweitertes Erfolgsmessmodell für den Problemlösungsprozess in Projekten erstellt. Das Ziel dabei ist, ein Modell zu kreieren, mit dem gemessen werden kann, wie „gut" der Problemlösungsprozess das Problem in die Lösung überführt hat, indem der gesamte Nutzen i.w.S., der aus dieser Transformation hervorgeht, bestimmt wird.

Diese nutzenbasierte Betrachtung stellt sicher, dass nicht nur das neu gestaltete System als Lösung betrachtet wird, sondern auch andere Faktoren „entlang" des Problemlösungsprozesses, wie z.b. die Zufriedenheit mit dem Projektverlauf, in den Erfolg mit einfließen. Außerdem setzt der Nutzenbegriff voraus, dass ein Bedürfnis vorhanden ist und das Gut im Verständnis des Nutzers auch nützlich und selten ist (vgl. Woll, 1993, S. 515).

Die Kriterien, wie sie in Tabelle 4-1 aufgelistet sind, lassen sich in zwei Kategorien unterteilen. Zur ersten Kategorie gehören die Kriterien, die den Erfolg anhand der Einhaltung von getroffenen Projektvereinbarungen z.B. zu Projektterminen oder -budgets oder auch zur Leistungsfähigkeit des Systems messen.

Diese Vereinbarungen werden meist als Ziele bei Projektbeginn getroffen und stellen im Projektgeschäft die klassischen Erfolgsmessgrößen dar. Kriterien mit diesen Eigenschaften gehen als erste Erfolgsdimension, dem direkten Nutzen, in das erweiterte Erfolgsmessmodell ein und messen, wie gut die Beseitigung des Problems gelungen ist.

Darüber hinaus kann es aus dem Projekt noch zusätzlichen Nutzen für die Projektbeteiligten und für das projektdurchführende Unternehmen geben. Daraus werden zwei weitere Erfolgsdimensionen, der indirekte Nutzen als Wirkung auf die Projektbeteiligten und der weitergehende Nutzen als weitere Vorteile für das Unternehmen, aufgebaut.

Die drei Erfolgsdimensionen:

- Nutzen 1. Grades: Direkter Nutzen

- Nutzen 2. Grades: Indirekter Nutzen

- Nutzen 3. Grades: Weitergehender Nutzen

bilden zusammen das erweiterte Erfolgsmessmodell (s. Abb. 4-5), in dem sich alle Kriterien zur Messung des Projekterfolgs aus Tabelle 4-1 mit Ausnahme des Gesamterfolgs wiederfinden (Begründung s.o.).

Erfolgsdimensionen des Problemlösungsprozesses in Projekten

Nutzen 1. Art

Direkter Nutzen - Beseitigung des Problems

- Einhaltung der Vereinbarungen zu den Projektterminen
- Einhaltung der Vereinbarungen zu dem Projektbudget
- Einhaltung der Vereinbarungen zu den Systemeigenschaften

Nutzen 2. Art

Indirekter Nutzen - Wirkung auf die Projektbeteiligten

- Zufriedenheit der Projektbeteiligten mit dem Projektverlauf und dem Projektergebnis
- Personalentwicklung

Nutzen 3. Art

Weitergehender Nutzen - Weitere Vorteile für das Unternehmen

- Know-how-Zuwachs
- Weitere Zusammenarbeit

Abb. 4-5: Erweitertes Erfolgsmessmodell

Die folgende detaillierte Erläuterung der Erfolgsdimensionen zeigt, welche Kriterien über die in Tabelle 4-1 genannten hinaus als Konsequenz aus der Kritik an den untersuchten Erfolgsmessmodellen noch in die Erfolgsbeurteilung mit einfließen.

Nutzen 1. Grades - Beseitigung des Problem (Direkter Nutzen)

Der Nutzen 1. Grades beschreibt den direkten Nutzen, den das Projekt dem Unternehmen bringt. Dazu werden alle bei Projektstart getroffenen Vereinbarungen über die Ziele des Projekts mit dem tatsächlich Erreichten verglichen. Im Bezug auf den Problemlösungsprozess können dies folgende Vereinbarungen sein:

- Termine
- Budget
- Projektpersonalkapazität

und im Bezug auf das zu gestaltende System:

- Anforderungen an die Systemeigenschaften (technisch, organisatorisch etc.)
- Systemkosten für Systemeinführung oder Systembetrieb
- Qualitätsverbesserung
- Kapazitätserweiterung
- Randbedingungen.

Diese acht Vereinbarungen lassen sich thematisch den drei Gruppen „Projekttermine", „Projektbudget" und „Anforderungen" zuordnen, die gemeinsam in das Erfolgsmessmodell als erste Erfolgsdimension eingehen (s. Abb. 4-5). Ändern sich diese Vereinbarungen durch neue Erkenntnisse oder äußere Einflüsse wie z.B. Planungsfehler, Informationsdefizite oder Änderung der Anforderungen im Projektverlauf, so sind für den Vergleich die nach der Detailstudie gültigen Vereinbarungen maßgebend. Zusätzlich werden Informationen zu den Änderungen, wann sie aufgetreten sind und welche Ursachen sie hatten, dokumentiert.

Nutzen 2. Grades - Wirkung auf die Projektbeteiligten (Indirekter Nutzen)

Der Nutzen 2. Grades beschreibt die Zufriedenheit der Projektbeteiligten mit dem Projektverlauf, dem Projektergebnis, der Zusammenarbeit im Projekt und die Personalentwicklung. Dazu wird die Beurteilung des Projektverlaufs und des Projektergebnisses für jede Gruppe einzeln ermittelt, so dass auch sehr unterschiedliche Einschätzungen der verschiedenen Gruppen differenziert erfasst werden können. Die Personalentwicklung wird durch die Einschätzung des Erfahrungszuwachses abgebildet.

Nutzen 3. Grades - Weitere Vorteile für das Unternehmen (Weitergehender Nutzen)

Neben der Beseitigung des Problems und der positiven Wirkung auf die Projektbeteiligten kann ein Projekt für ein Unternehmen noch weitere Vorteile bringen wie z.B. der direkte Know-how-Zuwachs für das Unternehmen, die Erfahrungsweitergabe nach den Projekten und Folgeaufträge für weitere Projekte.

Der Zeitpunkt zur Beurteilung des Erfolgs spielt bei den meisten empirischen Studien keine Rolle. Häufig wird noch nicht einmal der Zeitpunkt angegeben, wann innerhalb des Projektverlaufs bzw. wie lange nach dem Projektende die

Befragung stattgefunden hat[41]. Während die Fragen zum Budget und zum Terminplan meist schon bei Projektende beantwortet werden können, setzen gerade die Beurteilung der Eignung der Lösung umfangreiche Kenntnisse vom praktischen Einsatz des neuen bzw. geänderten Systems voraus.

---

[41] Lechler hat 45 empirische Studien zur Erfolgsfaktorenforschung des Projektmanagement untersucht. Dabei wurde u.a. das Kriterium „Erhebungszeitpunkt" zur Charakterisierung der Studie verwendet. Bei 31 Studien gab es nach Lechler (1997, S. 307 ff.) keine näheren Angaben zum Erhebungszeitpunkt.

5 Neues integriertes Gesamtmodell der Einflussfaktoren auf den Erfolg des Problemlösungsprozesses in Projekten

Der Problemlösungsprozess in einem Projekt wird von zahlreichen Faktoren beeinflusst. Zu wissen, welche dieser Faktoren den Erfolg bzw. Misserfolg von Problemlösungsprozessen bestimmen, kann für Unternehmen enorme wirtschaftliche Vorteile bringen. Berater und Forscher nutzen dieses Interesse der Unternehmen seit Jahren für die Veröffentlichung zahlreicher Ratschläge zur Einführung des Projektmanagements, zur Anwendung der Methoden des Systems Engineerings und zur Durchführung der Projektarbeit.

Gemünden veröffentlichte 1992 die Ergebnisse seiner Recherche nach empirisch untersuchten Einflussfaktoren auf den Projekterfolg und schreibt darin: „*Es ist offensichtlich sehr viel einfacher, Effizienzbehauptungen zu formulieren, als sie einer stringenten Prüfung zu unterziehen.*" (1992, S. 156 ff.). Damit nennt Gemünden den Grund, warum unter der reichhaltig vorhandenen Literatur zu Projektthemen der weitaus größte Teil auf Vermutungen oder persönlichen Erfahrungen bei einzelnen Projekten basiert, bis heute aber nur wenige empirische Studien durchgeführt wurden.

Von den 23 empirischen Studien zum Projekterfolg, die Gemünden im Rahmen seines State-of-the-Art-Reports näher untersucht hat[42], gibt es nur zwei Studien, die nicht auf spezifische Einflussfaktoren und auch nicht auf bestimmte Projektarten beschränkt sind (vgl. Tabelle 5-1). Dabei handelt es sich um die beiden Studien von Murphy et al. (1974) und Pinto (1986) (vgl. Gemünden, 1992, S. 157 f.), die auch schon im vorangegangenen Kapitel als Meilensteine in der Erfolgsfaktorenforschung bezeichnet wurden.

Gemünden hat alle Einflussfaktoren, die in den 23 empirischen Studien beschrieben werden und die dort einen statistisch signifikanten Einfluss auf den Projekterfolg haben, in einem Bezugsrahmen (s. Abb. 5-1) eingeordnet.

Unter dem Titel „*Successful Project Execution*" haben Beale & Freeman (1991, S. 23 ff.) in ähnlicher Form und mit vergleichbarem Ergebnis wie Gemünden insgesamt 29 Veröffentlichungen analysiert und die darin identifizierten „*Variables Affecting Project Success*" zu 14 Faktoren zusammengefasst. Diese Faktoren sind alle inhaltlich im Bezugsrahmens von Gemünden abgebildet, so dass das Einflussfaktorenmodell von Beale & Freeman (1991, S. 26) die Zusammenstellung von Gemünden bestätigt, aber darüber hinaus keine weitergehenden Erkenntnisse liefert.

---

[42] Gemünden (1992, S. 156 f.) begründet die Auswahl folgendermaßen: „*Die Bestandsaufnahme berücksichtigt alle zugänglichen Untersuchungen, in denen wenigstens eine Erfolgsgröße des Projektes zu einer unabhängigen Variablen des Projektmanagements in Beziehung gesetzt wurde, wobei diese Beziehung mittels statistischer Methoden quantitativ überprüft wurde.*"

Tab. 5-1: Untersuchungsobjekte der empirischen Studien nach Gemünden (1992, S. 157)

		Art der untersuchten Einflußfaktoren	
		viele versch. Faktoren	spezifische Faktoren
Art der untersuchten Projekte	Versch. Arten	2	2 (1)
	F&E-Projekte	5	9 (3)
	Bau-projekte	1	
	Software-projekte		1
	F&E-Bereiche		3 (1)

( ) : Anzahl der deutschen Studien

Auf dem Bezugsrahmen von Gemünden aufbauend hat Lechler (1997, S. 87) sein forschungskonzeptionelles Erfolgsfaktorenmodell erstellt und einer empirischen Prüfung unterzogen. Obwohl das Modell von Lechler keinerlei Ähnlichkeit mit dem Bezugsrahmen von Gemünden aufweist, so zeigen die von Lechler abgeleitetet Forschungshypothesen (1997, S. 98 ff.), dass alle untersuchten Einflussfaktoren auch im Bezugsrahmen von Gemünden enthalten sind.

Daher wird im folgenden nur der Bezugsrahmen von Gemünden als die bis heute umfassendste Zusammenstellung von Einflussfaktoren auf den Projekterfolg vorgestellt.

5.1 Bezugsrahmen von Gemünden

Der von Gemünden erstellte Bezugsrahmen umfasst insgesamt 24 Einflussfaktoren (vgl. Abb. 5-1), die er nach Inhalten in die fünf Elemente „Kontext", „Projektsystem", „Auftraggeber", „Auftragnehmer" und „Erfolgsmaße" zusammenfasst. Diese Elemente sind folgendermaßen strukturiert (vgl. Gemünden 1992, S. 158 ff., Gemünden 1990, S. 10 ff.).

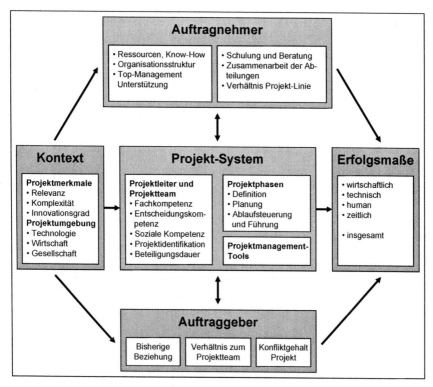

Abb. 5-1: Bezugsrahmen zur Einordnung der empirischen Studien (Gemünden, 1990, S. 10)

Kontext

Unter dieser Überschrift finden sich sowohl die Merkmale des Projekts als auch das Umfeld des Projekts wieder. Die Projektmerkmale - dazu zählen z.b. die Relevanz oder der Innovationsgrad - gehen alle auf die Problemstellung zurück, die im Rahmen des Projekts bearbeitet werden soll, während das Projektumfeld die technologischen, politischen, wirtschaftlichen und gesellschaftlichen Rahmenbedingungen, in denen das Projekt abläuft, berücksichtigt.

Projekt-System

Das im Mittelpunkt des Bezugsrahmens stehende Projekt-System ist dreigeteilt: im Subsystem des Projektteams mit seinem Projektleiter sind alle Einflussfaktoren enthalten, die im direkten Zusammenhang mit den Personen im Projektteam stehen. Im zweiten Subsystem werden von Gemünden die einzelnen Schritte der zeitlichen Strukturierung des Projekts unter dem Titel „Projektphasen" zusammengefasst. Das dritte Subsystem enthält die Projektmanagementtools. Die Einflüsse durch die Aktivitäten im Projekt sind hier nicht berücksichtigt.

Aufraggeber

Gemünden ordnet die Einflüsse durch das Verhältnis zwischen Auftraggeber und Auftragnehmer (vor und während des Projekts) dem Element „Auftraggeber" zu. Außerdem ist in diesem Element des Bezugsrahmens noch der Konfliktgehalt (Akzeptanz) des Projekts im Hinblick auf die Auftaggeberorganisation und die Beziehung zwischen Auftraggeber und dem Projektteam zu finden.

Auftragnehmer

Der Auftragnehmer wird im Bezugsrahmen mit den Ressourcen, die er in Form von Mitarbeiterkapazität und Tools für die Projektarbeit bereitstellt, berücksichtigt. Darüber hinaus befinden sich in diesem Element alle Faktoren, die die Zusammenarbeit zwischen Projektteam und den anderen Projektbeteiligen einschließlich der Organisationsstruktur des Projekts charakterisieren. Das Projektteam selbst, das als Mitarbeiterkapazität ebenfalls zu den Ressourcen gehört, wurde von Gemünden als Subsystem in das Element „Projektsystem" integriert.

Erfolgsmaße

Das Element „Erfolgsmaße" repräsentiert im Bezugsrahmen von Gemünden das Erfolgsmessmodell und steht somit nicht für eine Gruppe von Einflussfaktoren. Es deckt sich inhaltlich mit dem Erfolgsmodell von Lechler (1997, S. 87), das in Kapitel 4.1.2 ausführlich dargestellt wurde.

5.2 Defizite der bisherigen Einflussfaktorenforschung

Aufgrund der Vielzahl von Quellen, aus denen Gemünden seinen Bezugsrahmen zusammengestellt hat, ist dieser inhaltlich so umfassend, wie es bis dahin noch in keinem Modell für eine empirische Studie zu finden war. Auch die Modelle in neueren Studie gehen nicht über die von Gemünden festgehaltenen Einflussfaktoren hinaus.

Gemünden hat aber seinen Bezugsrahmen mit dem Ziel erstellt, die bis dahin durchgeführten Studien einzuordnen, so dass der Leser einen vergleichenden Überblick über die untersuchten Einflussfaktoren auf den Projekterfolg erhält (vgl. Gemünden, 1992, S. 158). Als Gesamtmodell für die empirische Studie in dieser Arbeit ist der Bezugsrahmen jedoch nicht geeignet. Dies wird bei der folgenden Betrachtung deutlich:

- Mit Ausnahme des Systems Engineerings deckt der Bezugsrahmen von Gemünden alle Felder der Projektarbeit vollständig ab. Mit der in Kapitel 2.6 (s. Tab. 2-5) definierten Abgrenzung der Aufgaben und Inhalte des Projektmanagements gegenüber dem Systems Engineering ist offensichtlich, dass die Vermutung von Einflüssen durch das Systems Engineering auf den Projekterfolg genauso berechtigt ist, wie die Einflüsse durch das Projektmanagement, auch wenn bisher in den empirischen Studien - mit Ausnahme des Faktors „clear goals"[43] - das Systems Engineering vernachlässigt wurde.

- Die Darstellung des Bezugsrahmens (s. Abb. 5-1) legt nahe, dass der Haupteinfluss auf den Projekterfolg vom Beziehungssystem „Auftraggeber-Projektteam-Auftragnehmer" hervorgeht (Mittelachse in Abb. 5-1), was sich bei der Betrachtung der einzelnen Ergebnisse der Studie nicht bestätigt (vgl. Gemünden, 1990, S. 12 f., Abb. 6): lediglich die Anzahl der unterschiedlichen Faktoren, die in den genannten drei Gruppen zusammengefasst werden, und die Anzahl der Studien, die diese Faktoren überprüft haben, ist bei diesen drei Faktoren größer (vgl. Gemünden, 1992, S. 162).

- In Abbildung 5-1 stehen der Auftraggeber und der Auftragnehmer außerhalb des Projektsystems. Das drückt aus, dass es sich dabei um Elemente handelt, die schon vor Projektstart und auch nach dem Projektende existieren. Betrachtet man diese Elemente genauer, so sind dort überwiegend Einflussfaktoren zu finden, die in direktem Zusammenhang mit der Projektabwicklung stehen (z.B. „Verhältnis zum Projektteam" oder „Top-Management Unterstützung"), so dass diese beiden Elemente durchaus auch dem Projektsystem zugeordnet werden können.

- Der quasi als Input dem Projektsystem vorangestellte „Kontext" beinhaltet das Subsystem „Projektmerkmale". Die dazugehörigen Einflussfaktoren wie z.B. „Relevanz" oder „Innovationsgrad" lassen sich alle auf das zu Grunde liegende Problem zurückführen und entstehen nicht erst durch die Projektarbeit. Daher sollten diese Einflussfaktoren unter der Bezeichnung „Problemmerkmale" stehen, um den Ursprung deutlich herauszustellen.

- Zur Kritik an den verwendeten Erfolgsmaßen siehe Kapitel 4.1.3: Erfolgsmessgrößen bei Lechler.

---

[43] Die Klarheit der Zieldefinition wird z.B. in den Studien von Murphy et al. (1974, S. 18, „clear understanding ... of goals") oder Pinto (1986, S. 21 „Clearly defined goals") untersucht.

Aufgrund der ungeeigneten Struktur des Bezugsrahmens kann dieser so nicht als Gesamtmodell übernommen und erweitert werden. Im nächsten Abschnitt wird deshalb ein neues Gesamtmodell des Erfolgs des Problemlösungsprozesses erstellt, das folgende Anforderungen erfüllen soll:

- entsprechend der Fragestellung dieser Arbeit steht im Mittelpunkt des Gesamtmodells der Problemlösungsprozess in einem Projekt,

- das neue Gesamtmodell enthält sämtliche Einflussfaktoren, die Gemünden in seinem Bezugsrahmen zusammengefasst hat,

- das Systems Engineering wird als zusätzliche Gruppe von Einflussfaktoren mit aufgenommen,

- als Messsystem für den Erfolg des Problemlösungsprozesses wird das Erfolgsmessmodell (vgl. Kap. 4.2) eingebaut,

- für die Berücksichtigung der zeitlichen Veränderungen im Projektverlauf wird das Vorgehensmodell des Systems Engineerings (vgl. Kap. 3.9) in das Gesamtmodell integriert.

5.3 Neues Integriertes Gesamtmodell der Einflussfaktoren auf den Erfolg des Problemlösungsprozesses in Projekten

Auf der Suche nach allgemeingültigen Modellen der Problemlösung, die für den Aufbau eines Gesamtmodells entsprechend der o.g. Aufgabenstellung hilfreich sein können, wird man bei Patzak (1982, S. 17; zitiert in Kap. 2.4, Abb. 2-8) fündig. Sein Modell enthält mit dem „Problemlösungsprozess", der „Planung und Realisierung der Problemlösung" und der „Lösung" bereits alle erforderlichen Komponenten eines Gesamtmodells. Die im folgenden beschriebenen Modifikationen an der Darstellung von Patzak führen schließlich zum Integrierten Gesamtmodell, wie es Abbildung 5-2 zeigt.

In Kapitel 4 wurde gezeigt, dass die Lösung des Problems keine direkt messbare und vergleichbare Größe ist. Daher wird die „Lösung" aus Patzaks Abbildung durch das Erfolgsmessmodell (s. Kap. 4.2, Abb. 4-5) mit seinen drei Nutzendimensionen direkter, indirekter und weitergehender Nutzen ersetzt. Die Pfeilform auf der rechten Seite des Erfolgssymbols deutet an, dass der erreichte Nutzen in weitere Prozesse einfließt.

Die „Planung und Realisierung der Problemlösung" entspricht in der Begriffswelt des Systems Engineerings dem Vorgehensmodell mit seinen fünf Phasen (vgl. Haberfellner et al., 2002, S. 37). Diese Phasen werden in Abbildung 5-2 im unteren Teil des Problemlösungsprozesses dargestellt und symbolisieren dessen zeitliche Strukturierung (vgl. Kap. 3.9, Abb. 3-9).

Damit sind sowohl das Erfolgsmessmodell als auch das Vorgehensmodell in das Gesamtmodell integriert und es fehlen noch die Einflussfaktoren, die im Rahmen des Problemlösungsprozesses den Erfolg des Projekts beeinflussen können. Dazu wird der Problemlösungsprozess in seine prägenden Elemente unterteilt, um dann eine inhaltliche Zuordnung der Einflussfaktoren zu ermöglichen.

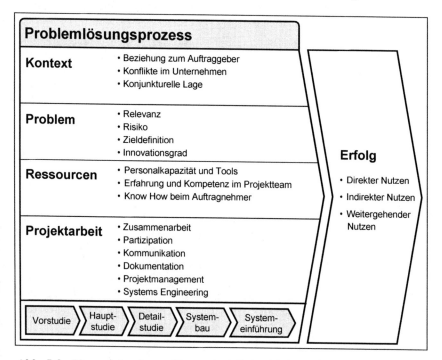

Abb. 5-2: Neues integriertes Gesamtmodell der Einflussfaktoren auf den Problemlösungsprozess in Projekten

Ein Element des Problemlösungsprozess - das verrät schon der Name - ist das „**Problem**". Durch seine vier Eigenschaften „Relevanz", „Risiko", „Zieldefinition" und „Innovationsgrad" kann das Problem den Projekterfolg beeinflussen (s. Abb. 5-2). Im einzelnen stehen hinter diesen Eigenschaften folgende Fragestellungen:

- Relevanz: welche Bedeutung hat die Beseitigung des Problems für das Unternehmen?

- Risiko: wie hoch ist das Risiko der Nichterfüllung der Projektvereinbarungen?

- Zieldefinition: sind die Projektziele allen Projektbeteiligten verständlich?

- Innovationsgrad: gibt es schon Lösungsalternativen oder Lösungsansätze für dieses Problem?

Für die Durchführung des Problemlösungsprozesses reicht aber die Existenz bzw. die Definition des Problems alleine nicht aus. Erst der Einsatz von Ressourcen ermöglicht die Bearbeitung des Problems im Rahmen eines Projekts. Damit stehen zwei weitere Elemente des Problemlösungsprozesses fest: die Ressourcen und die Projektarbeit (s. Abb. 5-2)

Der Auftragnehmer stellt Ressourcen in Form von Mitarbeiterkapazität und Tools zur Bearbeitung des Problems bereit. Die im Projektteam beteiligten Mitarbeiter bringen dort ihre Erfahrung und Kompetenz in das Projekt mit ein. Außerdem kann noch weiteres Know-how, das über das Projektteam hinaus in der Auftragnehmerorganisation vorhanden ist, in das Projekt einfließen. Diese drei Einflussfaktoren sind in Abbildung 5-2 dem Element **„Ressource"** zugeordnet.

Zum Element **„Projektarbeit"** im Problemlösungsprozess zählen die Einflussfaktoren aus den Bereichen Zusammenarbeit der Projektbeteiligten, Kommunikation im Projekt, Partizipation an Prozessen und Entscheidungen, Methoden, Instrumente und Verfahren des Projektmanagements und des Systems Engineerings (s. Abb. 5-2).

Neben dem Problem, den Ressourcen und der Projektarbeit gibt es noch eine vierte Klasse von Einflussfaktoren. Für diese ist charakteristisch, dass Sie schon vor dem Projektstart vorhanden sind, über das Projektende hinaus existieren und einen Einfluss auf den Projekterfolg haben können. Diese Faktoren werden unter dem Titel **„Kontext"** zusammengefasst und als viertes Element des Problemlösungsprozesses in das Modell aufgenommen (s. Abb. 5-2). Im einzelnen zählen dazu Einflüsse durch die konjunkturelle Lage, Konflikte im Unternehmen und die Beziehung zwischen Auftragnehmer und Auftraggeber.

Damit erfüllt das Integrierte Gesamtmodell, wie es in Abbildung 5-2 dargestellt ist, alle Anforderungen entsprechend der Aufgabenstellung aus dem vorangegangenen Abschnitt. Auffallend ist, dass alle Einflussfaktoren im Problemlösungsprozess integriert sind, auch diese, die schon vor dem Projektstart existierten.

Bei anderen Autoren wie z.B. Gemünden (1990, S. 10), Beale & Freeman (1991, S. 26) und auch Lechler (1997, S. 87) gibt es immer auch sogenannte „externe Faktoren" bzw. „variables exogenous" außerhalb des Projekts, des Projektsystems oder des Prozesses, die über das Projekt bzw. den Prozess auf den Erfolg einwirken. Diese Beziehungen können statistisch mit Hilfe von Kausalanalysen geprüft werden (vgl. Backhaus, 2000, S. 390 ff.).

Lechler hat als erster und bisher einziger sowohl viele verschiedene Einflussfaktoren bei verschiedenen Projektarten in seine Studie einbezogen, als auch eine Prüfung seines Modells mit Hilfe von Pfadanalysen vorgenommen. Dazu war eine Reduktion der Anzahl der Merkmale von 195 im Fragebogen auf 69 in den Konstrukten der Pfadanalyse für das Erfolgs- und das Einflussfaktorenmodell notwendig (vgl. Lechler, 1997, S. 338 ff., S. 170, S. 187).

Die Ergebnisse der Studien von Murphy et al. (1974) und Pinto (1986) konnte Lechler (1997) bei der Auswertung seiner Daten berücksichtigen und so gezielt Merkmale ausschließen bzw. zusammenfassen, ohne dass größere Verluste an Informationen zu befürchten waren.

Es ist zu erwarten, dass der auf Basis des Integrierten Gesamtmodells noch zu erstellende Fragebogen für die empirische Studie in dieser Arbeit, weit mehr Merkmale erfassen wird, als dies bei Lechler der Fall war, da:

- das Integrierte Gesamtmodell sowohl bei den Erfolgsmessgrößen als auch bei den Einflussfaktoren gegenüber dem Lechler'schen Modell erweitert wurde und

- durch die Integration des Vorgehensmodells und damit die Berücksichtigung der zeitlichen Veränderungen im Projekt der Fragebogen viel ausführlicher werden wird.

Im Hinblick auf das Forschungsobjekt - der Problemslösungsprozess in Kleinprojekten - das bisher noch nicht im Fokus einer empirischen Studie zur Erfolgsfaktorenforschung stand, ist eine Reduktion der Merkmale nicht vertretbar, zumal eine weit größere Aggregation oder Selektion als bei Lechler erforderlich wäre. Aufgrund des Empiriedefizits bei Kleinprojekten kann keine sinnvolle Reduktion der zu erfassenden Merkmale vorgenommen werden, ohne indirekt Ergebnisse vorwegzunehmen und damit die Untersuchung stark einzuschränken.

Daher wird die in Abbildung 5-2 gewählte Darstellung, die direkte Wirkungen der Einflussfaktoren auf die Dimensionen des Erfolgs unterstellt, zur Ableitung der Forschungshypothesen im folgenden Kapitel und im weitere Forschungsablauf in dieser Arbeit benutzt.

6 Hypothesen

Für die Überprüfung des *neuen integrierten Gesamtmodells der Einflussfaktoren auf den Erfolg des Problemlösungsprozesses in Projekten* (vgl. Kapitel 5) an der empirischen Wirklichkeit werden im folgenden Hypothesen aufgestellt, die am Ende dieses Kapitels in Tabelle 6-1 zusammenfassend dargestellt werden. Welche statistischen Verfahren für die Prüfung dieser Hypothesen mit Hilfe empirischer Daten geeignet sind, wird im achten Kapitel erörtert.

„Allgemein bezeichnet man diejenigen Aussagen als ‚Hypothesen', die einen Zusammenhang zwischen mindestens zwei Variablen postulieren.“ (Schnell et al., 1999, S. 51). Hypothesen müssen bestimmte Bedingungen erfüllen, damit aus den Ergebnissen der Hypothesenprüfung wissenschaftlich gesicherte Erkenntnisse abgeleitet werden können (vgl. Popper 1994, S. 31 ff.). Die einzelnen Bedingungen sind z.B. in Bunge (1967, S. 9) und Opp (1995, S. 31 ff.) ausführlich dargestellt.

Inhaltlich sind diese vermuteten Zusammenhänge alle im neuen integrierten Gesamtmodell aus Kapitel 5 hinterlegt und werden durch die Pfeilform von den Einflussfaktoren mit der Zeitleiste hin zum Erweiterten Erfolgsmessmodell symbolisiert.

Bei der folgenden Hypothesengenerierung werden die vier Elemente des Problemlösungsprozesses „Kontext", „Problem", „Ressourcen" und „Projektarbeit" (s. Abb. 5-2) wieder in die einzelnen Einflussfaktoren zerlegt und daraus jeweils eine Hypothese formuliert. Grundsätzlich wird dabei ein Zusammenhang der Einflussfaktoren mit allen Erfolgsdimensionen unterstellt, es sei denn, die Beziehung ist nicht plausibel.

Um eine größere Übersichtlichkeit zu erreichen, werden in der folgenden Aufstellung jedoch nicht für jede Erfolgsdimension eine einzelne Hypothese aufgestellt, sondern zusammenfassend die Bezeichung „Erfolg des Problemlösungsprozesses" benutzt. Bei der statistischen Prüfung wird dann jede denkbare Beziehung zwischen den Einflussfaktoren und den Erfolgsdimensionen einzeln geprüft.

Diese Vorgehensweise führt zu einer sehr großen Anzahl zu prüfender Hypothesen. Da aber unterstellt wird, dass die Ergebnisse der bisherigen Erfolgsfaktorenforschung auf dem Gebiet größerer Projekte sich nicht einfach auf Kleinprojekte übertragen lässt, wird dies in Kauf genommen. Es gibt somit keine Einschränkung bei der Ableitung von Hypothesen aus dem integrierten Gesamtmodell.

Die Bezeichnung der Hypothesen beginnt immer mit dem Buchstaben „H-", gefolgt von einem laufenden Großbuchstaben, der für das Element im Gesamtmodell steht, und einer laufenden Nummer. Das Beispiel „H-A1" steht für die erste Hypothese zum Element „Kontext".

A. Hypothesen zum Element „Kontext"

Häufig werden für das Verfehlen der Ziele oder gar das Scheitern von Projekten projektexterne Faktoren verantwortlich gemacht. Daher liegt der Umkehrschluss nahe, dass ein positives Umfeld förderlich für den Projekterfolg ist, und es werden drei Hypothesen dazu formuliert:

Der Erfolg des Problemlösungsprozesses ist um so größer, ...

- ... je besser der Auftraggeber dem Projektteam durch gemeinsame Projekte bereits bekannt ist (H-A1).
- ... je weniger bestehende Konflikte in das Projekt hinein getragen werden (H-A2).
- ... je mehr mit einer unveränderten wirtschaftlichen Lage für die Projektlaufzeit gerechnet wird (H-A3).

B. Hypothesen zum Element „Problem"

Das Problem, das es im Rahmen des Projekts zu lösen gilt, kann durch seine Komplexität und Bedeutung Einfluss auf den Erfolg haben. Es wir deshalb vermutet:

Der Erfolg des Problemlösungsprozesses ist um so größer, ...

- ... je größer die Relevanz des Projektes ist (H-B1).
- ... je geringer bei Projektstart das Risiko der Nichterfüllung der Projektvereinbarungen ist (H-B2).
- ... je klarer den Projektbeteiligten die Projektziele sind (H-B3).
- ... je umfangreicher bei Projektstart die vorhandenen Lösungsansätze sind (H-B4).

C. Hypothesen zum Element „Ressourcen"

Personalkapazität und Hilfsmittel

Zu geringe Kapazität wird als einer der häufigsten Gründe für das schlechte Ergebnis der Projektarbeit genannt. Dieser Zusammenhang wird mit den folgenden Hypothesen untersucht:

Der Erfolg des Problemlösungsprozesses ist um so größer, ...

- ... je weniger der Projektleiter durch andere Aufgaben belastet wird (H-C1).
- ... je weniger die Projektteammitglieder durch andere Aufgaben belastet werden (H-C2).
- ... je besser die bereitgestellten Ressourcen der Problemkomplexität angepasst sind (H-C3).

Projektorganisation

Durch die Projektorganisation sollen Rahmenbedingungen geschaffen werden, die den Projektmitarbeitern die erfolgreiche Durchführung des Projekts ermöglichen.

Der Erfolg des Problemlösungsprozesses ist um so größer, ...

- ... je klarer den Projektmitarbeitern ihre Aufgaben sind (H-C4).
- ... je mehr Befugnisse der Projektleiter hat (H-C5).
- ... je größer der Anteil der Projektarbeit an der Gesamtarbeitszeit der Projektmitarbeiter ist (H-C6).
- ... je besser den Projektmitarbeitern ihre Aufgaben nach Projektende bekannt sind (H-C7).

Erfahrung und Kompetenz im Projektteam

Ein Projekt kann von den Erfahrungen und dem Wissen sowohl der Projektbeteiligten als auch innerhalb des Unternehmens profitieren. Die Hypothesen dazu lauten:

Der Erfolg des Problemlösungsprozesses ist um so größer, ...

- ... je mehr Erfahrung und Wissen das Projektteam mit ähnlichen Projekten hat (H-C8).
- ... je mehr Erfahrung mit ähnlichen Projekten im Unternehmen vorhanden ist (H-C9).

D. Hypothesen zum Element „Projektarbeit"

Zusammenarbeit

Die Unterstützung des Projektteams ist bei anderen Studien häufig ein bedeutender Erfolgsfaktor (vgl. Lechler, 1997, S. 79). Die folgenden Hypothesen untersuchen getrennt nach den Projektbeteiligten die Unterstützung für das Projektteam und die Zusammenarbeit im Team.

Der Erfolg des Problemlösungsprozesses ist um so größer, ...

- ... je schneller für das Projekt wichtige Entscheidungen getroffen werden (H-D1).
- ... je größer die Unterstützung durch den Auftraggeber für das Projektteam ist (H-D2).
- ... je größer die Unterstützung durch die Unternehmensleitung für das Projektteam ist (H-D3).
- ... je größer die Unterstützung durch das Steuerungsgremium für das Projektteam ist (H-D4).

- ... je größer die Unterstützung für die Systemnutzer ist (H-D5).
- ... je besser die Zusammenarbeit im Projekt ist (H-D6).

Partizipation

Werden die Projektbeteiligten stärker in das Projekt und dabei insbesondere in die Entscheidungen im Projekt eingebunden, so wird vermutet, dass sich dies auf den gesamten Projektverlauf positiv auswirkt:

Der Erfolg des Problemlösungsprozesses ist um so größer, ...

- ... je mehr der Projektleiter am Projekt partizipiert (H-D7).
- ... je mehr Projektteammitglieder am Projekt partizipieren (H-D8).
- ... je mehr der Auftraggeber am Projekt partizipiert (H-D9).
- ... je mehr die Unternehmensleitung am Projekt partizipiert (H-D10).
- ... je mehr das Steuerungsgremium am Projekt partizipiert (H-D11).
- ... je mehr die Systemnutzer am Projekt partizipieren (H-D12).
- ... je mehr die Systembetreiber am Projekt partizipieren (H-D13).

Informationsaustausch

Durch den komplexen und neuartigen Charakter der Problemstellung kommt dem Austausch von Informationen in Projekten eine große Bedeutung zu. Mit den folgenden Hypothesen soll differenziert untersucht werden, ob alle Parameter des Informationsaustauschs den Projekterfolg gleichermaßen beeinflussen.

Der Erfolg des Problemlösungsprozesses ist um so größer, ...

- ... je umfangreicher und brauchbarer die zwischen den Projektbeteiligten ausgetauschten Informationen sind (H-D14).
- ... je schneller Informationen an die Projektbeteiligten weitergegeben werden (H-D15).
- ... je effizienter Informationen zwischen den Projektbeteiligten austauschen werden (H-D16).
- ... je häufiger Informationen zwischen den Projektbeteiligten ausgetauscht werden (H-D17).
- ... je häufiger sich die Projektbeteiligten persönlich treffen (H-D18).

Dokumentation

Die Dokumentation ist ein Hilfsmittel, aufbereitete Informationen so festzuhalten, dass sie jederzeit in der ursprünglichen Form wieder abgerufen werden können. Bei einem Projekt kann die Dokumentation erfolgsentscheidender Vereinbarungen für das laufende bzw. die Erfahrungen für nachfolgende Projekte vorteilhaft sein.

Der Erfolg des Problemlösungsprozesses ist um so größer, ...

* ... je besser die Ziele dokumentiert werden (H-D19).
* ... je besser die Aufgabenverteilung im Projekt dokumentiert wird (H-D20).
* ... je besser der Projektverlauf dokumentiert wird (H-D21).
* ... je besser die Projektergebnisse dokumentiert werden (H-D22).

Der weitergehende Nutzen aus dem Problemlösungsprozesses ist um so größer, je besser das gesamte Projekt nach Projektabschluss dokumentiert wird (H-D23).

Die Methoden des Projektmanagements und des System Engineerings wurde für die Steuerung großer Vorhaben entwickelt. Trotzdem wird vermutet, dass der Einsatz dieser Methoden auch bei Kleinprojekten positiven Einfluss auf den Projekterfolg hat.

Projektmanagement

Der Erfolg des Problemlösungsprozesses ist um so größer, ...

* ... je detaillierter Projektgrößen geplant werden (H-D24).
* ... je leistungsfähiger die eingesetzte Instrumente zur Terminplanung sind (H-D25).
* ... je besser Projektgrößen verfolgt werden (H-D26).
* ... je besser der Einsatz der Projektmanagementmethoden und -verfahren an die Projektaufgabe angepasst ist (H-D27).

Systems Engineering

Der Erfolg des Problemlösungsprozesses ist um so größer, ...

* ... je mehr das Risiko der Nichterfüllung der Projektvereinbarungen im Projektverlauf verringert wird (H-D28).
* ... je weniger die Gewichtung der Entscheidungskriterien im Projektverlauf geändert wird (H-D29).
* ... je weniger Projektziele im Projektverlauf verändert werden (H-D30).
* ... je mehr Zeit das Projektteam zur Planung vor Ort bei den Systemnutzern ist (H-D31).

- ... je besser der Einsatz der SE-Methoden und -Verfahren an die Projektaufgabe angepasst ist (H-D32).

Zusammenfassung der Hypothesen

In der folgenden Tabelle sind alle o.g. Hypothesen noch einmal aufgelistet. Die Kennzeichnung mit „+" bzw. „-" zeigt das Vorzeichen des vermuteten Zusammenhangs.

Tab. 6-1: Hypothesen zum Integrierten Gesamtmodell (Teil 1)

Einflussfaktor \ Nutzen	Projekt-termine	Projekt-budget	Anforde-rungen	Projekt-beteiligte	Unter-nehmen	Hypo-these
bekannter Auftraggeber	+	+	+	+	+	H-A1
Konflikte im Unternehmen	−	−	−	−	−	H-A2
Wirtschaftliche Lage	+	+	+	+	+	H-A3
Relevanz	+	+	+	+	+	H-B1
Risiko bei Projektstart	−	−	−	−	−	H-B2
Zieldefinition	+	+	+	+	+	H-B3
Vorhandene Lösungsansätze	+	+	+	+	+	H-B4
Belastung des Projektleiters	−	−	−	−	−	H-C1
Belastung des Projektteams	−	−	−	−	−	H-C2
Bereitstellung von Ressourcen	+	+	+	+	+	H-C3
Klare Aufgabenverteilung	+	+	+	+	+	H-C4
Befugnisse des Projektleiters	+	+	+	+	+	H-C5
Anteil Projektarbeit an Arbeitszeit	+	+	+	+	+	H-C6
Kenntnis der Aufgaben nach Projektende	+	+	+	+	+	H-C7

Tab. 6-1: Hypothesen zum Integrierten Gesamtmodell (Teil 2)

Einflussfaktor \ Nutzen	Projekt-termine	Projekt-budget	Anforde-rungen	Projekt-beteiligte	Unter-nehmen	Hypo-these
Erfahrung und Wissen im Projektteam	+	+	+	+	+	H-C8
Erfahrung im Unternehmen	+	+	+	+	+	H-C9
Dauer von Entscheidungen	−	−	−	−	−	H-D1
Unterstützung durch Auftraggeber	+	+	+	+	+	H-D2
Unterstützung durch Unternehmensleitung	+	+	+	+	+	H-D3
Unterstützung durch Steuerungsgremium	+	+	+	+	+	H-D4
Unterstützung für die Systemnutzer	+	+	+	+	+	H-D5
Zusammenarbeit im Projektteam	+	+	+	+	+	H-D6
Partizipation Projektleiter	+	+	+	+	+	H-D7
Partizipation Projektteammitglieder	+	+	+	+	+	H-D8
Partizipation Auftraggeber	+	+	+	+	+	H-D9
Partizipation Unternehmensleitung	+	+	+	+	+	H-D10
Partizipation Steuerungsgremium	+	+	+	+	+	H-D11
Partizipation Systemnutzer	+	+	+	+	+	H-D12
Partizipation Systembetreiber	+	+	+	+	+	H-D13

Tab. 6-1: Hypothesen zum Integrierten Gesamtmodell (Teil 3)

Einflussfaktor \ Nutzen	Projekt-termine	Projekt-budget	Anforde-rungen	Projekt-beteiligte	Unter-nehmen	Hypo-these
Quantität und Qualität der Informationen	+	+	+	+	+	H-D14
Schnelligkeit der Information	+	+	+	+	+	H-D15
Effizienz des Informationsaustausches	+	+	+	+	+	H-D16
Häufigkeit des Informationsaustausches	+	+	+	+	+	H-D17
Persönlicher Kontakt	+	+	+	+	+	H-D18
Dokumentation der Ziele	+	+	+	+	+	H-D19
Dokumentation der Aufgabenverteilung	+	+	+	+	+	H-D20
Dokumentation des Projektverlauf	+	+	+	+	+	H-D21
Dokumentation der Projektergebnisse	+	+	+	+	+	H-D22
Dokumentation des gesamten Projekts				+	+	H-D23
detaillierte Planung der Projektgrößen	+	+	+	+	+	H-D24
Terminplanung	+	+	+	+	+	H-D25
Projektcontrolling	+	+	+	+	+	H-D26
optimaler PM-Methodeneinsatz	+	+	+	+	+	H-D27

Tab. 6-1:   Hypothesen zum Integrierten Gesamtmodell (Teil 4)

Einflussfaktor \ Nutzen	Projekt-termine	Projekt-budget	Anforde-rungen	Projekt-beteiligte	Unter-nehmen	Hypo-these
Abbau des Risikos	+	+	+	+	+	H-D28
Veränderung der Kriteriengewichtung	–	–	–	–	–	H-D29
Veränderung der Projektziele	–	–	–	–	–	H-D30
Vor Ort bei den Systemnutzern	+	+	+	+	+	H-D31
optimaler SE-Methodeneinsatz	+	+	+	+	+	H-D32

7 Methodik der Befragung

Die im Kapitel 6 aufgestellten Forschungshypothesen werden durch eine empirische Studie überprüft. *„Empirisch bedeutet, daß theoretisch formulierte Annahmen an spezifischen Wirklichkeiten überprüft werden."* (Atteslander, 2000, S. 5). Die empirische Studie soll Daten liefern, mit denen dann zum einen die hypothetischen Konstrukte des Erfolgsmodells (s. Kapitel 4) und zum anderen das Integrierte Gesamtmodell (s. Kapitel 5) empirisch überprüft werden können.

In Kapitel 1 wurden die Kleinprojekte als Forschungsgegenstand festgelegt, so dass im folgenden noch diese fünf Schritte zur Vorbereitung der empirischen Studie notwendig sind (vgl. Wellenreuther, 1982, S. 179):

1. Befragungstechnik und Personenkreis festlegen

2. Fragen aus den Hypothesen ableiten, Fragebogen zusammenstellen

3. Pretest mit Auswertung und Anpassung durchführen

4. Ablauf der Befragung festlegen (Versuchsplanung)

5. Unternehmen, Mitarbeiter und Projekte bestimmen

7.1 Befragungstechnik und Personenkreis

Atteslander (2000, S. 137 ff.) beschreibt sechs verschiedene Typen von Befragungsmethoden, die je nach Rahmenbedingungen und Zielen eingesetzt werden können (s. Abb. 7-1).

„Die Vorteile der schriftlichen Befragung sind vor allem finanzieller Art; sie ist in der Regel kostengünstiger; es kann meist in kürzerer Zeit mit weniger Personalaufwand eine größere Zahl von Befragten erreicht werden" (Atteslander, 2000, S. 147). Schriftliche Befragungen haben jedoch auch große Nachteile. Atteslander (2000, S. 147) führt folgende Punkte an, die auch andere Autoren wie z.B. Haunschildt (1991, S. 494) oder Bortz und Döring (2002, S. 257) als Kritik an schriftlichen Befragungen ähnlich formulieren:

- die Befragungssituation ist nicht kontrollierbar,

- eine Beeinflussung durch andere Personen ist nicht ausgeschlossen,

- das Verständnis der Fragen ist nicht gewährleistet,

- es besteht die Gefahr der unvollständigen Beantwortung und

- erfahrungsgemäß ist die Rücklaufquote gering.

Da die Anzahl der aus den Hypothesen abgeleiteten Fragen aufgrund der Phasengliederung sehr groß sein wird, ist bei schriftlicher Befragung die zu erwartende Rücklaufquote eher gering. Zusätzlich birgt die detaillierte Betrachtung des Projektverlaufs die Gefahr, dass Verständnisfragen aufkommen.

Kommunikationsart \ Kommunikationsform	wenig strukturiert	teilstrukturiert	stark strukturiert	
mündlich	**Typ I** - informelles Gespräch - Experteninterviews - Gruppendiskussion	**Typ III** - Leitfadengespräch - Intensivinterview - Gruppenbefragung - Expertenbefragung	**Typ V** - Einzelinterview - telef. Befragung - Gruppeninterview - Panelbefragung	**Typ VII** (mündl. u. schriftl. kombiniert) - telefonische Ankündigung des Versandes von Fragebögen - Versand oder Überbringung der schriftl. Fragebogen - telef. Kontrolle, evtl. telef. Ergänzungsbefragung
Schriftlich	**Typ II** - informelle Anfrage bei Zielgruppen	**Typ IV** - Expertenbefragung	**Typ VI** - postalische Befragung - persönliche Verteilung und Abholung - gemeinsames Ausfüllen von Fragebogen - Panelbefragung	

Erfassen qualitativer Aspekte „Interpretieren"

Erfassen qualitativer Aspekte „Messen"

hoch ——————— Reaktivität ——————► tief

Abb. 7-1: Typen der Befragung (Atteslander, 2000, S. 139)

Insbesondere die strukturierte Analyse der Projektarbeit anhand des SE-Vorgehensmodells erfordert die Unterstützung der Befragten bei der Übertragung des eigenen Projektablaufs auf die Phasen des SE-Vorgehensmodells. Daher muss als Kommunikationsart (s. Abb. 7-1) bei der durchzuführenden Befragung die „mündliche" Form gewählt werden, um bei den Ergebnissen möglichst vollständige und zwischen den Projekten vergleichbare Informationen zu bekommen. Außerdem ermöglicht der persönliche Kontakt, dass Projektunterlagen parallel zum Interview quasi als Dokumentenanalyse[44] in die Befragung eingebracht werden können. Gerade die Bestimmung von Projektterminen zur Abgrenzung der Projektphasen oder die Identifikation von Projektvereinbarungen und -zielen kann durch das Heranziehen von entsprechenden Unterlagen wie z.b. Gesprächsprotokollen und Präsentationen wesentlich vereinfacht werden.

Für die Kommunikationsform (s. Abb. 7-1) besteht nur die Möglichkeit, ein stark strukturiertes Interview durchzuführen, da die Komplexität und der Umfang der Befragung einen festen Rahmen erfordern, um die zu erfassende Projektarbeit vergleichbar zu machen. Bei der geplanten Studie handelt es sich somit gemäß dem Typenschema von Atteslander (2000) um eine Befragung vom „Typ V" (s. Abb. 7-1). Die Befragung wird als persönliches Gespräch mit jeweils einem Interviewpartner anhand eines strukturierten Fragebogens durchgeführt.

Obwohl alle Projektbeteiligten über Informationen zum Projekt verfügen, muss der Personenkreis der Interviewpartner im Hinblick auf den Fragebogen sorgfältig ausgewählt werden. Vergleicht man die verschiedenen Rollen im Projekt (s. Tab. 7-1), so können sicher nicht von jedem der Projektbeteiligten die für die Beantwortung der Fragen erforderlichen umfassenden Projektkenntnisse erwartet werden. Durch seine Funktion vereinigt der Projektleiter das spezielle Fachwissen aus dem Projektteam mit der ergebnisorientierten Projektsicht der Auftraggeberseite (vgl. Litke, 2004, S. 164 f.).

Da der Projektleiter in der Regel in die projektbestimmenden Informationsflüsse mit eingebunden ist und auch über die entsprechende Projektdokumentation verfügt, bringt er von allen Projektbeteiligten die besten Voraussetzungen mit, die Fragen zum Projekt vollständig beantworten zu können. Deshalb sollen zur Gewinnung der Daten in dieser empirischen Studie ausschließlich die Projektleiter befragt werden.

7.2 Fragebogenerstellung

Atteslander (2000, S. 172) stellt für den Aufbau eines Fragebogens die Grundregel auf: „*Ein Fragebogen ist sowohl nach logischen als auch nach*

---

[44] Zu den Vor- und Nachteilen der Dokumentenanalyse vgl. Haunschildt (1991, S. 464).

psychologischen Gesichtspunkten zu gestalten. " Während der „... *psychologi-sche Aufbau (..) lediglich nach Vortests und Probeläufen optimal gestaltet wer-den* ..." (Atteslander, 2000, S. 172) kann, orientiert sich der logische Aufbau wesentlich am Forschungsziel und -gegenstand.

Tab. 7-1: Die Projektbeteiligten und ihre Funktion im Projekt. (vgl. Zielasek, 1999, S. 33 ff.; Daenzer, 1995, S. 267 ff.; Kraus, 1994, S. 25 ff.)

Projektbeteiligter	Funktion/Aufgabe im Projekt
Auftraggeber	Projekt formell in Auftrag geben (Projektauftrag), Ziele, Vorgehensweise und Budget genehmigen
Unternehmensleitung bzw. Vorgesetzter	hauptverantwortlich für das Projekt, Auftraggeber bzw. Treuhänder des Auftraggebers
Steuerungsgremium	von der Unternehmensleitung eingesetzt, überwacht den Projektverlauf, vertritt das Projekt nach innen und außen, wirkt an Entscheidungen mit
Projektleiter	operative Leitung, verantwortlich für die Erreichung der festgelegten Projektziele, führt das Projektteam
Projektteammitglieder	erarbeiten Lösungen, bereiten Entscheidungen vor und unterstützen die Umsetzung der Lösung
Planer in den Fachabtei-lungen	arbeiten bei fachspezifischen Fragestellungen tem-porär am Projekt mit, sind nicht in die Projektorga-nisation integriert
Systembetreiber	betreut nach Projektabschluss das neue System (Systempflege)
Systemanwender	werden nach Projektabschluss mit dem neuen Sys-tem arbeiten
Berater (extern)	übernehmen als Spezialisten Aufgaben beim Pro-jekt, sind Projektteammitglied oder auch nur tempo-rär am Projekt beteiligt

Durch die in Abschnitt 3.9 getroffenen Entscheidung, bei der Befragung das SE-Vorgehensmodell zu Grunde zu legen, ist der logische Aufbau des Fragebogens weitgehend bestimmt. Mit Hilfe von Pretests (s. dazu Abschnitt 7.3) wird der entworfene Fragebogen getestet und kann anschließend entsprechend den Er-kenntnissen aus diesen Pretests umgestaltet werden.

Tabelle 7-2 zeigt das Gerüst des Fragebogens und gibt eine Übersicht über die Inhalte der einzelnen Abschnitte. Die Anlehnung des Fragebogenaufbaus an die Struktur des SE-Modells aus Kapitel 3.8 (s. Abb. 3-7) ist dabei leicht erkennbar (vgl. Abschnitte E-J). Im Anhang B ist der gesamte Fragebogen abgedruckt.

Inhaltlich werden die Fragen aus den Hypothesen (s. Kap. 6) abgeleitet. Zusätzlich zu diesen Fragen enthält der Fragebogen noch[45]:

- allgemeine Fragen zum Projekt zur Charakterisierung der Stichprobe
- Fragen zum Verständnis und „hinführende" Fragen (Brückenfragen)
- Fragen zur Vermeidung von Missverständnissen.

Die geschickte Konstruktion des Fragebogens schafft die Voraussetzung für die effiziente Erhebung und Auswertung der Daten. Neben den Inhalten und der Reihenfolge der Fragen sind damit die Skalen bzw. die Antwortkategorien von großer Bedeutung.

Mit dem vorliegenden Fragebogen werden die Projektdaten so erhoben, dass die in den Projektunterlagen typischerweise vorhandenen Informationen direkt als Antworten auf entsprechende Fragen übernommen werden können. So sollen insbesondere Umrechnungen oder Interpretationen von Ausprägungen durch die Interviewpartner überflüssig werden. Dies bedeutet, dass die Skalen individuell der jeweiligen Frage angepasst sein müssen.

Entsprechend der Darstellung in Tabelle 7-3 lassen sich den unterschiedlichen, im Fragebogen verwendeten Fragetypen folgende Skalen zuordnen[46]:

Quantitative Fragen wie z.b. die Frage nach dem Alter (C1) oder nach der Anzahl der Projektbeteiligten (E3) liefern metrische Daten, die auf Ratioskalen erfasst werden. Fragen nach einem Datum (z.b. E1, E2) werden im Zuge der Auswertung durch Berechnung der dazwischenliegenden Zeiträume ebenfalls auf Ratioskalen abgebildet.

Einschätzungsfragen wie z.b. die Frage nach der Projektrelevanz (A16) werden auf Ordinalskalen erfasst. Die Ausprägung ist der jeweiligen Fragestellung angepasst und reicht von einer zweipoligen ja-nein-Skala bis hin zur fünfpoligen Likert-Skala. Kann eine Frage inhaltlich für manche Projekte irrelevant sein, so gibt es bei diesen Fragen eine gesonderte Antwortkategorie „nicht zutreffend", damit in diesen Fällen nicht z.b. die Mittelkategorie gewählt wird und bei der Auswertung keine eindeutige Unterscheidung mehr vorgenommen werden kann.

Inhaltsfragen wie z.b. die Frage nach dem Auftraggeber (A4) können nur auf einer Nominalskala abgebildet werden. Statistische Auswertungen sind bei diesen Fragen lediglich im Zusammenhang mit der Häufigkeit der Nennung einzelner Antwortkategorien möglich.

---

[45] Zu den verschiedenen Arten von Fragen in der Dramaturgie des Fragebogens und deren Wirkung s. Atteslander (2000, S. 155 ff., S. 172 f.).

[46] Die Fragen (s. Fragebogen im Anhang B) werden mit einem Buchstaben für den Abschnitt im Fragebogen und einer Ziffer für die Frage innerhalb des Abschnitts bezeichnet, z.b.: „Wie erfolgreich war dieses Projekt?" (Fragebogen Seite 3) erhält das Kennzeichen A17.

110

Tab. 7-2: Das Erhebungsinstrument

Abschnitt im Fragebogen	Anzahl Fragen	Name der Variablen[47]	Anzahl Variablen	Seite
A Die Projektmerkmale Allgemeine Fragen zum Projekt	17	A1 .. A17	59	1 .. 3
B Die Projektziele Risikobewertung und Ressourcenbe-reitstellung beim Projekt	12	B1 .. B12	89	4 .. 7
C Das Projektteam Fragen zu den Projektteammitglieder	7	C1 .. C7	16	8
D Angaben zum Interviewten Fragen zur Person des Projektleiters	7	D1 .. D7	27	9 .. 10
E Die Vorstudie Fragen zum Projektverlauf in der Phase der Vorstudie	30	E1 .. E30	238	11 .. 18
F Die Hauptstudie Fragen zum Projektverlauf in der Phase der Hauptstudie	30	F1 .. F30	240	19 .. 26
G Die Detailstudie Fragen zum Projektverlauf in der Phase der Detailstudie	30	G1 .. G30	241	27 .. 34
H Der Systembau Fragen zum Projektverlauf in der Phase des Systembaus	10	H1 .. H10	110	35 .. 37
I Die Systemeinführung Fragen zum Projektverlauf in der Phase der Systemeinführung	18	I1 .. I18	131	38 .. 41
J Der Projektabschluss Fragen zu Aktivitäten beim Projekt-abschluss und Beurteilung des Pro-jektverlaufs und -ergebnisses	15	J1 .. J15	95	42 .. 46
K Die Gesamtbetrachtung Einschätzungsfragen zum Projekt-verlauf und Projektergebnis	35	K1 .. K35	35	47 .. 48

---

[47] Besteht eine Frage aus mehreren Teilfragen, so werden die dadurch erhobenen Variablen durchnummeriert; z.Bsp. Risiko der Projektvereinbarungen (B1): Projektendtermin B1_1, Systembauzeit B1_2 etc.

Tab. 7-3: Skalenniveau (vgl. Backhaus et al., 2000, S. XX)

Skala		Merkmal
Nicht-metrische Skalen	**Nominalskala**	Klassifizierung qualitativer Eigenschaftsausprägungen
	Ordinalskala	Rangwert mit Ordinalzahl
Metrische Skalen	**Intervallskala**	Skala mit gleichgroßen Abschnitten ohne natürlichem Nullpunkt
	Ratioskala	Skala mit gleichgroßen Abschnitten und natürlichem Nullpunkt

Individuelle Skalen mit unterschiedlichen Skalenniveaus haben jedoch den Nachteil, dass die Antworten nur eingeschränkt statistisch ausgewertet werden können. Sollen die Daten z.b. einer Faktorenanalyse unterzogen werden, so ist die Transformation der Daten auf eine einheitliche Skala unumgänglich.

„Es ist generell möglich, Daten von einem höheren Skalenniveau auf ein niedrigeres Skalenniveau zu transformieren, nicht aber umgekehrt." (Backhaus et al., 1996, S. XVII) Für die Variablen, die aus den quantitativen Fragen und den Einschätzungsfragen abgeleitet werden, heißt dies, dass das Skalenniveau für eine gemeinsame Auswertung nicht höher als ordinal werden kann – auch dann nicht, wenn durch Transformation oder durch Zusammenfassung mehrerer Variablen scheinbar eine metrische Skala entsteht.

7.3 Pretest

Nach der Zusammenstellung des Fragebogens wurde mit acht Mitarbeitern aus zwei verschiedenen Unternehmen ein Pretest durchgeführt. *„Ein Pretest dient dazu, das erstellte Erhebungsinstrument auf seine Tauglichkeit hin zu testen und zu prüfen, inwieweit sich die beabsichtigten Hypothesenprüfungen durchführen lassen. (...) Bei der Durchführung und Auswertung des Pretests ist vor allem auf vier wesentliche Punkte zu achten:"* (Atteslander, 2000, S. 316 f.)

1. Zuverlässigkeit (Reliabilität) und Gültigkeit (Validität)

„Unter Reliabilität versteht man dabei das Ausmaß, in dem die Anwendung eines Erhebungsinstrumentes bei wiederholten Datenerhebungen unter gleichen Bedingungen und bei denselben Probanden das gleiche Ergebnis erzielt. Die Validitätsprüfung gibt an, inwieweit die Anwendung eines Erhebungsinstrumen-

tes tatsächlich die Variable mißt, die es zu messen vorgibt ..." (Atteslander, 2000, S. 316).

Diese beiden Kriterien sind für das Konstrukt zur Erfolgsmessung zu prüfen.

Der Stichprobenumfang von acht Datensätze, die beim Pretest erhobenen wurden, ist zu klein für eine kausalanalytische Variablenprüfung, sofern daraus verlässliche Aussagen zur Bestätigung bzw. zur Modifikation des Modells gewonnen werden sollen.

Daher werden die Reliabilität und Validität mit den Daten der empirischen Studie im Rahmen einer konfirmatorischen Faktorenanalyse überprüft (s. Kap. 8.4). Ggf. erforderliche Änderungen am Modell mit Auswirkungen auf den Fragenkatalog können somit nicht mehr in dieser Befragung berücksichtigt werden und erhöhen damit das Risiko, dass die erhobenen Daten für die Fragestellung keine Aussagekraft haben.

2. Verständlichkeit von Fragen

Hierbei sind nach Atteslander (2000, S. 317) die beiden Aspekte sprachliche und inhaltliche Verständlichkeit von Bedeutung. Für die sprachliche Verständlichkeit ist entscheidend, ob die Fragen so formuliert sind, dass insbesondere die enthaltenen Begriffe vom Befragten verstanden werden. Die inhaltliche Verständlichkeit ist erreicht, wenn die Fragen ihrer Intension entsprechend verstanden werden.

Bei der Durchführung des Pretests traten immer wieder Probleme bei der Übertragung von Begriffen wie z.B. "Steuerungsgremium" oder "organisatorische Anforderungen" in das eigene Projekt auf. Gerade für Projektleiter mit wenig Erfahrung in der Projektarbeit war der Fragebogen nicht informativ genug und es kam zu Missverständnissen, die im Gespräch geklärt werden mussten.

Eine zweite Schwachstelle des Fragebogens lag im wiederholten Bezug auf die Projektorganisation[48] und auf die Projektvereinbarungen[49]. Bei der Projektorganisation wurde deutlich, dass sich einige Interviewpartner nicht über die Rollenverteilung bei ihrem Projekt im Klaren waren. In diesen Fällen ist es mit entsprechenden Erläuterungen letztlich immer gelungen, alle Funktionen vom Auftraggeber bis zum Projektmitarbeiter (vgl. Tab. 7-1) eindeutig zu identifizieren.

Bei den Fragen zu den Projektvereinbarungen stellte sich heraus, dass - mit Ausnahme der Termin- und Budgetziele - das Risiko und damit die Bedeutung der einzelnen Vereinbarungen mit zunehmendem Projektfortschritt immer geringer wurde. In Gegenzug nahm auch die Anzahl der bei der Beantwortung der entsprechenden Fragen berücksichtigten Projektvereinbarungen gegen Ende des

---

[48] Z.B. die Frage, wer die Bewertungskriterien festgelegt hat (E17, F17, G17).

[49] Fragen zu den Projektvereinbarungen: B1, E28, E30, F28, F30, G28, G30, J10.

Fragebogens immer mehr ab, obwohl diese Vereinbarungen bis zum Projektende Gültigkeit hatten.

Dies zeigt, dass die Interviewpartner bei den Projektvereinbarungen häufig den Überblick verloren haben. Zur Steigerung der Datenqualität muss der Fragebogen im Bezug auf die genannten Kritikpunkte verbessert werden (s.u.).

3. Klarheit von Kategorien

Atteslander (2000, S. 317) fordert, dass durch den Pretest geprüft wird, *„... ob die gebildeten Kategorien eindeutig sind, ob sie ausschließlich und vollständig sind"*. Im einzelnen bedeutet dies (vgl. Atteslander, 2000, S. 317 f.):

für die Eindeutigkeit: jede mögliche Antwort auf eine Frage muss eindeutig einer bestimmten Antwortkategorie zugeordnet werden können.

für die Ausschließlichkeit: die Kategorien der vorgegebenen Antworten müssen überschneidungsfrei sein.

für die Vollständigkeit: die Antwortmöglichkeiten müssen alle möglichen Antworten umfassen.

Für die Projekte, die im Pretest analysiert wurden, erwiesen sich die Antwortkategorien als eindeutig, ausschließlich und vollständig. Daher werden die Antwortkategorien für die Befragung unverändert übernommen.

4. Konkreten Erhebungsprobleme

Die ersten Interviews haben gezeigt, dass es für die Befragten schwer ist, die eigene Projektarbeit auf das allgemein gefasste Schema des SE-Vorgehensmodells zu übertragen. Häufig wurden die Planungsschritte nicht genau getrennt, sondern global als „Planung" betrachtet, so dass mit den Fragen zur Vorstudie schon alle Planungsaktivitäten des gesamten Projekts abgedeckt waren. Zusätzlich gab es Abgrenzungsprobleme, wenn die Phasen sich überlappten.

Weniger problematisch war die Abgrenzung der Systembauphase (bis zur Abnahme nach Fertigstellung) und der Systemeinführungsphase (bis zur Abnahme durch den Auftraggeber). Verzichtete der Auftraggeber bei einem Projekt auf eine abschließende Abnahme, weil z.B. alle Teilsysteme schon abgenommen worden waren aber noch Nachbesserungen gefordert wurden, so war es schwer, das Ende der Systemeinführung genau zu bestimmen.

Durch entsprechende Erklärung der wesentlichen Inhalte der Projektphasen in der SE-Philosophie und Hilfestellung bei Zuordnung ist es im Pretest immer gelungen, die Projektarbeit auf das SE-Vorgehensmodell zu übertragen. Trotzdem muss der Ablauf der Befragung und der Fragebogen so angepasst werden, dass der Interviewte die Phasengliederung eigenständig vornehmen kann, um den Einfluss des Interviewers weitgehend auszuschalten.

Anpassungen des Erhebungsinstruments aufgrund der Pretesterkenntnisse

Der Pretest hat gezeigt, dass strukturierte Interviews, die ohne zusätzliche Erläuterungen nur auf Basis des entworfenen Fragebogens durchgeführt werden, die Erwartungen bezüglich der Datenqualität nicht erfüllen können, so dass das Erhebungsinstrument angepasst werden muss.

Dazu werden verschiedene zusätzliche Unterlagen (s. Anhang A) zusammengestellt, die dem Interviewpartner vor der eigentlichen Befragung die Vorgehensweise erläutern sollen. Über Begriffe, die je nach Unternehmen unterschiedlich verwendet werden, gleichzeitig aber für das Verständnis des Fragebogens von entscheidender Bedeutung sind, soll vorab ein einheitliches Verständnis erzielt und damit Unsicherheiten abgebaut werden.

Zu diesen Begriffen gehören die Projektbeteiligten, die Projektorganisation und die Struktur des Projektmanagements. Je nach dem, in welcher Beziehung der Auftraggeber zum Projektteam steht, spricht man von internem, externem oder gemischtem Projektmanagement (nach Zielasek, 1999, S. 48 f.).

Beim internen Projektmanagement (s. Abb. 7-2, unten) gehören Auftraggeber und Projektteammitglieder demselben Unternehmen an. Der Auftraggeber kann dabei entweder eine Fachabteilung (z.B. Entwicklungsabteilung), der Systembetreiber (z.B. Fertigungsleiter) oder die Unternehmensleitung sein.

Wird das gesamte Projekt im Auftrag eines anderen Unternehmens durchgeführt, so spricht man von externem Projektmanagement (s. Abb. 7-2, oben). Die Auftraggeberorganisation und die Auftragnehmerorganisation sind verschiedene Unternehmen.

Das gemischte Projektmanagement stellt eine Mischform aus dem internen und dem externen Projektmanagement dar: das Projektteam setzt sich aus Mitarbeitern der Auftraggeberorganisation und der Auftragnehmerorganisation zusammen. Auch die Arbeitspakete können zwischen den beiden Unternehmen aufgeteilt werden.

Anhand der beiden Strukturmodelle[50] (s. Abb. 7-2) und in Anlehnung an die Definitionen in Tabelle 7-1 werden dem Interviewpartner die Bezeichnungen und die Funktionen der einzelnen Projektbeteiligten und deren Beziehungen untereinander erläutert, um anschließend alle Projektbeteiligten im dem zu analysierenden Projekt namentlich festzuhalten (s. Formular, Tab. A-1 im Anhang A).

---

[50] s. Abb. A-1 und Abb. A-2 im Anhang A als Teil der Unterlagen für das Vorgespräch zum Interview

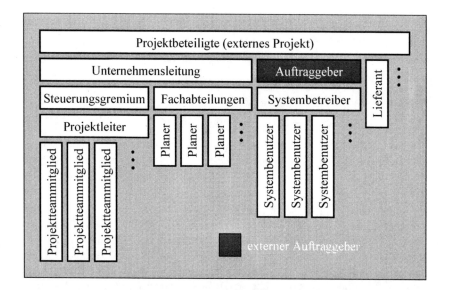

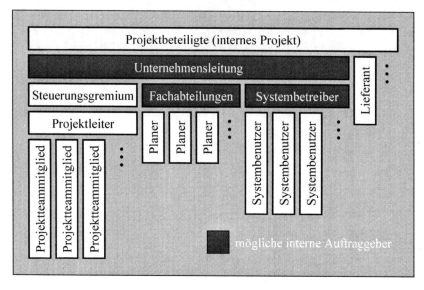

Abb. 7-2: Projektbeteiligte bei einem Projekt mit externem Auftraggeber (Organigramm oben) bzw. internem Auftraggeber (Organigramm unten).

Die Projektorganisation soll im Fragebogen[51] durch eine der vier elementaren Projektorganisationsformen

- Reine oder autonome Projektorganisation

- Einfluss- oder Stabs-Projektorganisation

- Matrix-Projektorganisation

- Projektmanagement in der Linie

oder eine Kombination aus mehreren der genannten Organisationsformen beschrieben werden. Dazu werden dem Interviewpartner im Vorgespräch anhand der Abbildungen A-3 bis A-6 (s. Anhang A) die Unterschiede zwischen den Modellen erläutert.[52]

Die Reihenfolge der Fragen im Interview orientiert sich eng am zeitlichen Ablauf des Projekts, der über das SE-Vorgehensmodell abgebildet wird. Im Vorgespräch ist es daher wichtig, den Interviewpartner mit der Erläuterung des SE-Vorgehensmodells an diese phasenorientierte Projektsicht des Systems Engineerings heranzuführen. In einem zweiten Schritt wird dann der Projektverlauf des ausgewählten Projekts auf das Schema des SE-Vorgehensmodells übertragen.

Dazu enthält die Unterlage zum Vorgespräch eine Abbildung des Problemlösungsprozesses gemäß dem SE-Ansatz (Abb. A-7 im Anhang A) und eine Tabelle mit detaillierter Beschreibung der Aufgaben und Ergebnisse jeder der fünf Phasen (Tab. A-2 im Anhang A). Ein einfaches Projektbeispiel, der Bau einer Lagerhalle, gibt zusätzliche Hilfestellung beim Verständnis der Phasengliederung.

Nach dem Vorgespräch sollten folgende Informationen zum Projekt dokumentiert sein:

- Namen der Projektbeteiligten   (Tab. A-1)

- Projektorganisationsform   (Abb. A-3 ... A-6)

- Beginn und Ende der verschiedenen Projektphasen   (Tab. A-3)

- Inhalt und Ergebnis der Projektphasen   (Tab. A-3)

- Entscheidende Schwierigkeiten in den Projektphasen   (Tab. A-3)

- Änderung der Projektvereinbarungen im Projektverlauf (Tab. A-4)

Der Pretest hat auch gezeigt, dass die zu analysierenden Projekte bestimmte Bedingungen erfüllen müssen, damit ein Vergleich der Projekte und die statistische Auswertung der Daten möglich ist. Voraussetzungen, wie z.B. dass das Projekt

---

[51] Frage A8, Seite 2 im Fragebogen (s. Anhang B)

[52] Detaillierte Beschreibungen zu den Projektorganisationsformen finden sich z.B. in Burghardt (1995, S. 43 ff.) oder Zielasek (1999, S. 16 ff.).

abgeschlossen sein muss oder dass Erkenntnisse über die Systemnutzung vorliegen müssen, waren schon für die Projekte im Pretest verbindlich und wurden in ihrer Notwendigkeit durch diesen bestätigt. Andere Voraussetzungen, wie z.b. die Zeitdauer von Projektabschluss bis zum Interviewtermin oder der Ausschluss von Produktneuentwicklungen[53] wurden neu aufgenommen bzw. präziser formuliert.

Das Ergebnis sind acht Bedingungen, die alle Projekte in der empirischen Studie erfüllen müssen:

1. das Projekt wurde durchgeführt und abgeschlossen,

2. der Projektabschluss lag zum Zeitpunkt des Interviews höchstens 15 Monate zurück,

3. das Projekt umfasst außer einer Planung auch die Umsetzung bis zur Nutzung des Systems (Systembau und Systeminbetriebnahme),

4. über die Systemnutzung/-betrieb liegen Erkenntnisse vor,

5. die Projektunterlagen liegen vollständig vor (von Projektbeginn bis Projektabschluss),

6. der Befragte war Projektleiter bei diesem Projekt,

7. der Befragte war von Projektbeginn bis Projektabschluss an diesem Projekt beteiligt,

8. das Projekt war gemäß der Definition in Kapitel 2.2.2 ein Kleinprojekt,

9. das Projekt hatte keine Produktneuentwicklung zum Gegenstand.

7.4 Ablauf der Befragung

Vor dem Interview wird in einem Telefonat dem Interviewpartner das Ziel der empirischen Studie, die Erforschung der Erfolgsfaktoren des Problemlösungsprozesses in Kleinprojekten, erläutert. Dabei werden die Gesprächspartner gebeten, sich auf das Interview vorzubereiten, indem sie sich ein Projekt aussuchen, das die o.g. acht Bedingungen erfüllt.

Beim Interviewtermin werden dann zuerst anhand der Unterlagen (s. Anhang A) in einem ca. 20 Minuten dauernden Vorgespräch das notwendige Verständnis für die Bedeutung wichtiger Begriffe im Fragebogen hergestellt und die

---

[53] Projekte zur Neuentwicklung von Produkten unterscheiden sich wesentlich durch ihren „... Grad der Komplexität und Neuartigkeit der Aufgabenstellung ...“ (Litke, 2004, S. 46) von anderen Projekten. Dadurch ist oftmals nur eine vage Abgrenzung der Projektziele möglich (vgl. Litke, 2004, S. 47). Diese Projekte werden überwiegend bereits durch die in dieser Studie an Kleinprojekte gestellten Bedingungen (vgl. Kap. 2.2) ausgeschlossen.

Projektorganisation und -ziele festgehalten. Diese Unterlagen verbleiben zur Wahrung der Anonymität nach der Befragung beim Interviewten.

Im Anschluss daran bekommt der Interviewpartner ein Exemplar des Fragebogens vorgelegt. Der Interviewer geht mit ihm die Fragen nacheinander durch, notiert die Antworten und verweist bei den entsprechenden Fragen auf die schon erarbeiteten Unterlagen, um sie als Hilfestellung heranzuziehen.

7.5 Stichprobenauswahl

Im Abschnitt 7.1 wurde festgelegt, dass die Datenerhebung über persönliche Interviews stattfinden soll. Trotz der aufwändigen Interviewtechnik und des großen Fragebogenumfangs darf die Stichprobengröße nicht zu gering gewählt werden, damit das Datenmaterial für die statistischen Auswertungen ausreichend ist und aussagekräftige Ergebnisse liefern kann.

Abhängig ist der erforderliche Stichprobenumfang nach Atteslander (2000, S. 300 ff.) von der Streuung der erfassten Variablen und dem geforderten Signifikanzniveau. Da es bisher keinerlei Erfahrungswerte bei der Analyse von Kleinprojekten gibt, ist eine zuverlässige Schätzung der Streuung nicht möglich, so dass der erforderliche Stichprobenumfang nicht berechnet werden kann. Auch der Pretest hilft hierbei mit den zehn analysierten Kleinprojekten nicht weiter.

Der Stichprobenumfang für die empirische Studie wird auf 80 zu untersuchende Kleinprojekte festgelegt. Die Auswertung wird dann zeigen, ob mit der festgelegten Stichprobenzahl signifikante Ergebnisse erzielt werden können.

In der Stichprobe sollen nicht ausschließlich Großunternehmen vertreten sein, obwohl bei diesen aufgrund der großen Anzahl der Beschäftigten auch eine weite Verbreitung von Kleinprojekten zu erwarten ist. Bei der Suche nach Partnern für diese Studie wird deshalb folgendes Verhältnis der Anzahl untersuchter Projekte in den Unternehmen verschiedener Größenklassen angestrebt:

Tab. 7-4: Unternehmensgrößen[54] in der Stichprobe

Unternehmensgröße	sehr klein	klein	mittel	groß
Anzahl Beschäftigte	1 ... 9	10 ... 49	50 ... 250	über 250
Verhältnis in der Stichprobe	1 :	2 :	4 :	8

---

[54] Klassifizierung der Unternehmensgröße entsprechend der Empfehlung der Europäischen Kommission (1996, S. 7 f.)

Außerdem sollen bei kleinen und mittleren Unternehmen jeweils nur ein Projekt je Unternehmen untersucht werden und bei den großen Unternehmen maximal zwei, damit nicht eine einzelne unternehmensspezifische Projektkultur in der Stichprobe dominiert.

Bei einem Stichprobenumfang von 80 Projekten ist es notwendig, für die Auswahl der Projekte eine regionale Eingrenzung vorzunehmen, um den Einfluss kultureller Unterschiede zu verringern und die Stichprobe homogen zu gestalten. Da der Schwerpunkt bisheriger Forschung auf US-amerikanischen Projekten liegt (vgl. Wahl, 2001, S. 63), stellt Gemünden in seinem State-of-the-Art-Report fest, „*... daß im deutschsprachigen Raum ein erhebliches Defizit an empirischer Forschung vorherrscht*" (Gemünden, 1990, S. 158). Somit empfiehlt sich eine Eingrenzung auf Kleinprojekte in Deutschland.

Trotzdem steht mit der Studie von Lechler (1997) für den Vergleich der ermittelten Einflussfaktoren nicht nur eine der größten und neuesten empirischen Studien zur Verfügung, sondern auch eine Studie über Projekte in Deutschland.

Nach der Festlegung der zuvor beschriebenen Randbedingungen wurde im Jahr 1997 bei 61 Unternehmen und zwei Universitätsinstituten für eine Teilnahme an dieser empirischen Studie geworben. Davon stellten 57 Unternehmen insgesamt 78 Interviewpartner, zu denen noch zwei Interviewpartner von den beiden Universitätsinstituten hinzugekommen sind.

7.6 Durchführung der Studie

Die 80 Interviews wurden im Zeitraum von 1997 bis 1998 auf die in Kapitel 7.4 festgelegte Weise durchgeführt. Mit allen Projektleitern, die bei der telefonischen Anfrage Interesse an der Teilnahme bekundeten, konnte erfolgreich ein Interview geführt werden. Es gab keine Absagen und auch nur bei wenigen eine Verschiebung des ursprünglich vereinbarten Interviewtermins.

Die Interviews zeigten, dass die Anpassung des Erhebungsinstruments, wie sie nach dem Pretest vorgenommen wurden, dazu beigetragen haben, dem Interviewpartner die Unsicherheit zu nehmen und die Interviewdauer von durchschnittlich drei Stunden beim Pretest auf eineinhalb bis zwei Stunden in der Feldstudie zu reduzieren.

Durch die umfassende Information über die Systemtechnik und das Projektmanagement vor der Bearbeitung des Fragebogens konnten die im Rahmen des Pretests erkannten „Konkreten Erhebungsprobleme" und Mängel bei der „Verständlichkeit von Fragen" (s. Kap. 7.3) vollständig beseitigt werden. Außerdem hat die empirische Studie bestätigt, dass die an die Projekte gestellten acht Bedingungen (s. Kap. 7.3) im Hinblick auf die Beantwortung des Fragebogens notwendig und hinreichend sind.

8 Methodik der Datenauswertung

Bevor mit der empirischen Datenerhebung begonnen werden kann, muss festgelegt werden, welche statistischen Methoden und Verfahren zur Überprüfung der Hypothesen eingesetzt werden können und welche Schritte bei der Datenaufbereitung und -auswertung dazu notwendig sind.

Die Auswertung gliedert sich in die fünf Teilaufgaben:

1. Bereinigung des Datenmaterials,

2. Prüfung der Einhaltung der Bedingungen für die Stichprobe,

3. Charakterisierung der Stichprobe mittels Häufigkeitsanalysen,

4. Prüfung der beiden hypothetischen Konstrukte im Nutzenmodell mittels konfirmatorischer Faktorenanalyse und

5. Prüfung der Forschungshypothesen zum Einflussfaktorenmodell mittels Korrelationsanalysen.

Daraus werden im folgenden sechs Schritte abgeleitet, die den Analyseprozess für die statistische Datenauswertung darstellen.

8.1 Bereinigung des Datenmaterials

Die Antworten, die die Befragten im Rahmen der Interviews (vgl. Kap. 7) geben, werden anschließend codiert und stehen dann in Form von Datensätzen zur statistischen Auswertung zur Verfügung. In einem Datensatz sind für ein analysiertes Projekt alle Merkmale gemäß dem Fragebogen (s. Anhang B) hinterlegt.

Können alle Datensätze in die statistische Auswertung mit einbezogen werden, dann entspricht der Stichprobenumfang der empirischen Studie der Anzahl der analysierten Projekte. Dazu müssen die Datensätze folgende Bedingungen erfüllen:

1. es gibt keine „missing values" in den Datensätzen, d.h. die Interviewten machen Angaben zu allen Projektmerkmalen,

2. die Merkmalswerte eines Merkmals nehmen in der Stichprobe mindestens zwei verschiedene Merkmalsausprägungen an, d.h. es gibt keine Frage, die für alle Projekte gleich beantwortet wird.

Da bei einer empirischen Untersuchung „missing values" und Merkmale mit einer Varianz von null nicht ausgeschlossen werden können, muss vor der Durchführung der Datenerhebung festgelegt werden, wie in diesen beiden Fällen das Datenmaterial bereinigt wird.

Zu (1): Backhaus et al. (2000, S. 316 f.) beschreiben drei verschiedene Methoden, wie mit „missing values" umgegangen werden kann:

1. fallweise ausschließen (alle Fragebögen mit missing values werden ausgeschlossen),

2. variablenweise ausschließen (der Stichprobenumfang des betroffenen Merkmals wird reduziert),

3. Durchschnittswerte bilden (fehlender Merkmalswert wird durch den Durchschnittswert ersetzt).

Bei den ersten beiden Methoden wird der Stichprobenumfang reduziert. Die statistischen Auswertungen liefern dann nur Ergebnisse auf Basis des reduzierten Stichprobenumfangs.

Werden fehlende Werte durch einen Durchschnittswert ersetzt (Methode 3), so wird bei diesen Fragen ein größerer Stichprobenumfang als der tatsächlich vorhandene vorgetäuscht.

Bei der vorliegenden Arbeit wird je nach Wichtigkeit und Aussagekraft eines Merkmals mit „missing values" entschieden, ob die Reduzierung des Stichprobenumfangs in Kauf genommen werden muss (Methode 1) oder ob nur bei den Merkmalen mit fehlenden Werten der Stichprobenumfang reduziert wird (Methode 2).

Zu (2): Für die Prüfung der Hypothesen wird der Korrelationskoeffizient r_{XY}[55] herangezogen, der ein auf das Intervall [-1 ... +1] normiertes Maß für den Zusammenhang zwischen den Merkmalen X und Y darstellt und nach der Gleichung 8.1 (vgl. Hartung et al., 1987, S. 73 f.) aus der Kovarianz und den Standardabweichungen berechnet wird:

$$r_{XY} = \frac{s_{XY}}{s_X \cdot s_Y} \qquad \text{(Gleichung 8.1)}$$

s_{XY} : Kovarianz zwischen den Merkmalen X und Y
s_X, s_Y : Standardabweichung des Merkmals X bzw. Y

Für die Kovarianz s_{XY} gilt (vgl. Hartung et al., 1987, S. 74):

$$s_{XY} = \frac{1}{n-1} \sum_{i=1}^{n} (x_i - \overline{x}) \cdot (y_i - \overline{y}) \qquad \text{(Gleichung 8.2)}$$

x_i, y_i : Merkmalswerte der Merkmale X bzw. Y im Datensatz i
$\overline{x}, \overline{y}$: Mittelwert der Merkmalswerte der Merkmale X bzw. Y
n : Stichprobenumfang

---

[55] zur Korrelationsrechnung und deren Anwendung bei verschiedenen Problemstellungen s. z.B. Bronstein et al. (2000, S. 1128), Hochstädter (1991, S. 435)

Die Standardabweichung des Merkmals X in einer Stichprobe ergibt sich gemäß Gleichung 8.3 (vgl. Hartung et al., 1987, S. 46) aus:

$$s_X = \sqrt{\frac{1}{n-1} \cdot \sum_{i=1}^{n}(x_i - \overline{x})^2} \qquad \text{(Gleichung 8.3)}$$

x_i :   Merkmalswerte des Merkmals X im Datensatz i

$\overline{x}$:   Mittelwert der Merkmalswerte des Merkmals X

n :   Stichprobenumfang

Nehmen alle Merkmalswerte des Merkmals X in der Stichprobe die gleiche Ausprägung an, so gilt:

$$(x_i - \overline{x}) = 0 \qquad \text{(Gleichung 8.4)}$$

und damit für die Kovarianz

$$s_{XY} = 0 \qquad \text{(Gleichung 8.5)}$$

und für die Standardabweichung:

$$s_X = 0. \qquad \text{(Gleichung 8.6)}$$

Der Korrelationskoeffizienten r_{XY} kann somit nach Gleichung 8.1 nicht berechnet werden, weil im Nenner der Wert null steht.

Sowohl bei der Prüfung der hypothetischen Konstrukte, in die das zu analysierende Datenmaterial in Form einer Korrelationsmatrix eingeht, als auch bei der Prüfung der Hypothesen, die mit Hilfe von Korrelationskoeffizienten durchgeführt werden, müssen deshalb Merkmale mit einer Varianz gleich null schon im Vorfeld ausgeschlossen werden.

Bei der Auswertung stellt sich die Frage, warum in der gewählten Stichprobe bei diesen Merkmalen immer identische Antworten gegeben wurden und welche Schlüsse sich daraus für die Interpretation der Ergebnisse ziehen lassen.

> **Schritt 1:**   Bereinigung des Datenmaterials: „missing values" und invariante Merkmale entfernen.

8.2 Prüfung der Einhaltung der Bedingungen für die Stichprobe

Bei der Konstruktion des Fragebogens für die Analyse des Problemlösungsprozesses in Kleinprojekten wurden neun Bedingungen festgehalten (s. Kap. 7.3), die die Heterogenität der Stichprobe einschränken sollen. Vor der Auswertung der Daten muss geklärt werden, ob alle analysierten Projekte in der Stichprobe die gestellten Bedingungen erfüllen. Ist dies nicht der Fall, können abweichende

Projekte bei der Auswertung nicht berücksichtigt werden und führen zur Reduzierung des Stichprobenumfangs.

> **Schritt 2:** Prüfung des Datenmaterials auf Einhaltung der neun Bedingungen.

8.3 Charakterisierung der Stichprobe

Die Interpretation der Ergebnisse dieser Studie und der Vergleich mit anderen empirischen Studien sollte nur mit dem Wissen um die Zusammensetzung der Stichprobe vorgenommen werden.

Wichtig sind dabei solche Merkmale, die einerseits das Projekt oder das Projektumfeld charakterisieren, andererseits aber nicht in den statistischen Auswertungen wiederzufinden sind, weil keine Zusammenhänge mit dem Projekterfolg vermutet werden. Dazu zählen z.b. die Unternehmensgröße, die das Alter der Befragten oder die Projektart.

Zur Darstellung der Stichprobenzusammensetzung wird in Kapitel 9 für diese charakteristischen Merkmale die Häufigkeit innerhalb der Stichprobe ermittelt.

> **Schritt 3:** Charakterisierung der Stichprobe mittels Häufigkeitsanalysen.

8.4 Prüfung hypothetischer Konstrukte

Die in Kapitel 6 formulierten Hypothesen drücken die vermuteten Zusammenhänge zwischen den Einflussfaktoren und den drei Erfolgsdimensionen direkter, indirekter und weitergehender Nutzen aus. Bei den drei Subkonstrukten[56] der ersten Erfolgsdimension handelt es sich um direkt beobachtbare Merkmale.

Deshalb werden alle beobachteten Merkmale zu Terminen im Projekt dem Subkonstrukt „Einhaltung der Vereinbarungen zu Projektterminen" zugeordnet. In gleicher Weise werden auch die beiden anderen Subkonstrukte der ersten Erfolgsdimension definiert.

Diese Vorgehensweise, die erfassten Merkmale aufgrund einer eindeutigen inhaltlichen Zugehörigkeit den Erfolgsdimensionen zuzuordnen, ist beim

---

[56] die erste Erfolgsdimension im Erweiterten Erfolgsmodell (s. Abb. 4-5) besteht aus den drei Subkonstrukten „Einhaltung der Vereinbarungen zu Projektterminen", „Einhaltung der Vereinbarungen zum Projektbudget" und „Einhaltung der Vereinbarungen zu den Systemeigenschaften"

indirekten und weitergehenden Nutzen nicht möglich, weil diese beiden Erfolgsdimensionen nicht direkt beobachtbar sind. Es handelt sich um hypothetische Konstrukte[57], die auf theoretischen Überlegungen basieren und hinter denen beobachtbare Merkmale - in diesem Kontext auch Indikatorvariablen genannt - stehen (vgl. Backhaus et al., 2000, S. 475 ff.).

Bevor diese hypothetischen Konstrukte in irgend einer Weise in statistische Auswertungen einbezogen werden dürfen (z.b. in Korrelationsanalysen zur Hypothesenprüfung), ist eine Überprüfung der unterstellten Beziehungen zwischen hypothetischen Konstrukten einerseits und Indikatorvariablen andererseits mit den empirischen Daten erforderlich (vgl. Backhaus et al., 2000, S. 475).

Die konfirmatorische Faktorenanalyse[58] ist ein geeignetes Mittel zur Prüfung dieser hypothetischen Konstrukte. *„Sie versucht (..), mit Hilfe eines empirischen Datensatzes, eine Überprüfung der Beziehungen zwischen den beobachteten Variablen und den hypothetischen Konstrukten vorzunehmen."* (Backhaus et al., 2000, S. 475)

Die Prüfung der hypothetischen Konstrukte erfolgt entsprechend der Vorgehensweise, die Backhaus et al. (2000, S. 477) vorschlagen (s. Abb. 8-1).

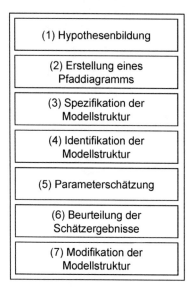

Abb. 8-1: Ablaufschritte der konfirmatorischen Faktorenanalyse (Backhaus et al., 2000, S. 477)

---

[57] s. dazu Beispiel in Backhaus et al. (2000, S. 477 ff.)

[58] Andere Autoren nennen diese Analysemethode auch „konfirmative Faktorenanalyse" (vgl. Bortz, 1999, S. 518 f.)

Verwendet wird bei der konfirmatorischen Faktorenanalyse ein Submodell eines vollständigen LISREL-Modells: das Messmodell der exogenen Variablen (s. Abb. 8-2).

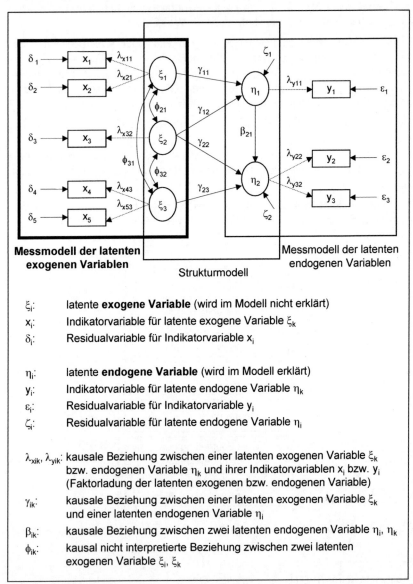

Messmodell der latenten exogenen Variablen

Strukturmodell

Messmodell der latenten endogenen Variablen

ξ_i: latente **exogene Variable** (wird im Modell nicht erklärt)

x_i: Indikatorvariable für latente exogene Variable ξ_k

δ_i: Residualvariable für Indikatorvariable x_i

η_i: latente **endogene Variable** (wird im Modell erklärt)

y_i: Indikatorvariable für latente endogene Variable η_k

ε_i: Residualvariable für Indikatorvariable y_i

ζ_i: Residualvariable für latente endogene Variable η_i

$\lambda_{xik}, \lambda_{yik}$: kausale Beziehung zwischen einer latenten exogenen Variable ξ_k bzw. endogenen Variable η_k und ihrer Indikatorvariablen x_i bzw. y_i (Faktorladung der latenten exogenen bzw. endogenen Variable)

γ_{ik}:   kausale Beziehung zwischen einer latenten exogenen Variable ξ_k und einer latenten endogenen Variable η_i

β_{ik}:   kausale Beziehung zwischen zwei latenten endogenen Variable η_i, η_k

ϕ_{ik}:   kausal nicht interpretierte Beziehung zwischen zwei latenten exogenen Variable ξ_i, ξ_k

Abb. 8-2: Beispiel für ein vollständiges LISREL-Modell (vgl. Backhaus et al., 2000, S. 434 f.)

Das Gleichungssystem für das Messmodell der latenten exogenen Variablen, abgeleitet aus der Darstellung in Abb. 8-2, lautet (vgl. Backhaus et al., 2000, S. 438):

$$\begin{bmatrix} x_1 \\ x_2 \\ x_3 \\ x_4 \\ x_5 \end{bmatrix} = \begin{bmatrix} \lambda_{11} & 0 & 0 \\ \lambda_{21} & 0 & 0 \\ 0 & \lambda_{32} & 0 \\ 0 & 0 & \lambda_{43} \\ 0 & 0 & \lambda_{53} \end{bmatrix} \cdot \begin{bmatrix} \xi_1 \\ \xi_2 \\ \xi_3 \end{bmatrix} + \begin{bmatrix} \delta_1 & 0 & 0 & 0 & 0 \\ 0 & \delta_2 & 0 & 0 & 0 \\ 0 & 0 & \delta_3 & 0 & 0 \\ 0 & 0 & 0 & \delta_4 & 0 \\ 0 & 0 & 0 & 0 & \delta_5 \end{bmatrix}$$ (Gleichung 8.7)

und in Matrizenschreibweise:

$$X = \Lambda_X \cdot \xi + \delta$$
$$Y = \Lambda_Y \cdot \eta + \varepsilon$$
$$\eta = B \cdot \eta + \Gamma \cdot \xi + \zeta.$$

X sind dabei die beobachteten Variablen, durch die die hypothetischen Konstrukte ξ erklärt werden.

Als Ergebnis liefert die konfirmatorische Faktorenanalyse eine Schätzung der Modellparameter (λ, δ, ξ) und Kennwerte für die Anpassungsgüte der theoretischen Modellstruktur an die empirischen Daten. Diese Anpassungsgüte wird im Rahmen dieser Arbeit anhand folgender Kriterien beurteilt:

1. Identifizierbarkeit (vgl. Backhaus et al., 2000, S. 445 f.):

   • Zahl der Freiheitsgrade $t \geq 0$

   • Matrizen positiv definit, d.h. invertierbar

2. Plausibilitätsbetrachtung (vgl. Backhaus et al., 2000, S. 461):

   • Parameterschätzungen: $|\lambda|$, $|\delta|$, $|\Phi| \leq 1$

3. Zuverlässigkeit der Schätzung (vgl. Backhaus et al., 2000, S. 462):

   • Reliabilitätskoeffizient muss „groß"[59] sein

   • Standardfehler muss „klein"[60] sein

4. Anpassungsgüte (Backhaus et al., 2000, S. 465 ff., Lechler, 1998, S. 146):

   • Goodness-of-Fit-Index: GFI $\geq$ 0,9

   • Adjusted Goodness-of-Fit-Index: AGFI $\geq$ 0,9

   • Root Mean Square Residuals: RMR $\leq$ 0,1

---

[59] *„Diese Koeffizienten können zwischen 0 und 1 liegen, und je näher sich ihr Wert an 1 nähert, desto zuverlässiger ist die Messung."* (Backhaus et al., 2000, S. 462)

[60] *„Sind die Standardfehler sehr groß, so ist dies ein Indiz, daß die Parameter (Koeffizienten) im Modell nicht sehr zuverlässig sind."* (Backhaus et al., 2000, S. 462)

Obwohl die zur Beurteilung der Anpassungsgüte herangezogenen Güte-kriterien „... *relativ robust gegenüber der Verletzung der Multinormal-verteilungsannahme sind"* (vgl. Backhaus et al., 2000, S. 467), gibt Mueller (1996, S. 92) zu bedenken: „*Also, since the above indices all depend on the multivariate normality assumption, results should be interpreted with caution if nonnormal data are analysed."*

Während zur Beurteilung der Güte der Schätzung auch Verfahren zur Verfügung stehen, die weitgehend unabhängig von der Verteilung der Grundgesamtheit sind, wird die Wahl der LISREL-Parameterschätzmethode bei Stichproben aus einer nicht normalverteilten Grundgesamtheit stark eingeschränkt.

Die wegen ihrer zuverlässigen Schätzung am häufigsten verwendete Maximum-Likelihood-Methode setzt Normalverteilung voraus (vgl. SAS Institut, 1999b, S. 438). Kann nicht von einer Normalverteilung ausgegangen werden, so bleibt bei einer Korrelationsmatrix als Eingabematrix die Unleaded-Least-Square-Methode (ULS) (Bachhaus et al., 2000, S. 493).

Für die Auswahl einer geeigneten Parameterschätzmethode muss somit zuerst festgestellt werden, ob „... *die Stichprobe aus einer bezüglich der Variablen normalverteilten Grundgesamtheit stammt."* (Bauer, 1984, S. 45). Die Normal-verteilungshypothese kann mit verschiedenen Verfahren[61] geprüft werden. Grundsätzlich kann man bei ordinalen Daten nur dann von einer Normalvertei-lung sprechen, wenn man davon ausgeht, dass die Ränge intervallskaliert sind (Patzelt, 1985, S. 43).

Zum Test der Normalverteilungshypothese eignet sich bei ordinalskalierten Da-ten der Shapiro-Wilk-Test bis zu einem Stichprobenumfang von 2000, darüber hinaus der Kolmogoroff-Smirnov-Test. Die Prodecure UNIVARIATE in SAS (vgl. SAS Institute, 1999a, S. 1396) führt beim geplanten Stichprobenumfang von N = 80 einen Hypothesentest mit dem Shapiro-Wilk-Test durch und berech-net das Signifikanzniveau für die Ablehnung der Nullhypothese (vgl. Ortseifen, 1997, S. 173).

Für die Auswertung der Daten aus den Interviews wird festgelegt, dass die Null-hypothese – die Daten stammen aus einer normalverteilten Grundgesamtheit – auf dem 5%-Signifikanzniveau geprüft wird, d.h. die Nullhypothese wird abge-lehnt, wenn für das Signifikanzniveau p gilt[62]:

$$p \leq 0,05.$$

---

[61] s. dazu z.B. Lienert (1969, S. 171 ff.), Linder & Berchtold (1979, S.105), Zöfel (1992, S. 203)

[62] Beim der Interpretation des Signifikanzniveaus beim Shapiro-Wilk-Test ist zu beachten, dass signifikante Werte für p die Ablehnung der Nullhypothese bedeuten. „*Kleine Werte sprechen gegen die Nullhypothese und für die Alternative."* (Ortseifen, 1997, S. 173)

Neben dem Shapiro-Wilk-Test wird auch die Schiefe der Verteilung der Daten als Entscheidungskriterium für den Hypothesentest herangezogen. Nach Lienert (1969, S. 172) erfüllt die Schiefe S einer Stichprobe:

$$S = \frac{\sum_{i=1}^{n}(x_i - \overline{x})^3}{n \cdot s_x^{\ 3}} \qquad \text{(Gleichung 8-8)}$$

n :   Stichprobenumfang

x_i :   Merkmalswert des Merkmals X im Datensatz i

s_x :   Standardabweichung des Merkmals X

bei einer normalverteilten Grundgesamtheit die Bedingung:

$$S \leq t_{0,05} \cdot \sqrt{\frac{6}{n}} = 0{,}54 \qquad \text{(Gleichung 8-9)}$$

$t_{0,05}$: T-Wert für Wahrscheinlichkeit p = 0,05

n :   Stichprobenumfang

Nur wenn sowohl die Bedingung für das Signifikanzniveau des Shapiro-Wilk-Tests als auch die Bedingung für die Schiefe eingehalten werden, wird von einer Normalverteilung ausgegangen.

Schritt 4: Prüfung der Normalverteilungshypothese.

Im Falle einer normalverteilten Grundgesamtheit wird die Parameterschätzung im Rahmen der konfirmatorischen Faktorenanalyse mit der Maximum-Likelihood-Methode durchgeführt. Wird die Normalverteilungshypothese verworfen, so findet die Unleaded-Least-Square-Methode Anwendung.

Schritt 5: Prüfung der hypothetischen Konstrukte mit einer konfirmatorischen Faktorenanalyse.

8.5 Statistisches Verfahren zur Hypothesenprüfung

Bei der Anwendung von statistischen Verfahren zur Prüfung von Hypothesen sind die jeweiligen Voraussetzungen an das Datenmaterial einzuhalten, damit die Ergebnisse nicht zu falschen Schlüssen führen (vgl. z.B. Bauer, 1984, S. 38, S. 161 ff.). Entscheidenden Einfluss auf die Auswahl des Verfahrens haben

Umfang und Verteilung der Stichprobe sowie Skalenniveau und Anzahl der Ausprägungen der Merkmale (Bortz, 1999, 166 ff., Kallmann, 1979, S. 145 ff.). Im Abschnitt 7.2 wurde der Aufbau der verwendeten Skalen erläutert. Die überwiegende Zahl der Merkmale besitzt ordinales Skalenniveau. Daneben werden Daten auf Ratio- und auf Nominalskalen gemessen. Nominale Daten sind nicht Gegenstand der Hypothesen und werden ausschließlich über Häufigkeitsanalysen ausgewertet. Das statistische Verfahren zur Prüfung der Hypothesen muss somit für ordinalskaliertes Datenmaterial geeignet sein. Daten auf höherem Skalenniveau (Ratioskala) können dann unverändert in die Analysen der ordinalen Daten mit eingebracht werden (vgl. Backhaus et al., 2000, S. XX).

Zur Prüfung der durch die Hypothesen postulierten Zusammenhänge werden Korrelationsanalysen[63] durchgeführt. Dabei sind für die Beurteilung des Zusammenhangs sowohl der Korrelationskoeffizient als auch das Signifikanzniveau von Bedeutung (vgl. Atteslander, 1995, S. 307, 328).

Der Korrelationskoeffizient ist ein Maß für die Stärke des Zusammenhangs zwischen zwei Merkmalen und gibt vornehmlich den Grad des linearen Zusammenhangs der Merkmale wieder (Hartung & Elpelt, 1995, S. 143). Aufgrund des ordinalen Skalenniveaus eignen sich nach Zöfel (1992, S. 211) für die Berechnung der Korrelationen sowohl der Rangkorrelationskoeffizient r nach Spearman als auch der Rangkorrelationskoeffizient τ nach Kendall (vgl. Tab. 8-1).

Tab. 8-1: Übersicht der bivariaten Korrelationsarten (vgl. Zöfel, 1992, S. 211, Hochstädter, 1996, S. 130)

Messniveau des Merkmals Y	Messniveau des Merkmals X		
	Intervallskala	Ordinalskala ⇩	Nominalskala
Intervallskala	Bravais-Pearsons r	Spearmans r Kendalls τ	punktbiseriale Korrelation
Ordinalskala ⇨	Spearmans r Kendalls τ	**Spearmans r** **Kendalls τ**	
Nominalskala	punktbiseriale Korrelation		Vierfelderkorrelation

---

[63] Streng genommen bezeichnet man den Zusammenhang zwischen ordinalen Daten nicht als Korrelation sondern als Assoziation (vgl. Bühl & Zöfel, 2005, 247 ff.). Da aber Kendall's Tau „Korrelationskoeffizient" genannt wird, wird im folgenden bei ordinalen Daten immer von Korrelationen gesprochen.

In die Berechnung des Spearmanschen Korrelationskoeffizienten r_S gehen nicht die Merkmalsausprägungen ein, sondern der Rangwert der jeweiligen Beobachtung in der nach Werten geordneten Folge (vgl. Nagl, 1992, S. 93 ff.).

Die Voraussetzungen dabei sind laut Zöfel (1992, S. 224) lediglich „... *zwei mindestens ordinalskalierte Variablen (...), die nicht aus einer normal verteilten Grundgesamtheit stammen brauchen.*" Auch Hartung und Elpelt (1995, S. 190) sehen für die Interpretation des Spearmanschen Rangkorrelationskoeffizienten nur das mindestens ordinale Messniveau der Merkmale und nicht die Normalverteilung der Grundgesamtheit als hinreichende Bedingung an.

Der Spearmansche Rangkorrelationskoeffizient r_S zwischen zwei Variablen X und Y wird nach folgender Formel berechnet (vgl. SAS Institute, 1999a, S. 290):

$$r_S = \frac{\sum_{i=1}^{n}(R_i - \overline{R})(S_i - \overline{S})}{\sqrt{\sum_{i=1}^{n}(R_i - \overline{R})^2 \cdot \sum_{i=1}^{n}(S_i - \overline{S})^2}} \qquad \text{(Gleichung 8.10)}$$

R_i : Rang der Ausprägung des Merkmals X im Datensatz i

S_i : Rang der Ausprägung des Merkmals Y im Datensatz i

$\overline{R}$: Mittelwert der Ränge R_i

$\overline{S}$: Mittelwert der Ränge S_i

Der Korrelationskoeffizient wird dabei analog zum Korrelationskoeffizienten nach Bravais-Pearson[64] (Produkt-Moment-Korrelation) berechnet, für den aber die Voraussetzungen der Intervallskalierung und der Normalverteilung gelten (vgl. Brosius, 1999, S. 510).

Da beim Spearmanschen Korrelationskoeffizienten anstelle der Ausprägung der Rang des Merkmals in die Bravais-Pearson-Formel eingesetzt wird, folgert Benninghaus (1996, S. 273): „*Der Spearmansche Rangkorrelationskoeffizient r_S ist (...) ein Koeffizient der Korrelationen zwischen zwei Reihen von Rangplätzen, wobei (unerlaubterweise) die Rangplätze als Werte von Intervallskalen und nicht von Ordinalskalen aufgefaßt werden.*" [65]

Insbesondere Ausreißer in der Stichprobe verzerren dann das Ergebnis so stark, dass dadurch leicht falsche Schlussfolgerungen gezogen werden (vgl. Hochstädter, 1996, S. 152).

---

[64] Eine Ausführliche Beschreibung zur Berechnung der Korrelationskoeffizienten ist bei Hartung und Elpelt (1995, S. 145, S. 191) und Bosch (1992, S. 53, S. 58) zu finden.

[65] Benninghaus (1996, S. 273) zitiert dazu die von Galtung (1970, S. 219) formulierte Voraussetzung „... *that one is willing to define rank as an interval scale, and not as ordinal.*"

Außerdem weist Hochstädter (1996, S. 152) auch auf die zweite Konsequenz hin, die sich aus der Anwendung der Bravais-Pearson-Formel ergibt: *„Still-schweigend bedeutet die Niveau-Progression auch, daß die Voraussetzung einer bivariaten Normalverteilung des Merkmals in der Grundgesamtheit für den Korrelationskoeffizienten erfüllt sein muß."*

Daher ist der Spearmansche Rangkorrelationskoeffizient zur Prüfung der Hypothesen in dieser empirischen Studie bereits ohne Kenntnis der Verteilung der Merkmale in der Grundgesamtheit ungeeignet, da der überwiegende Teil der Merkmale ordinal skaliert ist (vgl. Dreier, 1994, S. 203 ff.).

Der Kendallsche Rangkorrelationskoeffizient τ wird auf Basis direkter Paarvergleiche gebildet und kann auch bei Merkmalen, die in der Grundgesamtheit nicht normalverteilt sind, angewendet werden. Dazu werden alle Merkmalwertepaare der Stichprobe

$$((x_i, y_i), (x_j, y_j)) \text{ für die gilt: } i \neq j$$

folgendermaßen unterschieden[66] (vgl. Heiler & Michels, 1994, S. 267):

- das Paar ist **konkordant**, falls gilt:

$$x_i < x_j \ \wedge \ y_i < y_j \quad \text{oder} \quad x_i > x_j \ \wedge \ y_i > y_j$$

- sonst ist das Paar **diskordant**.

Aus der Anzahl der konkordanten Paare n_k und der diskordanten Paare n_d wird dann der Kendallsche Korrelationskoeffizient τ_a berechnet (Büning & Trenkler, 1994, S. 244):

$$\tau_a = \frac{n_k - n_d}{\binom{n}{2}} \qquad \text{(Gleichung 8.11)}$$

n: Umfang der Stichprobe

n_k: Anzahl der konkordanten Paare

n_d: Anzahl der diskordanten Paare

Treten Merkmalswerte in der Stichprobe mehrfach auf, so kann keine eindeutige Rangfolge gebildet werden und man spricht von Bindungen oder Ties (Heiler & Michels, 1994, S. 262). Dies wird beim bindungskorrigierten Kendallschen Korrelationskoeffizienten τ_b berücksichtigt, der nach folgender Gleichung berechnet wird (Benninghaus, 1996, S. 245):

---

[66] Zu den Begriffen vgl. Hochstädter (1996, S. 158):
Konkordanz: Übereinstimmung (gleiche Ordnungsrelation für die beiden Merkmale),
Diskordanz: Vertauschung (entgegengesetzte Ordnungsrelation für die beiden Merkmale)

$$\tau_b = \frac{n_k - n_d}{\sqrt{(n_k + n_d + t_x)(n_k + n_d + t_y)}}$$ (Gleichung 8.12)

n_k: Anzahl der konkordanten Paare

n_d: Anzahl der diskordanten Paare

t_x: Anzahl der Paare für die gilt: $x_i = x_j \wedge y_i \neq y_j$

t_y: Anzahl der Paare für die gilt: $x_i \neq x_j \wedge y_i = y_j$

Da bei meist weniger als zehn Merkmalsausprägungen[67] und einer Stichprobengröße von N = 80 in jedem Fall Bindungen auftreten werden, wird der bei der Berechnung der Korrelationen für die Hypothesenprüfungen der **bindungskorrigierte Kendallsche Korrelationskoeffizient τ_b** eingesetzt. Diese Entscheidung ist vom Ergebnis der Prüfung der Normalverteilungshypothese unabhängig.

Schritt 6: Prüfung der Hypothesen mit Hilfe des Kendallschen Korrelationskoeffizient τ_b.

Kendalls τ_b ist vom Betrag kleiner als Spearmans r_S (vgl. Bühl & Zöfel, 2005, S. 325), so dass zu prüfende Hypothesen durch Kendalls τ_b schneller verworfen werden als bei Spearmans r_S (vgl. Heiler & Michels, 1994, S. 270). Für den Wertebereich des Kendallschen Korrelationskoeffizienten τ_b gilt (vgl. Benninghaus, 1996, S. 249):

$$-1 \leq \tau_b \leq +1$$

Die aus dem Korrelationskoeffizienten abgeleitete Stärke des Zusammenhangs zwischen den Merkmalen wird nach Bauer (1984, S. 162) und Cohen (1977, S. 79 ff.) folgendermaßen unterteilt:

$-1{,}0$	$\leq$	τ_b	$< -0{,}5$:	stark negativ korreliert
$-0{,}5$	$\leq$	τ_b	$\leq -0{,}3$:	mittelstark negativ korreliert
$-0{,}3$	$<$	τ_b	$< -0{,}1$:	schwach negativ korreliert
$+0{,}1$	$<$	τ_b	$< +0{,}3$:	schwach positiv korreliert
$+0{,}3$	$\leq$	τ_b	$\leq +0{,}5$:	mittelstark positiv korreliert
$+0{,}5$	$<$	τ_b	$\leq +1{,}0$:	stark positiv korreliert

---

[67] Die Anzahl der Merkmalsausprägungen entsprechen der Anzahl verschiedener Antwortmöglichkeiten bzw. Kategorien einer Frage im Fragebogen (s. Anhang B).

Die Extremfälle bedeuten (vgl. Bol, 1995, S. 140 f.):

$$\tau_b \quad = \quad +1{,}0: \quad \text{vollständig linearer Zusammenhang}$$
$$\tau_b \quad = \quad 0{,}0: \quad \text{kein linearer Zusammenhang}$$
$$\tau_b \quad = \quad -1{,}0: \quad \text{vollständig negativer linearer Zusammenhang}$$

Da der Kendallsche Korrelationskoeffizient aus den Daten einer Stichprobe errechnet wird, darf eine Interpretation nur dann erfolgen, wenn auch das dazugehörige Signifikanzniveau bekannt ist. Die Korrelationskoeffizienten werden mit einen einseitigen T-Test geprüft. Als Grenzwert für die Vertrauenswahrscheinlichkeit (vgl. Fahrmeir et al., 2004, S. 401) wird für diese empirische Studie ein Wert von mindestens 95% gefordert.

Für das Signifikanzniveau p bedeutet dies:

$$p \leq 0{,}05!$$

Bei einem Signifikanzniveau $p > 0{,}05$ ist das Ergebnis nicht signifikant und die zu prüfende Nullhypothese wird abgelehnt. Im einzelnen werden bei der Darstellung der Korrelationen folgende Signifikanzniveaus ausgewiesen :

Tab. 8-2: Signifikanzniveaus (vgl. Zöfel, 2001, S. 63)

Signifikanzniveau	Signifikanz	Abk./Symbol
nicht signifikant	$p > 0{,}05$	n.s.
Signifikant	$p \leq 0{,}05$	*
hoch signifikant	$p \leq 0{,}01$	**
höchst signifikant	$p \leq 0{,}001$	***

9 Ergebnisse der empirischen Studie

Die Daten aus den Interviewfragebögen werden entsprechend der im vorangegangenen Kapitel beschriebenen und in der Abbildung 9-1 zusammengefassten sechs Schritte ausgewertet.

Die Hinweise auf Fragen beziehen sich auf den Fragebogen im Anhang A und sind mit dem Abschnitt im Fragebogen (Großbuchstabe) und der Frage innerhalb des Abschnitts (Zahl) gekennzeichnet. So steht z.B. das Kürzel „A4" für die vierte Frage im Abschnitt „A - Die Projektmerkmale" und erfragt den Auftraggeber des Projekts.

Schritt 1:	Bereinigung des Datenmaterials: „missing values" und invariante Merkmale entfernen.
Schritt 2:	Prüfung des Datenmaterials auf Einhaltung der neun Bedingungen.
Schritt 3:	Charakterisierung der Stichprobe mittels Häufigkeitsanalysen.
Schritt 4:	Prüfung der Normalverteilungshypothese.
Schritt 5:	Prüfung der hypothetischen Konstrukte mit einer konfirmatorischen Faktorenanalyse.
Schritt 6:	Prüfung der Hypothesen mit Hilfe des Kendallschen Korrelationskoeffizienten τ_b.

Abb. 9-1: Vorgehensweise bei der Auswertung des Datenmaterials

9.1 Bereinigung des Datenmaterials (Schritt 1)

Bei der durchgeführten Befragung zum Problemlösungsprozess in Kleinprojekten wurden von den Interviewten grundsätzlich alle Fragen beantwortet. Aufgrund der Fragebogenstruktur sind in den Datensätzen dennoch „missing values" vorhanden.

Davon betroffen sind die Fragen zur Bewertung der Projektvereinbarungen (Risiko: B1 und EFG20; Erfüllung: J10). Hier stehen insgesamt 20 Kategorien von Vereinbarungen zur Auswahl, von denen aber immer nur diejenigen bewertet wurden, die auch tatsächlich im Projekt vereinbart worden sind. Die übrigen bleiben „unbeantwortet" und ergeben „missing values" in den entsprechenden Datensätzen.

Um dadurch den Stichprobenumfang nicht fälschlicherweise zu reduzieren, werden bei der Datenauswertung die Ausprägungen der Merkmale entsprechend den drei Subkonstrukten[68] in der ersten Erfolgsdimension (s. Kap. 4.2) zu jeweils einer Kennzahl zusammengefasst, deren Wert dem Mittelwert der Merkmalswerte der beantworteten Fragen dieser Kategorie entspricht.

„Missing values" sind auch bei den Fragen zu den Veränderungen der Projektvereinbarungen[69] entstanden, da die Projektvereinbarungen nicht bei jedem Projekt bzw. nicht in jeder Projektphase geändert wurden. Festgehalten wurden im Fragebogen aber immer nur die Veränderungen. Die Details zu diesen Fragen sind nicht Gegenstand der Hypothesen, sondern werden in Häufigkeitsanalysen bzw. Einzelanalysen untersucht. Eine Bearbeitung dieser Merkmale ist daher nicht erforderlich.

Bei den Fragen nach Krisen im Projektverlauf[70] gaben alle Interviewten an, dass bei ihrem Projekt keine echte Krise aufgetreten ist. Die aufgetretenen Schwierigkeit wurden grundsätzlich eher als Probleme und Konflikte eingestuft. Eine projektgefährdende Krise wurde darin aber nicht gesehen. Diese Antwort wurde als „missing value" codiert. Da bei allen Projekten die Antwort gleich war, können diese Fragen ohne Verlust von Informationen aus der weiteren Analyse ausgeschlossen werden.

Bei der Zusammenstellung der Fragen wurden unterschiedliche Aufgabenebenen im Projekt berücksichtigt. Neben den Projektteammitgliedern, die die Problemlösung organisieren und koordinieren, wurden u.a. auch die Planer mit einbezogen, deren Aufgabe die „konkrete Problemlösung" ist (z.B. das Konstruieren).

Bei der Durchführung der Interviews zeigte sich, dass aufgrund der Projektgröße der untersuchten Kleinprojekte bei nur 45 der insgesamt 80 Projekten Mitarbeiter beteiligt waren, die ausschließlich eine Planerrolle übernommen hatten. Bei allen anderen Projekten waren die Planer gleichzeitig auch im Projektteam, so dass die beiden Gruppen Planer und Projektteammitglieder und damit die Beantwortung der Fragen zu diesen Gruppen identisch sind.

Eine Korrelationsanalyse bei den 45 Fragebogen mit den Planern zeigt bei den Einschätzungsfragen zum Projektverlauf bzw. -ergebnis[71] bis auf die Einschätzung der Projektrelevanz (A16) signifikant hohen Korrelationen (s. Tab. 9-1) zwischen den Antworten der Planer und den Projektteammitgliedern. Um den Stichprobenumfang für die statistischen Verfahren nicht reduzieren zu müssen, werden der Informationsverlust bei der Frage zur Projektrelevanz (A16) und den

---

[68] Einhaltung der Vereinbarungen zu Projektterminen, Projektbudget, Systemeigenschaften

[69] Fragen EFG27-EFG29, H9-H10, I17-I18 (s. Anhang A)

[70] Fragen K32, K34, K35 (s. Anhang A)

[71] Frage J11, J12 (s. Anhang A)

Fragen zur Beteiligung der Planer (A10, EFG11) in Kauf genommen und bei der Auswertung keine Planer[72] berücksichtigt.

Tab. 9-1: Korrelationen zwischen den Antworten der Planer und der Projektteammitglieder bei Einschätzungsfragen.

Frage im Fragebogen		Kendalls τ_b
A12	eindeutiger Ansprechpartner beim Projekt	1,00 ***
A16	Beurteilung der Relevanz des Projektes	n.s.
J11	Beurteilung des Projektverlaufs	0,68 ***
J12	Beurteilung des Projektergebnisses	0,67 ***

Ebenfalls aus der Analyse ausgeschlossen wird die Frage nach einem eindeutigen Ansprechpartner für alle Projektbeteiligten (A12). Dieses Merkmal nimmt in der gesamten Stichproben nur eine Ausprägung an, da die Interviewten angaben, dass die Projektbeteiligten bei sämtlichen Fragen zum Projekt immer einen eindeutigen Ansprechpartner hatten.

Tabelle 9-2 fasst das Ergebnis der Prüfung des Datenmaterials auf invariante bzw. fehlende Merkmalswerte im Schritt 1 zusammen und zeigt, welche alternative Auswertung für diese Daten geeignet ist.

In der Spalte „erwartet?" wird vermerkt, ob bei der Konstruktion des Fragebogens das beschriebene Auswerteproblem erwartet worden ist oder nicht. Betrachtet man beispielsweise die Projektvereinbarungen, so werden diese in 21 Kategorien abgefragt. Hier kann sicherlich nicht davon ausgegangen werden, dass für alle Projekte in jeder dieser Kategorien eine Projektvereinbarung getroffen wurde. Also muss grundsätzlich bei den Antworten zu den Projektvereinbarungen mit Lücken in den Datensätzen gerechnet werden.

9.2 Prüfung des Datenmaterials (Schritt 2)

Sowohl der Fragebogen als auch die statistischen Analysen setzen die in Kapitel 7.3 genannten Bedingungen für die Projekte in der Stichprobe voraus. Obwohl den Interviewpartnern schon bei der telefonischen Anfrage diese neun

---

[72] Kategorie „Planer" wird bei den Fragen A10, A12, A16, EFG11, J11, J12 (s. Anhang A) zur Auswahl gestellt.

Bedingungen als Voraussetzung für die Teilnahme an der Studie genannt wurden, werden die Daten aller Projekte vor Beginn der Auswertungen auf die Einhaltung der Bedingungen überprüft.

Tab. 9-2: Maßnahmen bei der Datenbereinigung.

Inhalt der Fragen	Problem	Vorgehensweise	erwartet?	Fragen
Risiko der Projektvereinbarungen	„missing value"	Mittelwertbildung	ja	B1, EFG30
Veränderungen der Projektvereinbarungen	„missing value"	Häufigkeitsanalyse	ja	EFG27-EFG29, H9-H10, I17-I18
Erfüllung der Projektvereinbarungen	„missing value"	Mittelwertbildung, drei Kategorien	ja	J10
Planer	„missing value"	Ausschluss	nein	A10, A12, A16, EFG11, J11, J12
Ansprechpartner	Varianz = 0	Ausschluss, Interpretation	nein	A12
Krise	„missing value", Varianz = 0	Ausschluss, Interpretation	nein	K32, K34, K35

Bedingung 1: Abgeschlossenheit

An den Antworten auf die Frage nach dem Projektabschluss (I2) lässt sich ablesen, dass keines der Projekte in dieser Studie abgebrochen wurde, sondern alle 80 Projekte mit einer Inbetriebnahmephase abschlossen.

Bedingung 2: Zeit zwischen Projektabschluss und Interview

Die Zeitdauer zwischen Projektabschluss (Frage I2) und dem Tag des Interviews liegt bei allen 80 Projekten unter der geforderten Grenze von 15 Monaten.

Bedingung 3: Vollständigkeit

Aus der Beantwortung der Fragen zu den Abschnitten „Systembau" und „Systemeinführung" des Fragebogens kann auf den Umfang des untersuchten Projekts geschlossen werden. Die Auswertung der Fragen EFG1/2, H1/2 und I1/2 zeigt, dass bei allen Projekten die fünf Phasen von der Vorstudie bis zur Inbetriebnahme entsprechend dem SE-Vorgehensmodell identifiziert werden konnten.

Die Interviews bestätigen damit die Erfahrung aus dem Pretest (s. Kap. 7.3), dass das Vorgehensmodell des SE zur Strukturierung unterschiedlicher Projekte geeignet ist und die vielfältigen Variationen der Projektverläufe in der Stichprobe ohne Ausnahme abbilden kann.

Bedingung 4: Kenntnis der Systemnutzung

Für die Beurteilung des Projektergebnisses (Fragen J12, K27) wird die Kenntnis des Systembetriebs nach dem Projektabschluss vorausgesetzt. Aus der Beantwortung der Fragen zum Projektergebnis kann abgeleitet werden, ob der Interviewte Informationen zum weiteren Systembetrieb hatte.

Bei allen 80 Interviews wurden die Fragen J12 und K27 mit der Kenntnis einer mindestens dreimonatigen Systemnutzung[73] beantwortet, so dass diese Bedingung für alle Projekte erfüllt ist.

Bedingung 5: Vollständigkeit der Projektunterlagen

Bei allen Interviews wurden von den Interviewten Projektunterlagen vorgelegt. Auch wenn die Unterlagen im Umfang nicht vergleichbar waren, so wurden immer Unterlagen über die gesamte Projektlaufzeit vorgelegt, die ausreichend waren, die erforderlichen Details zum Projekt zu liefern.

Insbesondere zur Ermittlung der Projekttermine, der -organisation und der -vereinbarungen, die im Vorgespräch zum Interview dokumentiert wurden (s. dazu Kap. 7.3), wurden die Unterlagen immer herangezogen.

Bedingung 6: Funktion des Interviewten bei dem Projekt

Alle 80 Interviewpartner gaben bei der Beantwortung der Frage nach ihrer Funktion bei dem Projekt (D2) an, dass sie der Leiter des Projektes waren.

Bedingung 7: Durchgängige Beteiligung des Interviewten

Gleichzeitig wurde mit der Beantwortung der Frage D2 auch ausnahmslos bestätigt, dass alle Befragten durchgängig vom Projektstart bis zum Projektende am Projekt beteiligt waren und auch in der gesamten Projektlaufzeit die Aufgabe des Projektleiters übernommen hatten.

---

[73] Ermittlung des Mindestzeitraums der Systemnutzung erfolgt analog der Prüfung der zweiten Bedingung (s.o.)

Bedingung 8: Größenklasse des Projekts

Mit den Fragen zur Projektlaufzeit (A2, I2), zur Personalkapazität (EFG3, EFG5) und zu den Projektkosten (J9) werden die notwendigen Daten erhoben, um die von Burghardt (s. Kapitel 2.2) genannten Kriterien für Projektgrößenklassen prüfen zu können.

Abbildung 9-2 zeigt in einer Schnittmengendarstellung, wie viele Projekte die einzelnen Bedingungen erfüllen: 67 Projekte liegen bei allen drei relevanten Eigenschaften innerhalb der geforderten Grenzen. Von zwei Projekten wird gleichzeitig die Kosten- und die Kapazitätsbedingung für Kleinprojekte erfüllt. Weitere elf Projekte unterschreiten sowohl bei der Mitarbeiteranzahl als auch bei der Mitarbeiterkapazität die Grenzwerte.

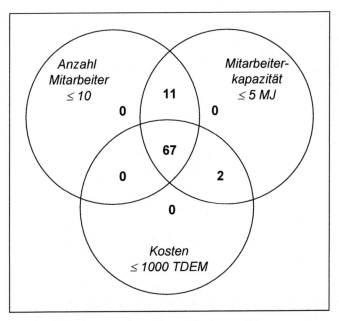

Abb. 9-2: Einhaltung der Bedingungen für Kleinprojekte

Da alle Projekte mindestens zwei der drei Bedingungen erfüllen, handelt es sich bei den 80 untersuchten Projekten um Kleinprojekte gemäß der Definition in Kapitel 2.2.

Bedingung 9: Projektart

Die Projektart wird durch die erste Frage im Fragebogen (A1) erfasst. Die Zuordnung der untersuchten Projekte zu einer der vier Projektarten, die in Kapitel 2.2 definiert wurden, fiel allen Interviewpartnern leicht. Die Benennung des

Systems, das im Mittelpunkt des Projekts stand, war dabei eine große Hilfestellung (vgl. Tab. 2-2, Kap. 2-2).

In Abbildung 9-3 ist die Verteilung der Projektarten in der Stichprobe dargestellt. Den größten Anteil haben mit 58% die Anlagenbauprojekte. Ein Drittel der Projekte hatten die Veränderung der Arbeitsorganisation zum Gegenstand. Die restlichen neun Projekte waren Gebäudebauprojekte. Es gab in der Stichprobe unter den 80 Projekten keine Forschungs- und Entwicklungsprojekte.

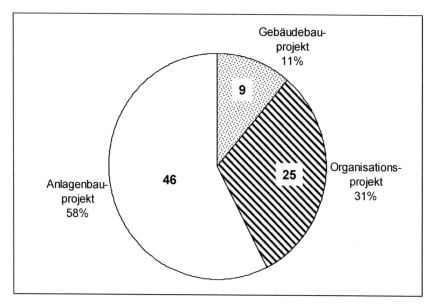

Abb. 9-3: Verteilung der Projektarten in der Stichprobe

Zusammenfassung

Von allen 80 Projekten werden die in Kapitel 7-3 geforderten neun Bedingungen eingehalten. Da diese schon vorab beim ersten Telefonkontakt mit den Interviewpartnern als Voraussetzung genannt wurden, war dieses Ergebnis zu erwarten.

Der Nachweis ist jedoch notwendig, damit der Fragebogen nur auf dafür vorgesehene Projekte angewendet wird bzw. wurde und die Projekte dann auch im festgelegten Rahmen vergleichbar sind. Mit diesem Ergebnis der Prüfung können die in Kapitel 8 festgelegten statistischen Auswertungen ohne Einschränkung durchgeführt werden.

9.3 Charakterisierung der Stichprobe (Schritt 3)

Zusätzlich zu den Fragen, die das Datenmaterial für die Prüfung der Hypothesen liefern, enthält der Fragebogen auch allgemeine Fragen zum Projekt, die eine Charakterisierung der Stichprobe ermöglichen. Die Ergebnisse der Auswertung des zusätzlich erhobenen Datenmaterials werden im folgenden gruppiert nach:

- Unternehmen,
- Interviewpartner und Auftraggeber,
- Projektorganisation,
- Projektvereinbarungen,
- ergänzende Auswertungen zur Projektgröße und
- Projektarbeit

dargestellt.

Unternehmen

In die empirische Studie wurden nur Unternehmen in Deutschland einbezogen. Außerdem wurde die Bedingung gestellt, dass der Schwerpunkt der Projektarbeit ebenfalls in Deutschland lag und das System für den Einsatz in Deutschland gestaltet wurde. Dadurch sollen Einflüsse, die auf unterschiedlichen Kulturen u.ä. zurückzuführen sind, weitgehend ausgeschlossen werden. Denn bei dem geringen Stichprobenumfang von 80 Projekten können einzelne Ausreißer die Aussagekraft der Ergebnisse erheblich mindern und gleichzeitig schwer nachweisbar sein.

Die Unternehmensgröße wurde beim ersten telefonischen Kontakt mit den Interviewpartnern erfragt und entsprechen der Bezeichnungen der Europäischen Kommission (s. Abb. 9-4) festgehalten. Entscheidend für die Einteilung in die Unternehmensgrößenklassen ist die Anzahl Mitarbeiter in dem Unternehmen, dem das Projektteam angehört. Damit kann die Frage nach der Unternehmensgröße auch dann eindeutig beantwortet werden, wenn einzelne Projektbeteiligte wie z.B. der Auftraggeber oder der Projektleiter nicht zum selben Unternehmen wie die Projektteammitglieder gehören.

Tabelle 9-3 zeigt die Verteilung der verschiedenen Unternehmensgrößen in der Stichprobe. Der Schwerpunkt der Interviews lag mit 56% (45 Projekte) auf den „großen Unternehmen". Der Anteil der "kleinen und mittleren Unternehmen" von 35 Projekten (44%) setzt sich zusammen aus 19 Projekten bei „mittleren Unternehmen" und 16 Projekten bei „Kleinunternehmen" mit weniger als 50 Beschäftigten. Aus der Untergruppe der „sehr kleinen Unternehmen" wurden 5 Unternehmen (6,2 %) in die Untersuchung mit einbezogen.

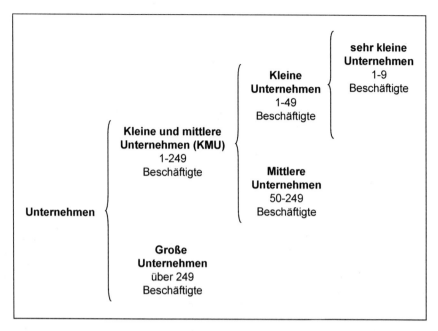

Abb. 9-4: Bezeichnung der Unternehmensgrößen (vgl. Europäische Kommission, 1996, S. 7 f.)

Tab. 9-3: Häufigkeit der Unternehmensgrößen

Unternehmensgröße	Häufigkeit	Anteil
Sehr kleine Unternehmen	5	6,2 %
Kleine Unternehmen	11	13,8 %
Mittlere Unternehmen	19	23,8 %
Große Unternehmen	45	56,2 %
Summe	80	100,0 %

Das gewünschte Verhältnis der Anzahl der Projekte in den einzelnen Unternehmensgrößenklassen[74] wurde bei den mittleren (zwei Projekte zuwenig) und großen Unternehmen (zwei Projekte zuviel) nicht ganz erreicht. Trotzdem kann die Mischung der Stichprobe im Hinblick auf die Unternehmensgrößen immer noch als ausgewogen angesehen werden.

---

[74] In Kapitel 7.5 (s. Tab. 7-4) wurde dafür ein Verhältnis von 1 : 2 : 4 : 8 vorgeschlagen.

Interviewpartner

Im Abschnitt D des Fragebogens sollen Informationen zur Person des Interviewten gewonnen werden. Neben dem Alter und der Funktion beim Projekt werden auch dessen Kenntnisse durch Aus- und Weiterbildung und seine Erfahrung bei der Projektarbeit erfasst.

Die Altersstruktur der Befragten in der Tabelle 9-4 zeigt, dass kein Interviewpartner jünger als 25 Jahre war. Die meisten - 63 Personen (79%) - waren zwischen 25 und 40 Jahren alt. Nur zwei der befragten Projektleiter waren im Alter über 50 Jahren.

Tab. 9-4: Das Alter der Befragten

Alter des Befragten	Häufigkeit	Anteil
25-30 Jahre	18	22,5 %
31-35 Jahre	25	31,2 %
36-40 Jahre	20	25,0 %
41-45 Jahre	11	13,7 %
46-50 Jahre	4	5,0 %
51-55 Jahre	1	1,3 %
56-60 Jahre	1	1,3 %
Summe	80	100,0 %

Alle Interviewpartner waren Projektleiter bei dem analysierten Projekt. Bei acht Projekten (10%) war der Projektleiter ein externer Berater, d.h. der Projektleiter gehörte nicht zum selben Unternehmen wie das Steuerungsgremium und die Projektteammitglieder (vgl. Kapitel 7.3). Zusätzlich zur Projektleiterfunktion haben 12 Befragte (12%) auch die Aufgaben eines Planers im Projekt übernommen.

Die überwiegende Zahl der Befragten (85%) haben ein Hochschulstudium absolviert und dabei Fachwissen fast ausschließlich auf den Gebieten „Betriebswirtschaft" und „Maschinenbau" erworben (s. Tabelle 9-5). Über Weiterbildungsmaßnahmen haben sich 35% der Befragten fortgebildet. Der Schwerpunkt liegt dabei auf den Gebieten „Betriebswirtschaft" (30%) und „Projektmanagement" (23%) gefolgt von „Arbeitswissenschaft" und „Betriebsorganisation" (jeweils 17%) und „Datenverarbeitung" (10%).

Mit den Fragen D5 und D6 wurde die Erfahrung der Befragten bei der Projektarbeit zum einen in der Anzahl der Jahre und zum anderen in der Anzahl der Projekte festgehalten. Bei der Projekterfahrung in Jahren (s. Tabelle 9-6) gaben

22 Befragte (28%) an, dass sie zwischen drei und fünf Jahren in Projekten tätig waren, und 28 Befragte (35%) gaben sechs bis zehn Jahre an.

Tab. 9-5: Durch Aus- oder Weiterbildung erworbenes Fachwissen der Befragten

Fachgebiet	Berufs-ausbildung	Studium	Berufliche Weiterbildung
Maschinenbau	14	58	1
Betriebswirtschaft	4	43	9
Betriebsorganisation	1	3	5
Elektrotechnik	1	3	0
Projektmanagement	1	2	7
Datenverarbeitung	1	0	3
Arbeitswissenschaft	0	0	5

Tab. 9-6: Erfahrung in der Projektarbeit (Jahre)

Erfahrung (Jahre)	Häufigkeit	Anteil
0 Jahre	2	2,5 %
1 Jahr	7	8,75 %
2 Jahre	7	8,75 %
3-5 Jahre	22	27,5 %
6-10 Jahre	28	35,0 %
11-15 Jahre	8	10,0 %
mehr als 15 Jahre	6	7,5 %
Summe	80	100,0 %

Die Auswertung der Projekterfahrung gemessen an der Anzahl Projekte (s. Tabelle 9-7), bei denen der Befragte mitgearbeitet hat, zeigt deutlich einen Schwerpunkt: die Hälfte der Befragten (50%) hatte vor dem analysierten Projekt bei mehr als 15 anderen Projekten mitgearbeitet. Berücksichtigt man bei dieser Betrachtung, dass 66 Befragte (83%) weniger als zehn Jahre an Projekten mitgearbeitet hat (vgl. Tabelle 9-6), so spiegelt die relativ große Anzahl an Projekten wieder, dass es sich um Kleinprojekte handelte, an denen meist parallel gearbeitet wurde.

146

Tab. 9-7: Erfahrung in Projektarbeit (Anzahl der Projekte)

Erfahrung (Anzahl Projekte)	Häufigkeit	Anteil
0 Projekte	2	2,5 %
1 Projekt	5	6,2 %
2 Projekte	1	1,2 %
3-5 Projekte	13	16,3 %
6-10 Projekte	10	12,5 %
11-15 Projekte	9	11,3 %
mehr als 15 Projekte	40	50,0 %
Summe	80	100,0 %

Auftraggeber

Der Auftraggeber mit seiner betrieblichen Stellung und seiner organisatorischen Zuordnung wird bei der Frage A4 dokumentiert. Tabelle 9-8 zeigt die Verteilung auf die fünf möglichen Auftraggeber, wie sie bei der Definition der Projektbeteiligten in Kapitel 7.3 dargestellt wurden.

Durch die organisatorische Zuordnung des Auftraggeber wird bestimmt, ob es sich bei dem Projekt gemäß o.g. Definition um ein internes oder externes Projekt handelt. Aus der Tabelle 9-8 kann abgelesen werden, dass es sich bei 27 Projekten (34%) um interne Projekte (Zeilen 1-3 in Tab. 9-8) und bei 53 Projekten (66%) um externe Projekte (Zeilen 4-5 in Tab. 9-8) handelt.

Tab. 9-8: Auftraggeber beim Projekt

Auftraggeber	Häufigkeit	Anteil
externer Auftraggeber	37	46,3 %
Unternehmensleitung	19	23,7 %
konzernangehöriger Auftraggeber	16	20,0 %
eigene Abteilung	5	6,3 %
andere Abteilung im Unternehmen	3	3,7 %
Summe	80	100,0 %

Da der Anstoß zur Durchführung des Projekts nicht notwendigerweise vom Auftraggeber kommen muss, wird zusätzlich zum Auftraggeber auch nach dem Initiator gefragt (Frage A6). Wie aus der Tabelle 9-9 ersichtlich ist, wurden die meisten Projekte von der Unternehmensleitung (51%) initiiert. An zweiter Stelle in der Häufigkeit folgt mit 23 Projekten (29%) der Systembetreiber. Die Kategorie „andere" wurde bei zwei Projekten angegeben, in denen jeweils der Betriebsrat als Projektinitiator fungierte.

Tab. 9-9: Initiator des Projektes

Initiator	Häufigkeit	Anteil
Unternehmensleitung	41	51,3 %
Systembetreiber	23	28,8 %
Leitender Angestellte	11	13,8 %
Systembenutzer	2	2,5 %
Betriebsrat	2	2,5 %
externer Berater	1	1,3 %
Summe	80	100,0 %

Welche Gründe den Auftraggeber dazu bewogen haben, das Projekt durchzuführen, wird mit der Frage A7 festgestellt. Bei dieser Frage sind Mehrfachnennungen zugelassen, so dass die Auswertung in Tabelle 9-10 insgesamt 175 Gründe (vgl. Summe der Spalte „Häufigkeiten gesamt") für die 80 untersuchten Projekte aufzählt.

Tab. 9-10: Gründe für das Projekt

Gründe	Häufigkeit gesamt	Anzahl der Gründe			
		1	2	3	4
gestiegene (Kunden-) Anforderungen	54 (68%)	3	27	20	4
Mängel am bestehenden System	45 (56%)	7	17	18	3
hohe Kosten des bestehenden Systems	34 (43%)	1	14	16	3
Erweiterung des unternehmerischen Betätigungsfeldes	21 (26%)	2	13	2	4
unternehmenspolitische Gründe	19 (24%)	1	11	6	1
andere Gründe	2 (3%)	0	0	1	1
Summe der Gründe	175 (-)	14	82	63	16
Anzahl Projekte	80 (-)	14	41	21	4

Am häufigsten wurde mit 54 Nennungen „gestiegene Kundenanforderungen" genannt, d.h. bei 68 % der Projekte war dies der Grund oder zumindest mit ein Grund für die Projektdurchführung. Bei über der Hälfte der Projekte (45 Projekte) waren „Mängel am bestehenden System" (mit-)verantwortlich für den

Projektauftrag. Der sonst allgegenwärtige Kostendruck (s. dazu Kapitel 1.1) findet sich mit 34 Mal nur auf Platz drei vor der „Erweiterung des unternehmerischen Betätigungsfeldes" (21 Projekte) und den „unternehmenspolitischen Gründen" (19 Projekte). Bei zwei Projekten waren Gesetzesänderungen unter der Rubrik „weitere Gründe" der Auslöser für die Projektdurchführung.

Bei den Projekten in der Stichprobe wurden zwischen einem und vier Gründen für Durchführung eines einzelnen Projekts herausgearbeitet. In Tabelle 9-10 wird deshalb die Häufigkeit der einzelnen Gründe (Spalte „Häufigkeiten gesamt") weiter aufgeschlüsselt, so dass in den Spalten „Anzahl der Gründe" abgelesen werden kann, wie oft der jeweilige Grund alleine (Spalte „1"), mit einem zweiten (Spalte „2"), mit zwei weiteren (Spalte „3") oder als einer unter vieren (Spalte „4") genannt wurde.

Aus der Tabelle 9-10 wird ersichtlich, dass nur ein einziges Projekt aus reinem Kostendruck heraus entstanden ist[75], während in allen anderen Fällen das Kostenargument nur eines von mehreren bei der Begründung für das Projekt gewesen ist. „Mängel am bestehende System" ist mit sieben Projekten (9 %) mit Abstand der am häufigsten genannte Einzelgrund. Auffallend ist, dass die Gesetzesänderungen („andere Gründe") nie alleine ausschlaggebend für die jeweiligen Projekte waren, sondern gleichzeitig noch zwei oder drei weitere Gründe vorhanden waren.

Die Auswertung der Frage nach der Ausgangssituation (A3) ergab, dass bei 51 der 80 untersuchten Projekte (64 %) schon ein System vorhanden war, das durch das Projekt verändert werden sollte. Gegenstand der anderen 29 Projekte (36 %) war die Neuplanung eines Systems.

Projektorganisationsform

Bei den Interviews wurde die Projektorganisationsform anhand der Abb. A-3 bis Abb. A-6 (im Anhang) identifiziert. Die Auswertung (s. Tabelle 9-11) zeigt, dass die beliebteste Form mit 50% (40 Projekten) die Matrix-Projektorganisation ist. Dabei verbleiben die Projektmitarbeiter an ihrem Platz in der Linienorganisation und arbeiten je nach Bedarf am Projekt mit.

Für jeweils zehn Projekte (12,5 %) wurde die reine Projektorganisation mit herausgelösten Projektteammitgliedern als geeignet angesehen. Ebenso viele sind es beim Projektmanagement in der Linie, bei dem das Projekt innerhalb einer bestehenden organisatorischen Einheit in der Linie abgewickelt wird. Bei 20 Projekten (25 %) wurde die Einfluss-Projektorganisation gewählt. Dabei fungiert der Projektleiter im wesentlichen als Koordinator zwischen den projektbearbeitenden Gruppen im Unternehmen und ist das Bindeglied zum Auftraggeber.

---

[75] s. Tab. 9-10: Zeile „hohe Kosten des ..." und Spalte „Anzahl der Gründe": 1

Tab. 9-11: Projektorganisationsform

Projektorganisationsform	Häufigkeit	Anteil
Matrix-Projektorganisation	40	50,0 %
Einfluss-Projektorganisation	20	25,0 %
reine Projektorganisation	10	12,5 %
Projektmanagement in der Linie	10	12,5 %
Summe	80	100,0 %

Ergänzende Auswertungen zur Projektgröße

In Abschnitt 9.2 wurde gezeigt, dass es sich bei allen im Rahmen dieser Studie untersuchten Projekten um Kleinprojekte gemäß der Definition in Kapitel 2.2 handelt. Tabelle 9-12 listet neben den drei Kriterien für die Abgrenzung der Kleinprojekte - Kosten, Dauer, Mitarbeiterkapazität - auch die Anzahl der direkten Mitarbeiter[76] auf. Für jedes Kriterium kann dort der Mittelwert, das Maximum und das Minimum abgelesen werden.

Tab. 9-12: Auswertung der Kriterien zur Bestimmung der Projektgröße

Kriterium	min.	Ø	max.
Projektkosten [TDEM]	15	1.343	21.000
Projektdauer [Monaten]	1,1	9,8	43,4
Eingesetzte MA-Kapazität [MJ]	0,1	1,0	7,0
Anzahl der direkten Projektmitarbeiter	2,3	4,3	13,7

Die Projektkosten werden direkt mit der Frage J9 erfasst, während die gesamte Projektdauer in Monaten aus dem Projektbeginn (Fragen A2) und dem Ende der Systemeinführung (Frage I2) errechnet wird. Die eingesetzte Mitarbeiterkapazität wird aus den Start- und Endzeitpunkten der einzelnen Studien (Fragen EFG1, EFG2) und der Anzahl der direkten Projektmitarbeiter (Frage EFG3) zusammen mit dem Anteil der Projektarbeit an der gesamten Arbeitszeit (Frage EFG5) errechnet.

Bildet man den Durchschnitt der Anzahl der direkten Projektmitarbeiter über die drei Planungsphasen der Projekte, so variiert diese Zahl in der Stichprobe zwischen 2,3 und 13,7 (s. Tab. 9-12). Der Durchschnitt von 4,3 direkten

---

[76] Direkte Mitarbeiter sind im Fragebogen (s. Anhang B „Erläuterungen zu den Fragen" am Ende des Fragebogens) definiert als Mitarbeiter, die offiziell in der Organisation dem Projekt zugeordnet wurden somit an Arbeitspaketen dieses Projekts mitarbeiten.

Projektmitarbeitern einschließlich des Projektleiters spiegelt die Beschränkung auf Kleinprojekte in dieser Stichprobe wieder.

Projektvereinbarungen

Bei allen 80 Projekten in der Stichprobe gab es jeweils mindestens zwei Projektvereinbarungen. Die Verteilung der Gesamtzahl der vereinbarten Ziele bei Projektbeginn in Abb. 9-5 zeigt, dass durchschnittlich zu Projektbeginn zwischen sieben und acht Ziele vereinbart waren. Bei einem Projekt wurde das Maximum von 18 Zielen erreicht. Die Verteilung der Projektvereinbarungen in der Stichprobe ist in der Tabelle 9-13 detailliert aufgeschlüsselt.

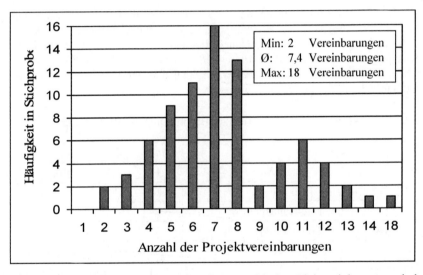

Abb. 9-5: Häufigkeitsverteilung der Gesamtzahl der Zielvereinbarungen bei Projektbeginn

Mit einer Ausnahme wurde bei allen Projekten beim Projektstart ein Endtermin festgelegt. Fast ebenso häufig (74 Projekte - 92,5 %) wurden Randbedingungen in der Form von Vorschriften, Normen, Gesetzen o. ä. bei der Definition der Projektziele mit dokumentiert. An dritter Stelle in der Häufigkeitsskala rangieren die technischen Anforderungen, die bei 67 Projekten (83,8 %) in die Zielvereinbarungen mit eingingen.

Von den Vereinbarungen im Zusammenhang mit Kosten liegen die Investitionskosten in Maschinen, Anlagen und Einrichtungen (MAE) mit 44 Projekten (55,0 %) vor dem Personalkostenbudget des Projekts mit 25 Projekten (31,3 %). Bei neun Projekten (11,3 %) wurde in den Zielvereinbarungen eine Betriebskosteneinsparung mit aufgenommen. Unter den Anforderungen, die sich auf die Eigenschaften des zukünftigen Systems beziehen (11.-20. ZV[77] in Tab. 9-14), liegt der Schwerpunkt somit nicht auf der Kostenreduzierung (11. ZV: 11,8 %, 12. ZV: 31,3 %), sondern neben den Randbedingungen (20. ZV: 92,5 %) und den technischen Anforderungen (15. ZV: 83,8 %) vor allem auf der Qualitätsverbesserung (14. ZV: 52,2 %) und der Kapazitätserweiterung (13. ZV: 42,5 %) der Systeme.

Tab. 9-13: Häufigkeiten der Zielvereinbarungen bei Projektbeginn

Zielvereinbarung	Anzahl der Projekte	Anteil
1. Projektendtermin	79	98,8 %
20. Randbedingungen	74	92,5 %
15. technische Anforderungen	67	83,8 %
7. MAE-Investitionskosten	44	55,0 %
14. Qualitätsverbesserung	42	52,5 %
4. Mitarbeiter im Projektteam	39	48,7 %
2. Systembauzeit	38	47,5 %
13. Kapazitätserweiterung	34	42,5 %
3. Zeitraum der Systemeinführung	29	36,3 %
16. organisatorische Anforderungen	27	33,8 %
6. Personalkosten	25	31,3 %
12. Veränderung der Mitarbeiterzahl	25	31,3 %
8. DV-Investitionskosten	21	26,3 %
17. ergonomische Anforderungen	16	20,0 %
18. psychosoziale Anforderungen	16	20,0 %
11. Betriebskosteneinsparung	9	11,3 %
5. Reisekosten	8	10,0 %
19. ökologische Anforderungen	7	8,7 %
10. Kosten der Systemeinführung	5	5,3 %
9. Investitionsgemeinkosten	1	1,3 %
21. sonstige	0	0,0 %

In Kapitel 4.1 wurde die Behauptung aufgestellt, dass es neben den in bisherigen empirischen Studien untersuchten Termin- und Budgetzielen und den

---

[77] ZV: Zielvereinbarung (Nummerierung s. Tab. 9-13)

technischen Anforderungen noch weitere Felder für Projektvereinbarungen gibt, die für die Projektabwicklung relevant sind. Die Analyse der Ziele hat gezeigt, dass bisher nicht betrachtete Projektvereinbarungen bei den Zielen der Kleinprojekten sehr häufig genannt wurden.

Beispielsweise wurden bei 74 der 80 Projekte schon bei Projektbeginn die Einhaltung von Randbedingungen als Ziele definiert und bei über 50 % der Projekte gab es Vereinbarungen zur Qualitätsverbesserung (s. Tab. 9-13). Die Berücksichtigung „weiterer Zielvereinbarungen" ist somit eine berechtigte Forderung, durch die in der Stichprobe 250 der insgesamt 594 Projektvereinbarungen zusätzlich aufgenommen wurden (s. Tab. 9-14).

Tab. 9-14: Häufigkeiten der Zielvereinbarungen bei Projektbeginn nach Themengebieten

Thema der Zielvereinbarungen	Anzahl der Projekte	Anzahl der Vereinbarungen
Projekttermine	80	146
Projektbudget	80	131
Technische Eigenschaften	67	67
Weitere Zielvereinbarungen[78]	80	250
Summe		594

Auch bei Kleinprojekten kann die Vorstellung von der Lösung des Problems beim Projektstart noch so vage sein, dass erst nach den Problemlösungszyklen der Vor-, Haupt- oder Detailstudie und den darin enthaltenen Auswahlprozessen (vgl. Kapitel 3-8) die Lösung konkret genug für die Formulierung zusätzlicher Vereinbarungen ist. Ebenso können im Projektverlauf Vereinbarungen wieder herausgenommen werden, sofern sich zeigt, dass sie nicht erfüllt werden können oder sollen.

Eine besondere Stärke des Fragebogens ist die Erfassung dieser Veränderungen über den gesamten Projektverlauf. Das Ergebnis der Auswertung ist nach Planungsphasen getrennt in Tabelle 9-15 dargestellt und zeigt, bei wie vielen Projekten es welche Anzahl von Änderungen gegeben hat. Sind neue Projektvereinbarungen in Abstimmung mit dem Auftraggeber hinzugekommen, so finden sich die Zahlen dazu in den Spalten „+", weggefallene Vereinbarungen sind in den Spalten „-" summiert (s. Tab. 9-15).

---

[78] Darunter fallen alle Zielvereinbarungen bei Projektstart, die keine Termin- oder Budgetziele beinhalten und sich nicht auf die technischen Eigenschaften des Systems beziehen.

Tab. 9-15: Veränderung der Projektvereinbarungen im Projektverlauf

	Vorstudie		Hauptstudie		Detailstudie		gesamt	
	+	-	+	-	+	-	+	-
Betroffene Projekte	17	3	5	5	6	4	25	8
Anzahl geänderter Vereinbarungen	27	4	12	11	17	8	56	23

Von Änderungen waren 25 Projekte in der Stichprobe betroffen. In all diesen Projekten sind insgesamt 56 neue Vereinbarungen aufgenommen worden, während nur in acht dieser Projekte eine Reduzierung um 23 Ziele vorgenommen wurde. Die Verteilung über die Planungsphasen zeigt, dass die meisten Änderungen in der Vorstudie auftreten, weil dort die Vorarbeit geleistet wird, um die Unsicherheit zu verringern, die bei Projektstart die Definition von Vereinbarungen verhindert hat.

9.4 Prüfung der Normalverteilungshypothese (Schritt 4)

Mit Hilfe des Statistikprogramms SAS wurden die Merkmale aus der Stichprobe auf Normalverteilung überprüft. Die Ergebnisse des Shapiro-Wilk-Tests ergeben, dass die Nullhypothese, die Merkmale der Stichprobe entstammen einer normalverteilten Grundgesamtheit, verworfen werden muss. Das Signifikanzniveau liegt bei fast allen Merkmalen unterhalb des festgelegten Mindestwertes von $p_{min} = 0{,}05$.

Die Schiefe der Verteilung der einzelnen Merkmale wird dann nicht mehr betrachtet. Es wird im folgenden angenommen, dass das gesamte Datenmaterial aus einer **nicht normalverteilten Grundgesamtheit** stammt.

Die meisten statistischen Verfahren stellen an das zu analysierende Datenmaterial mehrere Voraussetzungen (vgl. Kap. 8), die bei Missachtung zu falschen Ergebnissen führen können. Die drei wesentlichen Eigenschaften der Daten, die die Auswahl der statistischen Verfahren entscheidend beeinflusst, sind im folgenden zusammengefasst:

Skala:	Ordinalskala
Stichprobenumfang:	$N = 80$
Normalverteilung:	nicht normalverteilt

Bei der Auswertung der Daten werden diese Eigenschaften berücksichtigt. Insbesondere die von der Normalverteilung abweichend anzunehmende Verteilung der Grundgesamtheit schränkt die Möglichkeiten bei der Auswertung stark ein. Die Konsequenzen daraus werden in den nächsten Abschnitten jeweils bei der Anwendung der statistischen Verfahren erläutert.

9.5 Prüfung der hypothetischen Konstrukte (Schritt 5)

Die hypothetischen Konstrukte des Nutzens zweiter und dritter Art werden mit Hilfe einer konfirmatorischen Faktorenanalyse überprüft. Analog zum Beispiel in Kapitel 8-4 wird aus dem Erweiterten Erfolgsmessmodell (s. Kap. 4-2) und den entsprechenden Fragen im Interviewfragebogen (s. Anhang B) ein Submodell des vollständigen LISREL-Modells erstellt.

Tabelle 9-16 zeigt die Zuordnung der Indikatorvariablen zu den hypothetischen Konstrukten, den latenten exogenen Variablen im Submodell. Aus der Spalte „Variable" kann die Gegenüberstellung der Bezeichner im LISREL-Modell (Spalte „Modell") und im Fragebogen (Spalte „FB") abgelesen werden.

Tab. 9-16: Hypothetische Konstrukte und Indikatorvariablen

Hypothetisches Konstrukt	Variable Modell	FB	Beschreibung
Nutzen 2. Art indirekter Nutzen	$x_1 \ldots x_5$	J11	Projektverlauf beurteilt durch Projektbeteiligte
	$x_6 \ldots x_{11}$	J12	Projektergebnis beurteilt durch Projektbeteiligte
	x_{12}	K2	Effizienter Projektverlauf
	x_{13}	K3	Zusammenarbeit mit Projektteam im Projekt
	x_{14}	K4	Zusammenarbeit mit Auftraggeber im Projekt
Nutzen 3. Art weitergehender Nutzen	x_{15}	D7	Persönlicher Know-how-Zuwachs durch Projekt
	x_{16}	J5	Weitergabe der Erfahrungen aus Projekt
	x_{17}	J6	Weiterer Kontakt zum Auftraggeber nach Projektabschluss
	x_{18}	K6	Nutzbarkeit der Projekterfahrungen
	x_{19}	K14	Projekt macht Arbeit interessanter
	x_{20}	K27	Projektergebnis ist denkbar beste Lösung

Aus diesen Variablen lässt sich das Pfaddiagramm des Messmodells des Nutzens zweiter und dritter Art in Abbildung 9-6 entwickeln, das dann als Grundlage für die konfirmatorische Faktorenanalyse dient. Die hypothetischen Konstrukte gehen als indirekter Nutzen ξ_1 und weitergehender Nutzen ξ_2 in das Pfaddiagramm ein.

Zwischen den Indikatorvariablen und den hypothetischen Konstrukten werden positive Beziehungen vermutet. Für die Faktorladungen im Modell bedeutet dies: $\lambda_i \geq 0$. Über die Residualvariablen δ liegen keine Vermutungen vor, so dass keine weiteren Annahmen getroffen werden können.

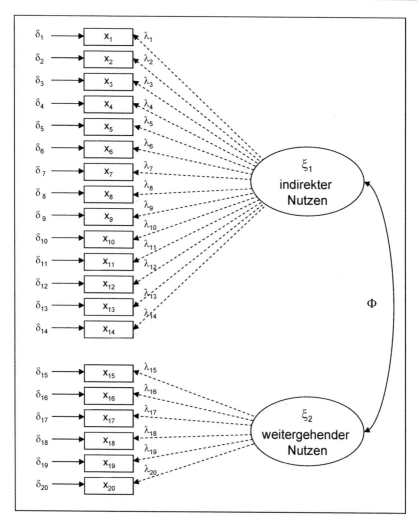

Abb. 9-6: Pfaddiagramm des Erweiterten Erfolgsmessmodells

Die konfirmatorische Faktorenanalyse wird mit der Prozedur „CALIS" im Statistikprogramm SAS durchgeführt. Nach Eingabe des Gleichungssystems, das sich direkt aus dem Pfaddiagramm ableiten lässt, erhält man als Ergebnis neben den Schätzungen für die Variablen λ, δ und Φ auch Reliabilitäten, Standardfehler und Gütekriterien. Damit liefert CALIS alle erforderlichen Werte für die Prüfung der hypothetischen Konstrukte auf die in Kapitel 8.4 festgelegte Weise.

Durch das ordinale Skalenniveau und die fehlende Normalverteilung werden die Möglichkeiten der Datenanalyse stark eingeschränkt. Für eine konfirmatorische

Faktorenanalyse mit ordinalen Daten wird in einer Dokumentation des SAS Institute (2004) ein Näherungsverfahren mit polychoren Korrelationsmatrizen beschrieben. Da jedoch der Algorithmus zur Berechnung polychorer Korrelationen auf der Annahme beruht, die Daten seien bivariat normalverteilt (vgl. SAS Institute, 1999, S. 1287), wird die Eingabematrix für die konfirmatorische Faktorenanalyse mit Kendalls Tau anstelle polychorer Korrelationen erstellt.

Unter den verschiedenen Verfahren zur Schätzung der Parameter in der Prozedur CALIS ist das ULS-Verfahren (unweighted least squares) für die Verarbeitung der vorliegenden Daten am besten geeignet. Die anderen Verfahren müssen wegen der Verletzung der Normalverteilungsannahme ausgeschlossen werden.

1. Identifizierbarkeit

Damit das Gleichungssystem des Strukturmodells lösbar ist, muss die Zahl der Freiheitsgrade df $\geq$ 0 sein. Nach Backhaus et al. (2000, S. 445) ist die Zahl der Freiheitsgrade df die Differenz aus der Anzahl der Gleichungen s und der Anzahl der unbekannten Parameter t im Strukturmodell.

Die Anzahl der Gleichungen s wird aus der Anzahl der Indikatorvariablen n, die im Modell mit x_i bezeichnet sind, nach folgender Gleichung berechnet:

$$s = \frac{n \cdot (n+1)}{2} \qquad \text{(Gleichung 9-1)}$$

Für das Erweiterte Erfolgsmessmodell in Abb. 4-5 ergeben sich bei n = 20 erhobenen Indikatorvariablen insgesamt s = 210 Gleichungen. Das Modell enthält t = 41 unbekannte Parameter (δ_j, λ_k, ϕ) (s. Pfaddiagramm Abb. 9-6). Damit ist für dieses Strukturmodell die Zahl der Freiheitsgrade:

$$df = s - t = 210 - 41 = 169. \qquad \text{(Gleichung 9-2)}$$

Die Bedingung df $\geq$ 0 ist somit erfüllt.

Eine weitere Bedingung für die Identifizierbarkeit ist die lineare Unabhängigkeit der zu schätzenden Gleichungen. „Von linearer Unabhängigkeit kann dann ausgegangen werden, wenn das Programm die zur Schätzung notwendigen Matrizeninversionen vornehmen kann." (Backhaus et al. 2000, S. 446). Die Auswertung zeigt bei der Analyse des Erweiterten Erfolgsmessmodell, dass die Parametermatrizen invertierbar sind und das Modell somit „identifizierbar" ist.

2. Plausibilitätsbetrachtung

Die Parameterschätzung in SAS liefert die in Tabelle 9-17 stehenden Werte für die Variablen in den Matrizen λ, δ und Φ des Erfolgsmessmodells. In die Plausibilitätsbetrachtung geht der Betrag der Parameterwerte ein. Aus der Tabelle 9-17 kann direkt abgelesen werden, dass für alle drei Parameter gilt:

$$|\lambda|, \ |\delta|, \ |\Phi| \ \le 1$$

Die Plausibilitätsbedingung ist somit erfüllt.

Tab. 9-17: Parameterschätzung für das Erweiterte Erfolgsmessmodell

Parameter	Schätzung	Parameter	Schätzung
λ_1	0,7006	δ_1	0,5091
λ_2	0,7355	δ_2	0,4591
λ_3	0,7268	δ_3	0,4718
λ_4	0,7291	δ_4	0,4685
λ_5	0,7038	δ_5	0,5046
λ_6	0,7785	δ_6	0,3939
λ_7	0,7603	δ_7	0,4220
λ_8	0,7121	δ_8	0,4929
λ_9	0,7559	δ_9	0,4285
λ_{10}	0,7726	δ_{10}	0,4030
λ_{11}	0,5276	δ_{11}	0,7217
λ_{12}	0,7901	δ_{12}	0,3757
λ_{13}	0,6954	δ_{13}	0,5164
λ_{14}	0,7620	δ_{14}	0,4194
λ_{15}	0,2039	δ_{15}	0,9584
λ_{16}	0,8345	δ_{16}	0,3037
λ_{17}	0,6130	δ_{17}	0,6243
λ_{18}	0,0733	δ_{18}	0,9947
λ_{19}	0,6976	δ_{19}	0,5133
λ_{20}	0,4329	δ_{20}	0,8126
ϕ	0,7893		

3. Zuverlässigkeit der Schätzung

Für die Prüfung der Zuverlässigkeit der Schätzung errechnet das Statistikprogramm SAS die Reliabilitätswerte in Tabelle 9-18. Diese Werte sollen möglichst nahe 1 liegen, damit die Schätzung als zuverlässig angesehen werden kann (vgl. Kap. 8.4). Die meisten Werte für die Reliabilität in der Tabelle 9-18 liegen im Bereich um 0,5. Aufgrund der sehr kleinen Werte für x_{15} und x_{20} verbunden mit einem Mittelwert aller Reliabilitäten von nur 0,46 kann die Schätzung **nicht als zuverlässig** eingestuft werden.

Die weiteren Schritte der Konstruktprüfung werden trotzdem durchgeführt, um Hinweise auf Anpassungsmöglichkeiten des Modells zu bekommen. Die folgenden Ergebnisse haben aber durch die Einstufung als „nicht zuverlässige Schätzung" keine Aussagekraft und dürfen nicht weiterverwendet werden.

Tab. 9-18: Reliabilitäten der Indikatorvariablen des Erweiterten Erfolgsmessmodells

Variable	Reliabilität	Variable	Reliabilität
x_1	0,4909	x_{11}	0,2783
x_2	0,5409	x_{12}	0,6243
x_3	0,5282	x_{13}	0,4836
x_4	0,5315	x_{14}	0,5807
x_5	0,4954	x_{15}	0,0416
x_6	0,6061	x_{16}	0,6963
x_7	0,5780	x_{17}	0,3757
x_8	0,5071	x_{18}	0,0054
x_9	0,5715	x_{19}	0,4867
x_{10}	0,5970	x_{20}	0,1874

Tabelle 9-19 zeigt die Werte für die Standardfehler der einzelnen x-Variablen. Diese Werte - sie sind um so kleiner, je zuverlässiger eine Schätzung ist - unterstützen die Aussage auf Basis der Reliabilitätsuntersuchung, dass die vorliegende Schätzung nicht zuverlässig ist. Der Mittelwert der Standartfehler aller Variablen liegt bei 0,54, für die drei Variablen $x_{15,}$ x_{18} und x_{20} liegt der Standardfehler über 0,8.

Tab. 9-19: Standardfehler der Indikatorvariablen des Erweiterten Erfolgsmessmodells

Variable	Standardfehler	Variable	Standardfehler
x_1	0,5091	x_{11}	0,7217
x_2	0,4591	x_{12}	0,3757
x_3	0,4718	x_{13}	0,5164
x_4	0,4685	x_{14}	0,4194
x_5	0,5046	x_{15}	0,9584
x_6	0,3939	x_{16}	0,3037
x_7	0,4220	x_{17}	0,6243
x_8	0,4929	x_{18}	0,9947
x_9	0,4285	x_{19}	0,5133
x_{10}	0,4030	x_{20}	0,8126

4. Anpassungsgüte

Der Vergleich der Gütekriterien mit den festgelegten Grenzwerten führt ebenfalls zu dem Schluss, dass das überprüfte Strukturmodell nicht mit den empirisch erhobenen Daten bestätigt werden kann. SAS hat für die Anpassungsgüte des Erfolgsmessmodells folgende Werte ermittelt:

Tab. 9-20: Gütekriterien des Erweiterten Erfolgsmessmodells

Gütekriterium		Wert	Bedingung
Goodness-of-Fit-Index:	GFI	0,940	≥ 0,9 ✓
Adjusted Goodness-of-Fit-Index:	AGFI	0,925	≥ 0,9 ✓
Root Mean Square Residuals:	RMR	0,117	≤ 0,1 −

Während die Werte für GFI und AGFI die geforderte Bedingung - die Werte müssen größer als 0,9 sein - erfüllen, ist der Wert für das Gütekriterium RMR größer als der definierte Höchstwert von 0,1 und deutet somit auf eine unbefriedigende Anpassungsgüte hin.

Fazit der Konstruktprüfung

Die Betrachtung der Reliabilitätswerte und der Anpassungsgüte zeigen, dass das Pfaddiagramm in Abb. 9-6 durch das Datenmaterial aus den Projektanalysen nicht bestätigt werden kann[79]. Die errechneten Schätzwerte in Tabelle 9-17 sind somit als nicht zuverlässig anzusehen.

Da aber die Anpassungsgüte gemessen an den Gütekriterien nur wenig von den definierten Grenzwerten abweicht, liegt die Vermutung nahe, dass durch Veränderungen am Modell eine bessere Anpassung gelingt und damit auch zuverlässigere Schätzergebnisse erreicht werden können.

Um Hinweise auf eine Modellstruktur zu bekommen, die das Datenmaterial besser widerspiegelt, wird eine explorative Faktorenanalyse[80] durchgeführt, deren Aufgabe es ist, „... *einen Beitrag zur Entdeckung von untereinander unabhängigen Beschreibungs- und Erklärungsvariablen zu finden.*" (Backhaus et al., 2000, S. 253)

Aus den daraus gewonnenen Erkenntnissen wird ein zweites Erfolgsmessmodell, das „Modifizierte Erfolgsmessmodell", erstellt und dieses analog dem Erweiterten Erfolgsmessmodell einer Konstruktprüfung unterzogen. Die Ergebnisse der beiden Konstruktprüfungen sind dann vergleichbar, so dass abgelesen werden kann, welche Verbesserung die Modifikation der Modellstruktur gebracht hat.

---

[79] Zur Beurteilung der Ergebnisse einer Strukturanalyse s. auch Bortz (1999, S. 465 f.)

[80] Zu Grundlagen der explorativen Faktorenanalyse siehe z.B. Clauß & Ebner (1972), Tabachnick & Fidell (1995), Schuemer et al. (1990), Hartung & Elpelt (1995).

9.6 Explorative Faktorenanalyse (Zusatzschritt)

„Bei explorativen Faktorenanalysen wird versucht, sowohl die Anzahl der Faktoren als auch die Zusammenhänge zwischen den Faktoren einerseits (‚Faktorkorrelation') und zwischen den Faktoren und den Variablen andererseits (‚Faktorladungen') aus den Daten zu errechnen. Bei der explorativen Faktorenanalyse liegt vor der Durchführung keine Hypothese über das zu erwartende Ergebnis vor." (Schnell et al., 1999, S. 156)

Die Vorgehensweise bei der explorativen Faktorenanalyse wird in Anlehnung an den Ablauf bei Backhaus et al. (2000, S. 252) in folgenden Schritten durchgeführt:

1. Auswahl der Variablen

2. Prüfung der Korrelationsmatrix

3. Bestimmung der Anzahl der zu extrahierenden Faktoren

4. Bestimmung der Kommunalitäten

5. Interpretation der Faktoren aus der rotierten Faktorladungsmatrix

1. Auswahl der Variablen

Alle 20 Indikatorvariablen aus dem Erweiterten Erfolgsmessmodell sollen in die explorative Faktorenanalyse mit einbezogen werden, da die Ergebnisse der ersten Konstruktprüfung keinen eindeutigen Schluss zulassen, welche der Variablen zur Verbesserung der Anpassungsgüte herausgenommen werden sollten.

2. Prüfung der Korrelationsmatrix

Die Ausgangsdaten müssen bestimmten Anforderungen genügen, damit die Anwendung der Faktorenanalyse zu zuverlässigen und interpretierbaren Ergebnissen führen kann. Zur Überprüfung der Eignung der Indikatorvariablen gibt es verschiedene Methoden, die auf der Auswertung der Korrelationsmatrix beruhen. Da die Daten ordinalskaliert sind, kann nur Kendalls Tau als Korrelationskoeffizient eingesetzt werden (vgl. Kap. 8.4 und 9.4).

Backhaus et al. (2000, S. 265 ff.) empfehlen bei fehlender Normalverteilung der Ausgangsdaten, eines oder mehrere der folgenden Kriterien zu prüfen:

- Höhe und Signifikanzniveau der Korrelationskoeffizienten,

- Inverse der Korrelationsmatrix,

- Anti-Image-Kovarianz-Matrix,

- Kaiser-Meyer-Olkin-Kriterium.

Die Werte für die Korrelationskoeffizienten und Signifikanzniveaus geben einen ersten Hinweis auf die Eignung der Daten: hohe Werte in der Korrelationsmatrix sind auch verbunden mit einer hohen Vertrauenswahrscheinlichkeit und umgekehrt. Dies deutet auf eine homogene Datenstruktur hin, die aussagekräftige Ergebnisse bei der Faktorenanalyse verspricht (Backhaus et al., 2000, S. 265 f.). Obwohl nach Backhaus et al. (2000, S. 267) keine allgemeingültigen Grenzwerte für die invertierten Korrelationskoeffizienten genannt werden können, kann auch die Inverse der Korrelationsmatrix durchaus als Bestätigung der Eignung der vorliegenden Daten interpretiert werden: alle 190 Werte außerhalb der Diagonalen sind betragsmäßig kleiner als fünf und davon sind 176 Werte sogar kleiner als eins, während der Betrag der Diagonalwerte für alle Variablen größer als eins ist.

Ein vergleichbares Bild ergibt sich auch bei der Bewertung der Anti-Image-Kovarianz-Matrix: die meisten Werte sind kleiner als 0,1, während es einzelne Ausreißer bis zu einer Höhe von 0,62 gibt. Zieht man noch das Kaiser-Meyer-Olkin-Kriterium (KMO) heran, das auf der Anti-Image-Kovarianz-Matrix basiert und ein zusammenfassendes Maß für die Eignung der Variablen darstellt, so bescheinigt das KMO mit einem Wert von 0,90 für eine Faktorenanalyse „fabelhafte" Daten (vgl. Brosius, 1999, S. 646 f.).

Da keines der vier untersuchten Prüfkriterien gegen die Durchführung der Faktorenanalyse spricht, werden die beiden noch fehlenden Schritte im Rahmen der Faktorenanalyse mit unveränderter Variablenauswahl fortgesetzt.

3. Bestimmung der Anzahl der zu extrahierenden Faktoren

„Wie viele Faktoren in dem Modell berücksichtigt werden sollen, (...) kann nicht allein anhand einer starren Formel entschieden werden." (Brosius 1999, S. 650) Bei der Auswertung statistischer Kriterien wie z.B. den Eigenwerten der Faktoren und dem darauf aufbauende Kaiserkriterium darf das eigentliche Ziel der Faktorenanalyse, die Reduktion der Indikatorvariablen auf wenige, sinnvoll interpretierbare Faktoren, nicht aus den Augen verloren werden.

Für die untersuchten Daten schlagen die unterschiedlichen Verfahren zwischen drei und fünf Faktoren zur Extraktion vor. *„Generell ist zu bemerken, daß zur Bestimmung der Faktorenzahl keine eindeutigen Vorschriften existieren, so daß hier der subjektive Eingriff des Anwenders erforderlich ist."* (Backhaus et al., 2000, S. 288)

Im Vorgriff auf die im fünften Schritt beschriebene Interpretation der Faktoren wird die Anzahl der zu extrahierenden Faktoren auf vier festgelegt. Damit ist sichergestellt, dass jeder der vier Faktoren ein sinnvoll interpretierbares Konstrukt darstellt.

4. Prüfung der Kommunalitäten

„Die Kommunalitäten stellen die von den .. Faktoren gemeinsam erklärte Varianz einer jeden Variable (sic!) der Faktorenanalyse dar" (Kappelhoff, 2000, S. 116) und werden aus der Summe der quadrierten Faktorladungen für jede Variable berechnet (vgl. Rietz, 2002, S. 116 ff.). Da die Kommunalitäten umso kleiner sind, je weniger Faktoren extrahiert werden, muss in diesem Schritt geprüft werden, ob die Kommunalitäten für die Vier-Faktorenlösung akzeptable Werte aufweisen.

Aus den Werten in Tabelle 9-21 kann ablesen werden, dass die Kommunalitäten der Indikatorvariablen mit zwei Ausnahmen immer über 60% liegen. Bei x_{11} und x_{20} beträgt die durch die Faktoren erklärte Varianz nur 38% bzw. 32%. Um diese Kommunalitäten erhöhen zu können, müsste ein weiterer Faktor eingeführt werden, worauf aber zugunsten einer sinnvollen Interpretation der Faktoren verzichtet wird.

Tab. 9-21: Kommunalitäten der Indikatorvariablen

Variable	Kommunalität	Variable	Kommunalität
x_1	0,653	x_{11}	0,377
x_2	0,664	x_{12}	0,687
x_3	0,749	x_{13}	0,694
x_4	0,736	x_{14}	0,772
x_5	0,633	x_{15}	0,631
x_6	0,682	x_{16}	0,625
x_7	0,710	x_{17}	0,718
x_8	0,667	x_{18}	0,676
x_9	0,739	x_{19}	0,648
x_{10}	0,741	x_{20}	0,317

Die vier Faktoren erklären gemeinsam 65,6% der vorhandenen Varianz. Welchen Beitrag dazu jeder Faktor im einzelnen leistet, zeigt Tabelle 9-22. Daraus lässt sich ablesen, dass die erklärte Varianz mit der Hinzunahme weiterer Faktoren mit jedem Faktor nur noch wenig größer wird. So würde durch einen fünften Faktor die erklärte Varianz nur um 2,7% größer werden als im Vierfaktorenmodell.

Tab. 9-22: Eigenwerte der vier extrahierten Faktoren

Faktor	Eigenwert	Faktor	Eigenwert
F_1	0,237	F_3	0,116
F_2	0,231	F_4	0,072

5. Interpretation der Faktoren aus der rotierten Faktorladungsmatrix

Die inhaltliche Interpretation der vier Faktoren setzt voraus, dass die Variablen eindeutig dem Faktor zugeordnet werden. Da die Faktorladungsmatrix (Korrelationsmatrix) im allgemeinen eine heterogene und deshalb nur schwer zu erkennende Struktur aufweist, wird mit Hilfe einer Transformation eine rotierte Faktorladungsmatrix erzeugt, die die Abgrenzung der Faktoren erleichtert (vgl. Backhaus et al., 2000, S. 292). Tabelle 9-23 zeigt die Faktorladungen für die vier extrahierten Faktoren nach der Rotation.

Die Zuordnung der Variablen zu den Faktoren wird anhand der Faktorladungen vorgenommen (vgl. Brosius, 1999, S. 659). Legt man den Mindestwert, den eine Ladung haben muss, um zu einem Faktor zu gehören, für die vorliegenden Daten auf 0,40 (vgl. Brosius, 1999, S. 659) fest, so gelingt für alle Variablen eine eindeutige Zuordnung zu jeweils einem Faktor (s. Tab. 9-23, invers dargestellt).

Tab. 9-23: Rotierte Faktorladungen der Indikatorvariablen

Variable	FACTOR1	FACTOR2	FACTOR3	FACTOR4
J11_1	**0,7506**	0,2215	0,2006	0,0087
J11_2	**0,7373**	0,3008	0,1715	0,0245
J11_3	**0,7895**	0,1765	0,3024	-0,0585
J11_4	**0,7937**	0,1851	0,2681	0,0145
J11_5	**0,7179**	0,2131	0,2680	0,0082
J12_1	0,3389	**0,7135**	0,2149	0,1099
J12_2	0,2868	**0,7631**	0,1879	0,1001
J12_3	0,1822	**0,7425**	0,2833	0,0458
J12_4	0,1933	**0,7638**	0,3419	0,0393
J12_5	0,2296	**0,7652**	0,3173	0,0451
J12_7	0,1379	**0,5603**	0,2022	-0,0602
K2	0,3310	**0,7017**	0,2917	0,0219
K3	**0,7920**	0,2168	0,1322	0,0500
K4	**0,8120**	0,2634	0,1717	0,1156
D7	-0,0687	-0,0610	0,1268	**0,8069**
J5	0,1321	0,0823	**0,4974**	0,2141
J6	0,1551	0,1415	**0,8206**	0,0128
K6	0,1172	0,3282	**0,6921**	0,2181
K14	0,0341	0,0702	0,0764	**0,7867**
K27	0,2333	**0,7110**	0,2236	0,1243

Zahl Hohe Faktorladung, die die Zuordnung einer Variablen zu einem Faktor bestimmt

Die vier anhand der Faktorladungsmatrix in Tabelle 9-23 extrahierten Faktoren lassen sich folgendermaßen beschreiben:

Faktor 1: hierbei handelt es sich um das Subkonstrukt „Zufriedenheit mit dem Projektverlauf" des indirekten Nutzens aus dem Erweiterten Erfolgsmessmodell. Der Name wird für diesen Faktor übernommen.

Faktor 2: hierbei handelt es sich weitgehend um das Subkonstrukt „Zufriedenheit mit dem Projektergebnis" des indirekten Nutzens aus dem Erweiterten Erfolgsmessmodell. Neu dazugekommen ist die Indikatorvariable „Denkbar beste Lösung" (K27). Der Name des Subkonstrukts wird für diesen Faktor übernommen.

Faktor 3: die Variablen dieses Faktors beinhalten die Nutzbarkeit (K6) und Weitergabe (J5) der Erfahrungen aus dem Projekt und den weiteren Kontakt zum Auftraggeber (J6). Der Faktor bekommt deshalb die Bezeichnung „Weitergehender Nutzen für das Unternehmen".

Faktor 4: mit den Variablen „Persönlicher Know-how-Zuwachs" (D7) und „Projekt macht Arbeit interessanter" (K14) liegt der Schwerpunkt des vierten Faktors beim Mitarbeiter. Analog zum dritten Faktor heißt er deshalb: „Weitergehender Nutzen für den Mitarbeiter".

Mit Hilfe dieser Beschreibungen wird das Modifizierte Erfolgsmessmodell in Abbildung 9-7 aufgebaut. Die Gruppierung in drei Blöcken bleibt dabei erhalten, da sich die Grundsätze der ursprünglichen Aufteilung nicht geändert haben. Lediglich die Bezeichnung wurde an die Konstrukte innerhalb der Gruppen angepasst.

Im Zuge der Neugestaltung werden alle Subkonstrukte der drei Nutzendimensionen aus dem Erweiterten Erfolgsmessmodell als einzelne Dimensionen aufgeführt, um der Gleichwertigkeit der dann sieben Nutzendimensionen gerecht zu werden. Gleichzeitig werden dann auch die einzelnen Bezugsgrößen für die Prüfung der Hypothesen ersichtlich (vgl. Kap. 6).

In der Modelldarstellung ist innerhalb jeder Erfolgsdimension ein Schlüsselwort hervorgehoben, das bei der Ergebnisdarstellung in den Tabellen zur Identifikation der Dimensionen dient.

Die explorative Faktorenanalyse hat zu einem akzeptablen und interpretierbaren Ergebnis geführt, so dass das Modifizierte Erfolgsmessmodell definiert ist. Eine konfirmatorische Faktorenanalyse kann dieses Ergebnis nur bestätigen, bringt aber darüber hinaus keine neuen Erkenntnisse zur Modellstruktur. Trotzdem soll das Modifizierte Modell in gleicher Weise wie das Erweiterte Modell einer konfirmatorischen Faktorenanalyse unterzogen werden, um die Modellverbesserung durch die Verdopplung der Faktoren darstellen zu können.

Erfolgsdimensionen des Problemlösungsprozesses in Projekten

Direkter Nutzen - Beseitigung des Problems

Nutzen 1. Art	Einhaltung der Vereinbarungen zu den **Projektterminen**
Nutzen 2. Art	Einhaltung der Vereinbarungen zu dem **Projektbudget**
Nutzen 3. Art	Einhaltung der Vereinbarungen zu den **Systemeigenschaften**

Indirekter Nutzen - Zufriedenheit der Projektbeteiligten

Nutzen 4. Art	Zufriedenheit mit dem **Projektverlauf**
Nutzen 5. Art	Zufriedenheit mit dem **Projektergebnis**

Weitergehender Nutzen - Weitere Vorteile für Mitarbeiter & Unternehmen

Nutzen 6. Art	Weitergehender Nutzen für das **Unternehmen**
Nutzen 7. Art	Weitergehender Nutzen für die **Mitarbeiter**

Abb. 9-7: Modifiziertes Erfolgsmessmodell

Zur Vorbereitung der Konstruktprüfung wird aus den hypothetischen Konstrukten des indirekten und des weitergehenden Nutzens das Pfaddiagramm in Abbildung 9-8 abgeleitet. Im Modell sind 20 beobachtbare Variablen vorhanden, die den vier hypothetischen Konstrukten über λ-Pfade zugeordnet sind. Diese Konstrukte sind über Φ-Pfade miteinander verbunden.

Betrachtet man die Bedeutung der vier Konstrukte, so kann für das Pfaddiagramm eine Festlegung getroffen werden. Die „Zufriedenheit mit dem Projektergebnis" und der „weitere Nutzen für die Mitarbeiter" sind Größen, die die Auswirkung des Projektverlaufs zum einen auf die Systeme und zum anderen auf die Mitarbeiter bewerten. Eine gegenseitige Beeinflussung ist somit nur indirekt über den Projektverlauf möglich. Deshalb wird der Pfad Φ_4 gleich null gesetzt.

Bei allen anderen Konstrukten ist eine gegenseitige Beeinflussung nicht auszuschließen. Nimmt man z.B. den „weitergehenden Nutzen für das Unternehmen", dann kann neben dem „Projektverlauf" auch das „Projektergebnis" für die Vergabe von Folgeaufträgen entscheidend sein, so dass dieser Pfad mit einer Variablen in die Strukturgleichung eingeht.

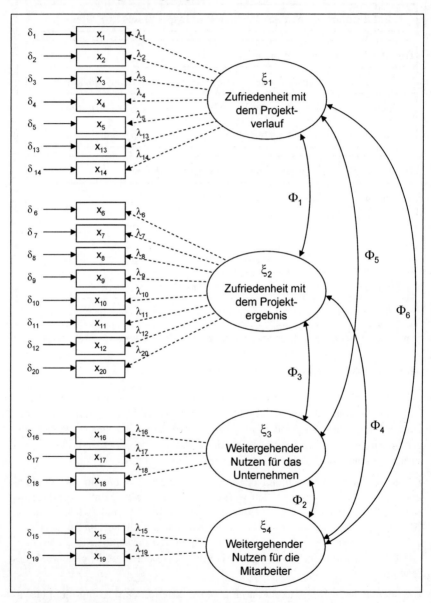

Abb. 9-8: Pfaddiagramm des Modifizierten Erfolgsmessmodells

9.7 Konstruktprüfung beim Modifizierten Erfolgsmessmodell (Wiederholung Schritt 5)

1. Identifizierbarkeit (vgl. S. 156)

Die Anzahl der Indikatorvariablen beträgt auch im Modifizierten Erfolgsmess-modell unverändert n = 20, da alle Indikatorvariablen im Modell verblieben sind. Insgesamt ergeben sich s = 210 Gleichungen (vgl. Gleichung 9-1) für das modifizierte Erfolgsmessmodell. Durch die Erweiterung um zwei hypothetische Konstrukte entstehen vier weitere ϕ-Pfade, so dass die Anzahl der zu schätzen-den Parameter auf t = 45 ansteigt. Die Anzahl der Freiheitsgrade beträgt nach Gleichung 9-2 für das erweiterte Modell:

$$df = 210 - 45 = 165. \qquad \text{(Gleichung 9-3)}$$

Da die Bedingung df $\geq$ 0 erfüllt und die Matrix invertierbar ist, ist auch das Mo-difizierte Erfolgsmessmodell „identifizierbar".

2. Plausibilitätsbetrachtung (vgl. S. 156 f.)

Tabelle 9-24 zeigt das Ergebnis der Parameterschätzung aus SAS für das modi-fizierte Erfolgsmessmodell. Daraus lässt sich ablesen, dass für die drei Parame-ter λ, δ und Φ aus dem Modell gilt:

$$|\lambda|, \ |\delta|, \ |\Phi| \ \leq 1.$$

Damit ist die Plausibilitätsbedingung erfüllt.

3. Zuverlässigkeit der Schätzung (vgl. S. 157 f.)

Aus den Reliabilitätswerten des Modifizierten Erfolgsmessmodells geht hervor, dass die Werte im Vergleich zu den Ergebnissen für das erste Modell deutlich höher sind (s. Tab. 9-25). Bei einem Mittelwert von 0,65 (Erweitertes Modell: 0,46) liegen nur bei drei Variablen die Reliabilitäten unter 0,5. Der kleinste Wert ist mit 0,28 für empirische Daten noch akzeptabel, so dass anhand der Reliabili-täten die Schätzung als zuverlässig eingestuft werden kann.

Auch die Werte der Standardfehler (s. Tab. 9-26) bestätigen beim Modifizierten Erfolgsmessmodell das Kriterium der Zuverlässigkeit der Schätzung. Der Mit-telwert liegt bei 0,35 (Erweitertes Modell: 0,54) und nur drei Variablen haben Standardfehler größer 0,5 - eine deutliche Verbesserung gegenüber dem Erwei-terten Erfolgsmessmodell, bei dem neun Variablen Werte über 0,5 hatten.

4. Anpassungsgüte (vgl. S. 158 f.)

Die Überprüfung der Gütekriterien (s. Tab. 9-27) ergibt für alle drei Kennzahlen einen Wert innerhalb der geforderten Grenzen und zeigt damit, dass die

Modellstruktur des Modifizierten Erfolgsmessmodells durch das Datenmaterial bestätigt wird.

Im Vergleich zu den Ergebnissen der Anpassungsgütetests für das Erweiterte Erfolgsmodell (s. Spalte „Vergleich" in Tab. 9-27) konnte der GFI und AGFI leicht erhöht und bei den RMR eine deutliche Reduzierung erreicht werden. Dies bedeutet, dass alle drei Gütekriterien dem Modifizierten Erfolgsmessmodell bescheinigen, dass es mehr Varianz[81] erklären kann als das Erweiterte Erfolgsmessmodell.

Tab. 9-24: Ergebnis der Parameterschätzung für das Modifizierte Erfolgsmessmodell

Parameter	Schätzung	Parameter	Schätzung
λ_1	0,8062	δ_1	0,3501
λ_2	0,8369	δ_2	0,2996
λ_3	0,8427	δ_3	0,2899
λ_4	0,8448	δ_4	0,2863
λ_5	0,8050	δ_5	0,3520
λ_6	0,8455	δ_6	0,2852
λ_7	0,8331	δ_7	0,3059
λ_8	0,7910	δ_8	0,3743
λ_9	0,8378	δ_9	0,2981
λ_{10}	0,8524	δ_{10}	0,2734
λ_{11}	0,5836	δ_{11}	0,6594
λ_{12}	0,8600	δ_{12}	0,2604
λ_{13}	0,8055	δ_{13}	0,3512
λ_{14}	0,8750	δ_{14}	0,2344
λ_{15}	0,6997	δ_{15}	0,5104
λ_{16}	0,5300	δ_{16}	0,7191
λ_{17}	0,7474	δ_{17}	0,4414
λ_{18}	0,8741	δ_{18}	0,2360
λ_{19}	0,9161	δ_{19}	0,1609
λ_{20}	0,7797	δ_{20}	0,3921
ϕ_1	0,6119	ϕ_2	0,2991
ϕ_3	0,6095	ϕ_4	0,0000
ϕ_5	0,4859	ϕ_6	0,0525

---

[81] Zur den Gütekriterien und deren Aussage über die erklärte Varianz im Modell vgl. Backhaus et al. (2000, S. 467 f.)

Tab. 9-25: Reliabilitäten der Indikatorvariablen des Modifizierten Erfolgs-messmodell.

Variable	Reliabilität	Variable	Reliabilität
x_1	0,6499	x_{11}	0,3406
x_2	0,7004	x_{12}	0,7396
x_3	0,7101	x_{13}	0,6488
x_4	0,7137	x_{14}	0,7656
x_5	0,6480	x_{15}	0,4896
x_6	0,7148	x_{16}	0,2809
x_7	0,6941	x_{17}	0,5586
x_8	0,6257	x_{18}	0,7640
x_9	0,7019	x_{19}	0,8391
x_{10}	0,7266	x_{20}	0,6079

Tab. 9-26: Standardfehler[82] der Indikatorvariablen des Modifizierten Erfolgs-messmodells

Variable	Standardfehler	Variable	Standardfehler
x_1	0,3501	x_{11}	0,6594
x_2	0,2996	x_{12}	0,2604
x_3	0,2899	x_{13}	0,3512
x_4	0,2863	x_{14}	0,2344
x_5	0,3520	x_{15}	0,5104
x_6	0,2852	x_{16}	0,7191
x_7	0,3059	x_{17}	0,4414
x_8	0,3743	x_{18}	0,2360
x_9	0,2981	x_{19}	0,1609
x_{10}	0,2734	x_{20}	0,3921

Tab. 9-27: Gütekriterien für das Modifizierte Erfolgsmessmodell

Gütekriterium		Wert	Bedingung	Vergleich[83]
Goodness-of-Fit-Index:	GFI	0,988	$\geq 0{,}9$ ✔	0,940
Adjusted Goodness-of-Fit-Index:	AGFI	0,985	$\geq 0{,}9$ ✔	0,925
Root Mean Square Residuals:	RMR	0,052	$\leq 0{,}1$ ✔	0,117

---

[82] Vgl. Werte des Parameters δ_i in der Parameterschätzung Tabelle 9-24.

[83] Gütekriterien des Erweiterten Erfolgsmessmodells (vgl. Tab. 9-20)

Fazit: Durch die Aufteilung der beiden hypothetischen Konstrukte in insgesamt vier hypothetische Konstrukte ist es gelungen, mit dem Modifizierten Erfolgsmessmodell eine Struktur aufzubauen, die durch die empirischen Daten bestätigt wird. Damit ist eine grundlegende Voraussetzung erfüllt, die zur weiteren Interpretation der Daten berechtigt. Für die folgenden Auswertungen und Interpretationen wird die Struktur des Modifizierten Erfolgsmessmodells zu Grunde gelegt.

Aufgrund der mit der explorativen Faktorenanalyse geleisteten Vorarbeit war ein verbessertes Ergebnis zu erwarten, zumal die Variablen den dabei extrahierten Faktoren eindeutig zugeordnet und aussagekräftig interpretiert werden konnten.

9.8 Hypothesenprüfung (Schritt 6)

Zur Überprüfung der Hypothesen wird der Korrelationskoeffizient Kendalls τ_b zwischen jeweils einem vermuteten Einflussfaktor aus dem Problemlösungsprozess und einer Nutzendimension des Projekterfolgs berechnet. Die sieben Erfolgsdimensionen aus Abbildung 9-7 sind:

- **Projekttermine**
  Einhaltung der Vereinbarungen zu Projektterminen,

- **Projektbudget**
  Einhaltung der Vereinbarungen zum Projektbudget,

- **Anforderungen**
  Einhaltung der Vereinbarungen zu den Systemeigenschaften,

- **Projektverlauf**
  Beurteilung des Projektverlaufs durch die Projektbeteiligten,

- **Projektergebnis**
  Beurteilung des Projektergebnisses durch die Projektbeteiligten,

- **Mitarbeiter**
  weitergehender Nutzen für die Projektmitarbeiter und

- **Unternehmen**
  weitergehender Nutzen für das Unternehmen.

Die folgenden Tabellen stellen die Ergebnisse der Hypothesenprüfung dar. Sie zeigen bei abgelehnten Hypothesen (Signifikanzniveau $p > 0,05$) ein graues leeres Feld. Wird die Hypothese durch das Datenmaterial gestützt, dann enthalten die entsprechenden Felder in den Tabellen den Wert des Korrelationskoeffizienten Kendalls τ_b und darunter das dazugehörige Signifikanzniveau, das in den drei Niveaustufen 5% (*), 1% (**) und 0,1% (***) angegeben wird (s. dazu auch Legende zu den Tabellen).

A. Hypothesen zum Element „Kontext"

Tabelle 9-28 zeigt die signifikanten Zusammenhänge zwischen den Einflussfaktoren des Elements „Kontext" und den Erfolgsdimensionen. Wurden mit dem Auftraggeber vor dem analysierten Projekt schon andere Projekte bearbeitet, so ist ein geringer positiver Einfluss auf die Einhaltung der Projektterminziele und die Beurteilung des Projektverlaufs feststellbar.

Der weitergehende Nutzen für das Unternehmen, der auch schwach mit dem Einflussfaktor „bekannter Auftraggeber" korreliert ist, darf nicht nur als Folge des einzelnen Projekts verstanden werden, sondern vielmehr als Erfolg der vorangegangenen Projekte mit diesem Auftraggeber, der in weitere Projekte mündet.

Konflikte, die schon vor Projektbeginn im Unternehmen existierten und in das Projekt hineingetragen wurden, führten dazu, dass bei diesen Projekten die Terminziele häufiger verfehlt wurden als bei den anderen. Mit allen anderen Erfolgsgrößen zeigen die Konflikte keine signifikanten Zusammenhänge, was vermuten lässt, dass solche Konflikte nur eine untergeordnete Rolle in der Projektarbeit spielen und daher nicht zwangsweise negativen Einfluss auf die Zusammenarbeit im Projektteam haben müssen.

Zwischen der Einschätzung der wirtschaftlichen Lage und den Erfolgsdimensionen lässt sich statistisch kein signifikanter Zusammenhang nachweisen. Dazu tragen die relativ kurze Dauer und geringen Kosten dieser Kleinprojekte bei. Eine Veränderung des wirtschaftlichen Umfelds bleibt für die Laufzeit dieser Projekte irrelevant.

Tab. 9-28: Signifikante Korrelationen zwischen den Einflussfaktoren des Elements „Kontext" und den Erfolgsdimensionen

Nutzen / Einflussfaktor	Projekt-termine	Projekt-budget	Anforde-rungen	Projekt-verlauf	Projekt-ergebnis	Mitar-beiter	Unterne-hmen
bekannter Auftraggeber	$\tau = 0,25$ **	n.s.	n.s.	$\tau = 0,17$ *	n.s.	n.s.	$\tau = 0,24$ **
Konflikte im Unternehmen	$\tau = -0,33$ ***	n.s.	n.s.	n.s.	n.s.	n.s.	n.s.
Wirtschaftliche Lage	n.s.	n.s.	n.s.	n.s.	n.s.	n.s.	n.s.

* auf dem 5%-Niveau, ** auf dem 1%-Niveau, *** auf dem 0,1%-Niveau signifikant
n.s. nicht signifikant

B. Hypothesen zum Element „Problem"

Ist ein Projekt für den Auftraggeber wichtig und wird diese Relevanz von allen Projektbeteiligten erkannt, so wird von den Beteiligten der Projektverlauf und das Projektergebnis positiver beurteilt als bei weniger wichtigen Projekten (s. Tab. 9-29). Die zusätzliche Aufmerksamkeit, die relevanten Projekten zuteil wird, vereinfacht offensichtlich die Projektarbeit.

Für die Erfüllung der Projektvereinbarungen ist das Risiko dieser Projektziele, beurteilt zu Projektbeginn, nicht ausschlaggebend: nur bei der Erfüllung der Systemanforderungen zeigt sich eine schwache Korrelation mit dem Risiko. Auch auf die weiteren Erfolgsdimensionen des Projektverlaufs und -ergebnisses hat das Anfangsrisiko keinen nachweisbaren Einfluss.

Aus Sicht der Projektbeteiligten verbessert das einheitliche Verständnis der Projektziele die Projektarbeit, da von Anfang an Missverständnisse bzgl. der Projektziele weitestgehend vermieden werden.

Eine klare und für alle Projektbeteiligten verständliche Definition der Projektziele zeigt schwache Korrelationen mit den Erfolgsdimensionen „Beurteilung des Projektverlaufs und -ergebnis" und mit der Erfüllung der Projektziele zu den Projektterminen und den Systemanforderungen.

Gibt es vor dem Projektstart schon Lösungsansätze oder gar Lösungen für Teilprobleme, so wird der Projektverlauf und das Projektergebnis besser beurteilt als ohne diese Vorarbeiten. Darin drückt sich die Reduzierung der Komplexität des Problems und die dadurch entstehende Sicherheit aus.

Die Erfolgsdimensionen „Einhaltung der Projekttermine" und „weitergehende Vorteile für das Unternehmen" sind schwach mit den vorhandenen Lösungsansätzen korreliert.

C. Hypothesen zum Element „Ressourcen"

Die Zusammenfassung der Korrelationen zwischen dem Element „Ressourcen" und den Erfolgsdimensionen in der Tabelle 9-30 zeigt, dass nur wenige Zusammenhänge signifikant sind.

Die Belastung des Projektleiters bildet dabei eine Ausnahme: ein stark belasteter Projektleiter ist schwach negativ korreliert mit der Einhaltung der Projekttermine, der Beurteilung des Projektverlaufs und dem weiteren Nutzen für die Projektmitarbeiter. Eine mittelstarke negative Korrelation ergibt sich zwischen der Belastung des Projektleiters und der Beurteilung des Projekterfolgs.

Zwischen der Belastung der Projektteammitglieder und den Erfolgsdimensionen können keine statistisch signifikanten Zusammenhänge nachgewiesen werden.

Die Bereitstellung ausreichender Ressourcen für die Projektarbeit, wie z.B. Budget oder Personalkapazität, korreliert mittelstark mit dem weitergehenden

Nutzen für die Projektmitarbeiter. Die Ursache dafür könnte sein, dass gerade unerfahrenen Projektleitern großzügiger Ressourcen gewährt werden als erfahreneren. Die unerfahrenen Projektleiter und -teammitglieder sind es, die aus den Projekten viel Erfahrung und Wissen mitnehmen.

Tab. 9-29: Signifikante Korrelationen zwischen den Einflussfaktoren des Elements „Problem" und den Erfolgsdimensionen

Einflussfaktor \ Nutzen	Projekttermine	Projektbudget	Anforderungen	Projektverlauf	Projektergebnis	Mitarbeiter	Unternehmen
Relevanz	$\tau = 0,18$ *	n.s.	n.s.	$\tau = 0,22$ ***	$\tau = 0,26$ ***	n.s.	$\tau = 0,24$ ***
Risiko bei Projektstart	n.s.	n.s.	$\tau = 0,17$ ***	n.s.	n.s.	n.s.	n.s.
Zieldefinition	$\tau = 0,26$ ***	n.s.	$\tau = 0,16$ *	$\tau = 0,29$ ***	$\tau = 0,23$ ***	n.s.	n.s.
Vorhandene Lösungsansätze	$\tau = 0,28$ ***	n.s.	n.s.	$\tau = 0,34$ ***	$\tau = 0,42$ ***	n.s.	$\tau = 0,20$ *

* auf dem 5%-Niveau, ** auf dem 1%-Niveau, *** auf dem 0,1%-Niveau signifikant
n.s. nicht signifikant

Dies bestätigt auch das negative Vorzeichen bei der Hypothese zu „Erfahrung und Wissen im Projektteam": wer mehr Erfahrung und Wissen in das Projekt mitbringt, kann in dieser Hinsicht nur noch wenig vom Projekt profitieren.

Eine klare Aufgabenverteilung wirkt positiv auf die Erreichung der Ziele bei den Systemanforderungen und auch auf die Beurteilung des Projektergebnisses, während zwischen den Einflussfaktoren „Befugnisse des Projektleiters", „Anteil der Projektarbeitszeit" und „Aufgabe nach Projektende" kein statistisch nachweisbarer Zusammenhang mit den Erfolgsdimensionen besteht. Die beim Einflussfaktor „Anteil der Projektarbeitszeit" mögliche Berücksichtigung der zeitlichen Dimension der Projektphasen, bringt keinerlei zusätzliche Erkenntnisse.

Die im Unternehmen vorhandenen Erfahrungen mit vergleichbaren Problemstellungen wie im untersuchten Projekt sind schwach korreliert mit der Einhaltung der Terminziele im Projekt. Alle Korrelationen mit den weiteren Erfolgsdimensionen sind nicht signifikant.

174

Tab. 9-30: Signifikante Korrelationen zwischen den Einflussfaktoren des Elements „Ressourcen" und den Erfolgsdimensionen

Nutzen / Einflussfaktor	Projekt-termine	Projekt-budget	Anforde-rungen	Projekt-verlauf	Projekt-ergebnis	Mitar-beiter	Unterne-hmen
Belastung des Projektleiters	τ = -0,22 *	n.s.	n.s.	τ = -0,29 ***	τ = -0,33 ***	τ = -0,20 *	n.s.
Belastung des Projektteams	n.s.	n.s.	n.s.	n.s.	n.s.	n.s.	n.s.
Bereitstellung ausreichender Ressourcen	n.s.	n.s.	n.s.	n.s.	n.s.	τ = 0,31 ***	n.s.
Klare Aufgabenverteilung	n.s.	n.s.	τ = 0,35 ***	n.s.	τ = 0,28 ***	n.s.	n.s.
Befugnisse des Projektleiters	n.s.	n.s.	n.s.	n.s.	n.s.	n.s.	n.s.
Anteil Projektarbeit an Arbeitszeit	n.s.	n.s.	n.s.	n.s.	n.s.	n.s.	n.s.
Aufgaben nach Projektende	n.s.	n.s.	n.s.	n.s.	n.s.	n.s.	n.s.
Erfahrung und Wissen im Projektteam	n.s.	n.s.	n.s.	n.s.	n.s.	τ = -0,34 ***	τ = -0,15 *
Erfahrung im Unternehmen	τ = 0,17 *	n.s.	n.s.	n.s.	n.s.	n.s.	n.s.

* auf dem 5%-Niveau, ** auf dem 1%-Niveau, *** auf dem 0,1%-Niveau signifikant
n.s. nicht signifikant

D. Hypothesen zum Element „Projektarbeit"

Die Ergebnisse der Hypothesenprüfung zu den Einflussfaktoren des Elements „Projektarbeit" werden in den folgenden Tabellen dargestellt. In der Beschriftung der Tabellen (z.B. 9-31) ist neben dem Element („Projektarbeit") auch die Einflussfaktorengruppe (z.B. „Zusammenarbeit") gemäß der Bezeichnung im Integrierten Gesamtmodell (vgl. Abb. 5-2) aufgeführt.

Schnelle Entscheidungen im Projekt wirken positiv auf die Einhaltung der Projekttermine und auf die Beurteilung des Projektergebnisses (s. Tab. 9-31). Alle weiteren Erfolgsdimensionen zeigen keine signifikanten Zusammenhänge mit der Entscheidungsdauer. Dies ändert sich auch nicht, wenn man diese Korrelationsanalyse für jede Projektphase getrennt durchführt.

Tab. 9-31: Signifikante Korrelationen zwischen den Einflussfaktoren des Elements „Projektarbeit - Zusammenarbeit" und den Erfolgsdimensionen

Einflussfaktor \ Nutzen	Projekt-termine	Projekt-budget	Anforde-rungen	Projekt-verlauf	Projekt-ergebnis	Mitar-beiter	Unterne-hmen
Dauer von Entscheidungen	$\tau = -0,21$ *	n.s.	n.s.	n.s.	$\tau = -0,21$ *	n.s.	n.s.
Unterstützung durch Auftraggeber	n.s.	n.s.	$\tau = 0,35$ ***	n.s.	$\tau = 0,28$ ***	n.s.	n.s.
Unterstützung durch Unternehmensleitung	n.s.	n.s.	n.s.	n.s.	n.s.	n.s.	n.s.
Unterstützung durch Steuerungsgremium	n.s.	$\tau = 0,29$ **	n.s.	n.s.	n.s.	n.s.	n.s.
Unterstützung für die Systemnutzer	n.s.	n.s.	n.s.	$\tau = 0,19$ *	$\tau = 0,16$ *	n.s.	$\tau = 0,16$ *
Zusammenarbeit im Projektteam	$\tau = 0,19$ *	$\tau = 0,20$ *	$\tau = 0,29$ ***	$\tau = 0,43$ ***	$\tau = 0,24$ **	n.s.	$\tau = 0,25$ **

* auf dem 5%-Niveau, ** auf dem 1%-Niveau, *** auf dem 0,1%-Niveau signifikant
n.s. nicht signifikant

Der bei vielen Studien zum Projekterfolg nachgewiesene Erfolgsfaktor „Top Management Support"[84] kann mit den vorliegenden Datenmaterial nur teilweise auf Kleinprojekte übertragen werden: während die Unterstützung durch die Unternehmensleitung keine signifikanten Zusammenhänge mit den Erfolgsdimensionen zeigt, gibt es positive Zusammenhänge zwischen der Unterstützung durch das Steuerungsgremium und der Einhaltung der Budgetziele. Die Unterstützung durch den Auftraggeber ist mittelstark mit der Einhaltung der Systemanforderungen und schwach mit der Beurteilung des Projektergebnisses korreliert.

Werden die Systemnutzer bei der Systemeinführung vom Projektteam unterstützt, so hat dies schwachen positiven Einfluss auf die Beurteilung des Projektverlaufs und -ergebnisses und auf den weitergehenden Nutzen für das Unternehmen. Weitere signifikante Korrelationen dieses Faktors können nicht nachgewiesen werden.

---

[84] vgl. dazu z.B. die Studie von Pinto (1986, S. 57); vgl. Zusammenfassung der empirischen Studie, die den Einflussfaktor „Top Management Support" untersucht haben bei Gemünden & Lechler (1999, S. 24)

Mit Ausnahme des weitergehenden Nutzens für die Mitarbeiter sind alle Erfolgsdimensionen mit dem Einflussfaktor „Zusammenarbeit im Projektteam" korreliert. Der dem Betrag nach größte Korrelationskoeffizient der gesamten Korrelationsanalyse ergibt sich mit $\tau_b = 0{,}43$ zwischen der Zusammenarbeit im Projekt und der Beurteilung des Projektverlaufs. Damit ist die Zusammenarbeit im Projektteam der Einflussfaktor, der in der vorliegenden empirischen Studie den größten Einfluss auf den Erfolg ausübt.

Bei der Untersuchung der Partizipation der Projektbeteiligten an Entscheidungen im Projekt zeigen sich nur wenige schwache Korrelationen (vgl. Tab. 9-32). Die Partizipation des Projektleiters wirkt als Einflussfaktor auf die Einhaltung des Projektbudgets. Die Beurteilung des Projektverlaufs und -ergebnisses wird von der Beteiligung des Auftraggebers beeinflusst.

Tab. 9-32: Signifikante Korrelationen zwischen den Einflussfaktoren des Elements „Projektarbeit - Partizipation" und den Erfolgsdimensionen

Einflussfaktor \ Nutzen	Projekt-termine	Projekt-budget	Anforde-rungen	Projekt-verlauf	Projekt-ergebnis	Mitar-beiter	Unterne-hmen
Partizipation Projektleiter	n.s.	$\tau = 0{,}21$ *	n.s.	n.s.	n.s.	n.s.	n.s.
Partizipation Projektteammitglieder	n.s.	n.s.	n.s.	n.s.	n.s.	n.s.	n.s.
Partizipation Auftraggeber	n.s.	n.s.	n.s.	$\tau = 0{,}22$ **	$\tau = 0{,}20$ *	n.s.	n.s.
Partizipation Unternehmensleitung	n.s.	n.s.	n.s.	n.s.	n.s.	n.s.	n.s.
Partizipation Steuerungsgremium	n.s.	n.s.	n.s.	n.s.	n.s.	n.s.	n.s.
Partizipation Systembenutzer	n.s.	n.s.	n.s.	n.s.	n.s.	n.s.	n.s.
Partizipation Systembetreiber	n.s.	n.s.	n.s.	n.s.	n.s.	n.s.	n.s.

* auf dem 5%-Niveau, ** auf dem 1%-Niveau, *** auf dem 0,1%-Niveau signifikant
n.s. nicht signifikant

Diese wenigen und gleichzeitig nur schwachen Zusammenhänge bei Kleinprojekten überraschen angesichts der Ergebnisse anderer empirischer Studien zum Projekterfolg, die eine große Bedeutung der Partizipation insbesondere des Projektteams nachgewiesen haben. Hier bietet die am Vorgehensmodell orientierte Datenaufnahme die Möglichkeit, detaillierte Auswertungen einzelner Projektphasen vorzunehmen, deren signifikante Ergebnisse in der Tabelle 9-33 dargestellt sind[85].

Die Partizipation des Auftraggebers korreliert in den drei Planungsphasen von der Vorstudie bis zur Detailstudie mit den Erfolgsdimensionen „Beurteilung des Projektverlaufs und -ergebnisses". Die Korrelationskoeffizienten und das Signifikanzniveau sind dabei in allen drei Fällen höher als in der Gesamtbetrachtung der Auftraggeber-Partizipation, die in Tabelle 9-32 zu finden ist.

Tab. 9-33: Signifikante Korrelationen zwischen den Einflussfaktoren „Partizipation" im Projektverlauf und den Erfolgsdimensionen

Einflussfaktor \ Nutzen	Projekt-termine	Projekt-budget	Anforde-rungen	Projekt-verlauf	Projekt-ergebnis	Mitar-beiter	Unterne-hmen
Partizipation des Auftraggebers ... - in der Vorstudie	n.s.	$\tau = 0{,}22$ *	$\tau = 0{,}29$ ***	$\tau = 0{,}30$ ***	$\tau = 0{,}25$ **	n.s.	n.s.
- in der Hauptstudie	n.s.	n.s.	$\tau = 0{,}23$ **	$\tau = 0{,}33$ ***	$\tau = 0{,}27$ **	n.s.	n.s.
- in der Detailstudie	n.s.	n.s.	n.s.	$\tau = 0{,}26$ **	$\tau = 0{,}25$ **	n.s.	n.s.
Partizipation der Projektteammitglieder bei Projektstart	$\tau = 0{,}19$ *	n.s.	n.s.	n.s.	n.s.	n.s.	n.s.
Partizipation des Projektleiters ... - bei Projektstart	n.s.	$\tau = 0{,}25$ **	n.s.	$\tau = 0{,}19$ *	n.s.	n.s.	n.s.
- bei Projektende	n.s.	n.s.	n.s.	n.s.	n.s.	$\tau = 0{,}19$ *	$\tau = 0{,}21$ *

* auf dem 5%-Niveau, ** auf dem 1%-Niveau, *** auf dem 0,1%-Niveau signifikant
n.s. nicht signifikant

Außerdem können in zwei Projektphasen Zusammenhänge aufgezeigt werden, die bisher durch die Aggregation auf die Gesamtprojektlaufzeit unerkannt blieben: die Einhaltung der Vereinbarungen zu den Systemeigenschaften korreliert schwach mit der Auftraggeberpartizipation während der Vor- und Hauptstudie

---

[85] In Tabelle 9-33 wird auf alle Einflussfaktoren, die keine signifikanten Korrelationen mit den Erfolgsdimensionen aufweisen, zugunsten einer verbesserten Übersichtlichkeit verzichtet.

und die Einhaltung des Projektbudgets mit der Partizipation während der Vorstudie.

Dies zeigt, dass durch die Zusammenfassung der Partizipationskennzahlen verschiedener Projektphasen zu einer einzigen Kennzahl zumindest im Falle der Partizipation des Auftraggebers wertvolle Informationen verloren gegangen sind.

Der Einfluss des Faktors „Partizipation des Projektleiters" beschränkt sich auf den Projektstart und das Projektende. Die Partizipation des Projektleiters korreliert in diesen Phasen schwach mit der Einhaltung des Projektbudget und der Beurteilung des Projektverlaufs bzw. mit dem weitergehenden Nutzen für die Mitarbeiter und für das Unternehmen.

Neu herausgestellt hat sich bei dieser detaillierten Auswertung nach Projektphasen in Tabelle 9-33 auch eine schwache Korrelation zwischen der Partizipation des Projektteams bei Projektstart und der Einhaltung der Projekttermine, was direkt auf die Beteiligung bei der Verteilung der Projektaufgaben in Form der Arbeitspakete zurückzuführen ist.

Die geringe Stärke der Effekte beim Projektleiter und dem Team kann in der bei fast allen Projekten dominanten Rolle liegen, die diese Gruppe in den Entscheidungsprozessen der Planungsphasen hat. Dies wird gestützt von der Auswertung der Häufigkeit, in der die Entscheidungsträger genau die Variante auswählten, die auch vom Projektteam bevorzugt wurde (vgl. Frage EFG 24): nach der Vorstudie war dies bei 73 Projekten (91 %), nach der Hauptstudie bei 76 Projekten (95 %) und nach der Detailstudie bei 75 Projekten (94 %) der Fall.

Bei der Analyse der Einflussfaktoren aus der Gruppe „Kommunikation" (s. Tab. 9-34) fällt auf, dass die Häufigkeit des Informationsaustausches mit allen Erfolgsdimensionen außer der Einhaltung der Projekttermine und des Projektbudgets positiv korreliert ist. Der stärkste Zusammenhang dabei ist eine mittelstarke Korrelation mit $\tau_b = 0{,}30$ zwischen der Häufigkeit des Informationsaustausches und der Beurteilung des Projektverlaufs.

Größer ist in Tabelle 9-34 mit $\tau_b = 0{,}34$ nur der Korrelationskoeffizient zwischen den Variablen „Effizienz des Informationsaustausches" und „Erfüllung der Systemanforderungen". Der Einflussfaktor Effizienz ist außerdem schwach korreliert mit der Einhaltung des Projektbudget und mit der Beurteilung des Projektergebnisses.

Der persönliche Kontakt zwischen den Projektbeteiligten, die Schnelligkeit des Informationsaustausches und die Qualität und Quantität der Informationen sind jeweils schwach korreliert mit der Erfolgsdimension „Beurteilung des Projektverlaufs". Zusätzlich ergibt sich noch ein schwacher Zusammenhang zwischen dem Einflussfaktor „Quantität und Qualität der Informationen" und der Beurteilung des Projektergebnisses.

Aufgrund der Fragebogenstruktur ist eine vertiefende Auswertung der Kommunikationshäufigkeit und des persönlichen Kontakts nach Projektphasen möglich. Während beim Einflussfaktor „Persönlicher Kontakt" in allen Projektphasen das gleiche Bild entsteht wie auch in Tabelle 9-34 und nur die Höhe der Korrelationskoeffizienten um zwei Zehntel variieren, verändert sich die Wirkung der Kommunikationshäufigkeit im Projektverlauf deutlich.

Tab. 9-34: Signifikante Korrelationen zwischen den Einflussfaktoren des Elements „Projektarbeit - Kommunikation" und den Erfolgsdimensionen

Nutzen Einflussfaktor	Projekt-termine	Projekt-budget	Anforde-rungen	Projekt-verlauf	Projekt-ergebnis	Mitar-beiter	Unterne-hmen
Quantität und Qualität der Informationen	n.s.	n.s.	n.s.	$\tau = 0{,}28$ ***	$\tau = 0{,}20$ *	n.s.	n.s.
Schnelligkeit der Information	n.s.	n.s.	n.s.	$\tau = 0{,}19$ *	n.s.	n.s.	n.s.
Effizienz des Informationsaustausches	n.s.	$\tau = 0{,}21$ *	$\tau = 0{,}34$ ***	n.s.	$\tau = 0{,}21$ *	n.s.	n.s.
Häufigkeit des Informationsaustausches	n.s.	n.s.	$\tau = 0{,}20$ *	$\tau = 0{,}30$ ***	$\tau = 0{,}19$ *	$\tau = 0{,}21$ **	$\tau = 0{,}24$ **
Persönlicher Kontakt	n.s.	n.s.	n.s.	$\tau = 0{,}21$ **	n.s.	n.s.	n.s.

* auf dem 5%-Niveau, ** auf dem 1%-Niveau, *** auf dem 0,1%-Niveau signifikant
n.s. nicht signifikant

Tabelle 9-35 zeigt detailliert, welche signifikante Korrelationen zwischen der „Häufigkeit des Informationsaustausches in den Projektphasen" und den „Erfolgsdimensionen" erreicht werden. Die Beurteilung des Projektergebnisses profitiert in allen Phasen von häufiger Kommunikation.

Bei der Erfolgsdimension „Beurteilung des Projektverlaufs" beschränkt sich der nachweisbare Einfluss auf die drei Planungsphasen und hat seine stärkste Ausprägung in der Hauptstudie. Vergleicht man dies mit den Zielen der drei Phasen im Verständnis des Systems Engineerings[86] - Aufgabenabgrenzung, Lösungsentwurf, Lösungsausarbeitung - so wird die unterschiedliche Bedeutung der Kommunikationshäufigkeit verständlich: die Entscheidung über die Lösungsvariante

---

[86] vgl. zu Vorgehendmodellen und SE-Philosophie Kapitel 3.8

fällt in der Hauptstudie, die Ausgestaltung des Systems wird anschließend in der Detailstudie vorgenommen.

Auch die signifikanten Zusammenhänge zwischen den Anforderungen an das System und der Kommunikationshäufigkeit in der Vor- und Hauptstudie können aus den Inhalten der Planungsphasen abgeleitet werden. Eine wesentliche Aufgabe in diesen beiden Projektphasen ist die Beschaffung von Informationen über das bestehende System, die zu beachtenden Randbedingungen und verfügbaren Lösungsprinzipien. Die Bewältigung dieser Aufgabe gelingt besser mit zunehmender Kommunikationshäufigkeit.

Tabelle 9-35 zeigt auch, dass vermehrte Kommunikation in den drei Planungsphasen die Nutzbarkeit und Weitergabe von Erfahrungen aus dem Projekt, gemessen durch die Erfolgsdimension „Weitergehender Nutzen für das Unternehmen", fördert.

Tab. 9-35: Signifikante Korrelationen zwischen den Einflussfaktoren „Kommunikationshäufigkeit" im Projektverlauf und den Erfolgsdimensionen

Nutzen / Einflussfaktor	Projekt-termine	Projekt-budget	Anforde-rungen	Projekt-verlauf	Projekt-ergebnis	Mitar-beiter	Unterne hmen
Kommunikationshäufigkeit ... - in der Vorstudie	n.s.	n.s.	τ = 0,21 **	τ = 0,20 *	τ = 0,16 *	τ = 0,18 *	τ = 0,16 *
- in der Hauptstudie	n.s.	n.s.	τ = 0,17 *	τ = 0,32 ***	τ = 0,22 **	n.s.	τ = 0,22 **
- in der Detailstudie	n.s.	n.s.	n.s.	τ = 0,27 ***	τ = 0,23 **	n.s.	τ = 0,18 *
- in der Systembauphase	n.s.	τ = 0,17 *	n.s.	n.s.	τ = 0,20 *	n.s.	n.s.
- in der Systemeinführungsphase	n.s.	n.s.	n.s.	n.s.	τ = 0,19 *	n.s.	n.s.

* auf dem 5%-Niveau, ** auf dem 1%-Niveau, *** auf dem 0,1%-Niveau signifikant
n.s. nicht signifikant

Welche Rolle die Dokumentation im Gegensatz zur Kommunikation in Kleinprojekten spielt, wird im folgenden anhand der Ergebnisse der Korrelationsanalyse zu den Einflussfaktoren der Gruppe „Dokumentation" (s. Tabelle 9-36) erörtert.

Sowohl die Faktoren „Dokumentation des Projektverlaufs" als auch die „Dokumentation des gesamten Projekts am Projektende" weisen keine signifikanten Korrelationen mit den Erfolgsdimensionen auf. Signifikante Zusammenhänge gibt es nur bei der Dokumentation der Ziele, der Aufgabenverteilung und der Ergebnisse.

Während die Zieldokumentation für alle Projektbeteiligten eine gemeinsame und verbindliche Basis schafft, die positiven Einfluss auf die Projekttermine und die Beurteilung des Projektverlaufs hat, ist die Wirkung der Dokumentation der Aufgabenverteilung mehr auf das Projektteam beschränkt und beeinflusst durch bessere Zusammenarbeit die Beurteilung des Projektverlaufs.

Die Dokumentation der Projektergebnisse korreliert schwach mit der Erfolgsdimension „weitergehender Nutzen für die Projektmitarbeiter". Daraus lässt sich ablesen, dass der Nutzen einer Zusammenfassung und Dokumentation der Projektergebnisse weniger darin zu sehen ist, die Projektbeteiligten außerhalb des Projektteams über den Projektfortschritt in den einzelnen Phasen zu informieren, sondern vor allem darin, die Erfahrungen durch das Zusammentragen von Informationen erst einmal dem Projektteam selbst bewusst und als Know-how-Zuwachs verfügbar zu machen.

Tab. 9-36: Signifikante Korrelationen zwischen den Einflussfaktoren des Elements „Projektarbeit - Dokumentation" und den Erfolgsdimensionen

Einflussfaktor \ Nutzen	Projekt-termine	Projekt-budget	Anforde-rungen	Projekt-verlauf	Projekt-ergebnis	Mitar-beiter	Unterne hmen
Dokumentation der Ziele	$\tau = 0{,}28$ ***	n.s.	n.s.	$\tau = 0{,}29$ ***	n.s.	n.s.	n.s.
Dokumentation der Aufgabenverteilung	n.s.	n.s.	n.s.	$\tau = 0{,}19$ *	n.s.	n.s.	n.s.
Dokumentation des Projektverlauf	n.s.	n.s.	n.s.	n.s.	n.s.	n.s.	n.s.
Dokumentation der Projektergebnisse	n.s.	n.s.	n.s.	n.s.	n.s.	$\tau = 0{,}19$ *	n.s.
Dokumentation des gesamten Projekts	X	X	X	X	X	n.s.	n.s.

* auf dem 5%-Niveau, ** auf dem 1%-Niveau, *** auf dem 0,1%-Niveau signifikant
n.s. nicht signifikant, X keine Beeinflussung möglich

Der optimale Einsatz von PM-Methoden und -Instrumenten bei der Projektplanung und -steuerung, dessen positiver Einfluss auf den Projekterfolg bisher in mehreren empirischen Studie für größerer Projekte nachgewiesen wurde (vgl. Gemünden & Lechler, 1999, S. 10), zeigt bei den analysierten Kleinprojekten zwei signifikante Korrelationen (vgl. Tab. 9-37).

Nur die Erfolgsdimension „Weitergehender Nutzen für den Mitarbeiter" ist schwach korreliert mit dem Detaillierungsgrad der Planung von Projektgrößen und dem Einsatz von Instrumenten für das Projektcontrolling. In diesen beiden Fällen lässt sich der nachgewiesene Zusammenhang vollständig auf den Zuwachs an PM-Erfahrung (Frage D 7.7) durch die Anwendung von PM-Methoden und -Instrumenten zurückführen.

Darin spiegelt sich die geringe Bedeutung wieder, die das Projektmanagement für Kleinprojekte hat. So wurden z.b. nur bei zwei der insgesamt 80 untersuchten Projekten Netzplantechniken[87] bei der Planung der Projektabläufe eingesetzt. Gleichzeitig bezeichneten bei den Interviews 72 Befragte den Einsatz von PM-Methoden, -Verfahren und -Instrumente in ihrem Projekt als angemessen, während nur sieben von übertriebenem und einer von zu geringem Einsatz sprachen. Leistungsfähige Planungs- und Steuerungsinstrumente sind komplex, so dass sie für überschaubare Vorhaben wie Kleinprojekte nicht im Verhältnis zum erwarteten Nutzen stehen (vgl. Neumann & Morlock, 2002, S. 11) und den Projektablauf sogar behindern können (vgl. Gemünden & Lechler, 1999, S. 23).

Tab. 9-37: Signifikante Korrelationen zwischen den Einflussfaktoren des Elements „Projektarbeit – Projektmanagement" und den Erfolgsdimensionen

Nutzen Einflussfaktor	Projekt-termine	Projekt-budget	Anforderungen	Projekt-verlauf	Projekt-ergebnis	Mitar-beiter	Unternehmen
detaillierte Planung der Projektgrößen	n.s.	n.s.	n.s.	n.s.	n.s.	$\tau = 0,22$ *	n.s.
Projektcontrolling	n.s.	n.s.	n.s.	n.s.	n.s.	$\tau = 0,20$ *	n.s.
Terminplanung	n.s.	n.s.	n.s.	n.s.	n.s.	n.s.	n.s.
optimaler PM-Methodeneinsatz	n.s.	n.s.	n.s.	n.s.	n.s.	n.s.	n.s.

* auf dem 5%-Niveau, ** auf dem 1%-Niveau, *** auf dem 0,1%-Niveau signifikant
n.s. nicht signifikant

---

[87] Die dabei zum Einsatz gekommenen Netzplantechniken waren CPM und PERT. Details zu diesen Netzplantechniken sind bei Neumann (1987, S. 165 ff.) zu finden.

Eine der tragenden Säulen des Vorgehensmodells des Systems Engineerings ist die Erarbeitung von Lösungen durch zunehmende Detaillierung (vgl. Kap. 3-8). Dieses Prinzip bewirkt die Reduktion der Problemkomplexität, so dass die Suche nach Lösungsvarianten vereinfacht wird. Im Projektverlauf spiegelt sich dies im zyklischen Abbau des Risikos wieder (Haberfellner et al., 2002, S. 188).

Tabelle 9-38 zeigt die Ergebnisse der Hypothesenprüfung für die Einflussfaktoren der Gruppe „Systems Engineering" des Elements „Projektarbeit". Die wenigen und durchweg nur schwachen Korrelationen zwischen Einflussfaktoren und Erfolgsdimensionen legen den Schluss nahe, dass die Methoden, Verfahren und Instrumente des Systems Engineerings, die nach Daenzer (1976, S. 3 ff.) eine Empfehlung für eine erfolgreiche Projektarbeit darstellen, durch die analysierten Kleinprojekte in dieser empirischen Studie keine Bestätigung finden.

Während die Erfassung der Einflussfaktoren „Veränderung der Kriteriengewichtung" und „optimaler SE-Methodeneinsatz" keine signifikanten Zusammenhänge aufweisen und auch keine differenzierte Auswertung ermöglichen, werden mit den übrigen drei Einflussfaktoren Detailanalysen durchgeführt.

Ohne zusätzliche Erkenntnisse bleibt die phasenweise Prüfung des Zusammenhangs zwischen der Planungszeit, die das Projektteam vor Ort bei den Systemnutzern verbringt, und den Erfolgsdimensionen: einzig das Projektbudget profitiert von der Anwesenheit vor Ort mit einer in allen drei Planungsphasen schwachen Korrelation.

Tab. 9-38: Signifikante Korrelationen zwischen den Einflussfaktoren des Elements „Projektarbeit – Systems Engineering" und den Erfolgsdimensionen

Nutzen \ Einflussfaktor	Projekt-termine	Projekt-budget	Anforde-rungen	Projekt-verlauf	Projekt-ergebnis	Mitar-beiter	Unterne-hmen
Abbau des Risikos	n.s.	n.s.	n.s.	$\tau = 0,19$ *	n.s.	n.s.	n.s.
Veränderung der Kriteriengewichtung	n.s.	n.s.	n.s.	n.s.	n.s.	n.s.	n.s.
Veränderung der Projektziele	$\tau = -0,26$ ***	n.s.	n.s.	n.s.	$\tau = -0,18$ **	n.s.	n.s.
Vor Ort bei den Systemnutzern	n.s.	$\tau = 0,26$ **	n.s.	n.s.	n.s.	n.s.	n.s.
optimaler SE-Methodeneinsatz	n.s.	n.s.	n.s.	n.s.	n.s.	n.s.	n.s.

* auf dem 5%-Niveau, ** auf dem 1%-Niveau, *** auf dem 0,1%-Niveau signifikant
n.s. nicht signifikant

Möglicherweise kann mit der verwendeten Messgröße der Sachverhalt nicht wie gewünscht abgebildet werden: während für die Wirkung auf die Projektbeteiligten sicherlich die Gesamtzeit vor Ort eine größere Rolle spielt, sind für den primären Nutzen - den Austausch bzw. die Beschaffung von Informationen - nicht die Anwesenheitszeiten allein, sondern die Möglichkeiten zum Informationsaustausch an sich und die dabei erreichte Effizienz ausschlaggebend.

Der Abbau des Risikos ist eine Kenngröße, die sich auf die Erfüllung der einzelnen Projektziele bezieht und dabei den gesamten Projektverlauf umfasst. Eine Betrachtung des Risikoabbaus während der einzelnen Projektphasen ist somit nicht sinnvoll.

Der Fragebogen bietet aber für die differenzierte Betrachtung des Risikoabbaus neben der zeitlichen noch eine zweite Dimension: die Risikokennzahl wird in drei, jeweils thematisch an die Erfolgsdimensionen Termine, Budget und Anforderungen angepasste Kennzahlen aufgeteilt. Die Ergebnisse dieser Analysen sind in Tabelle 9-39 wiedergegeben und zeigen für den differenzierten Einflussfaktor „Risikoabbau nach Zielthema" im Vergleich zur aggregierten Darstellung in Tabelle 9-38 ein ganz anderes Bild.

Der Risikoabbau bei den Zielvereinbarungen zu Projektterminen korreliert mittelstark mit der Beurteilung des Projektverlaufs und schwach mit der Beurteilung des Projektergebnisses. Ein schwacher Zusammenhang zeigt sich zwischen dem Risikoabbau bei Budgetzielen und der Einhaltung der Budgetziele und auch zwischen dem Risikoabbau bei Systemanforderungen und der Beurteilung des Projektverlaufs.

Tab. 9-39: Signifikante Korrelationen zwischen den Einflussfaktoren „Risikoabbau nach Zielthema" und den Erfolgsdimensionen

Einflussfaktor \ Nutzen	Projekt-termine	Projekt-budget	Anforde-rungen	Projekt-verlauf	Projekt-ergebnis	Mitar-beiter	Unterne-hmen
Abbau des Risikos bei Terminzielen	n.s.	n.s.	n.s.	$\tau = 0{,}42$ ***	$\tau = 0{,}20$ *	n.s.	n.s.
Abbau des Risikos bei Budgetzielen	n.s.	$\tau = 0{,}26$ **	n.s.	n.s.	n.s.	n.s.	n.s.
Abbau des Risikos bei Zielen zu den Systemeigenschaften	n.s.	n.s.	n.s.	$\tau = 0{,}26$ **	n.s.	n.s.	n.s.

* auf dem 5%-Niveau, ** auf dem 1%-Niveau, *** auf dem 0,1%-Niveau signifikant
n.s. nicht signifikant

Gegenüber der ursprünglichen Analyse konnte durch die detaillierte Betrachtung der Risikoveränderung in den Projekten mehr signifikante Zusammenhänge mit Erfolgsdimensionen nachgewiesen werden, die zudem noch höhere Werte der Korrelationskoeffizienten und Vertrauenswahrscheinlichkeiten aufweisen.

Die Erkenntnisse der Projektarbeit können dazu führen, dass Projektvereinbarungen im Projektverlauf geändert werden (vgl. Tab. 9-15). Welche Auswirkungen in Abhängigkeit von der Projektphase die Änderung dieser Vereinbarungen auf die Erfolgsdimensionen haben, ist in Tabelle 9-40 dargestellt.

Während Veränderungen in den Planungsphasen ohne Auswirkung bleiben, beeinflussen spätere Änderungen die Einhaltung der Projektvereinbarungen und die Beurteilung des Projektverlaufs und -ergebnisses negativ. Insbesondere in der Systemeinführungsphase, wenn das System in Betrieb genommen wird, kann das Projektteam neue Forderungen von Seiten des Auftraggebers, der Systembenutzer oder -Systembetreiber kaum noch umsetzen. Entsprechend hoch sind die Korrelationen zwischen den Änderungen in dieser Projektphase und den vier beeinflussten Erfolgsdimensionen.

Tab. 9-40: Signifikante Korrelationen zwischen den Einflussfaktoren „Änderung der Projektziele im Projektverlauf" und den Erfolgsdimensionen

Einflussfaktor \ Nutzen	Projekt-termine	Projekt-budget	Anforde-rungen	Projekt-verlauf	Projekt-ergebnis	Mitar-beiter	Unterne-hmen
Veränderung der Projektziele ... - in der Vorstudie	n.s.	n.s.	n.s.	n.s.	n.s.	n.s.	n.s.
- in der Hauptstudie	n.s.	n.s.	n.s.	n.s.	n.s.	n.s.	n.s.
- in der Detailstudie	n.s.	n.s.	n.s.	n.s.	n.s.	n.s.	n.s.
Veränderung der Pläne ... - in der System-bauphase	$\tau = -0,34$ ***	$\tau = -0,20$ *	n.s.	n.s.	$\tau = -0,20$ *	n.s.	n.s.
- in der System-einführungsphase	$\tau = -0,39$ ***	n.s.	$\tau = -0,30$ ***	$\tau = -0,38$ ***	$\tau = -0,33$ ***	n.s.	n.s.

* auf dem 5%-Niveau, ** auf dem 1%-Niveau, *** auf dem 0,1%-Niveau signifikant
n.s. nicht signifikant

Zusammenfassung

In Kapitel 6 wurden für 48 Einflussfaktoren insgesamt 331 Hypothesen zwischen diesen Faktoren und den sieben Erfolgsdimensionen postuliert. Mit Hilfe der Daten, die im Rahmen von Interviews zur Analyse der Kleinprojekte erhoben worden sind, wurden die Hypothesen geprüft. Signifikante Korrelationen mit mindestens einer Erfolgsdimension wurden 28 Einflussfaktoren nachgewiesen. Von den 331 Hypothesen werden durch das Datenmaterial 66 gestützt, während die übrigen 265 verworfen werden müssen.

Durch Differenzierung der vier Einflussfaktoren „Partizipation", „Kommunikationshäufigkeit", „Risikoabbau" und „Änderung der Vereinbarungen" konnte bei 16 weiteren Faktoren, die nicht über die gesamte Projektlaufzeit, sondern nur in einzelnen Projektphasen wirksam waren, insgesamt 40 signifikante Korrelationen nachgewiesen werden.

10 Ergebnisvergleich und Ableitung von Handlungsempfehlungen

Im Kapitel 9 wurden die Ergebnisse der Hypothesenprüfung dargestellt. Dabei wurden unabhängig von der Größe des Korrelationskoeffizienten alle signifikanten Korrelationen in Tabellen aufgelistet. Als Korrelationskoeffizient wurde Kendalls τ berechnet, der bei den geprüften Hypothesen vom Betrag bis zu 0,15 kleiner ist als Spearmans r (vgl. Kap. 8.5).

Die Ergebnisse dieser Studie über Kleinprojekte werden im folgenden mit den Ergebnissen anderer empirischer Studien über große Projekte verglichen. Anschließend werden aus den Erkenntnissen über Kleinprojekte Schwerpunkte herausgearbeitet, um daraus Handlungsempfehlungen abzuleiten.

10.1 Ergebnisvergleich mit anderen empirischen Studien

Gemünden und Lechler (1999, S. 8 ff.) haben aus insgesamt 44 Studien häufig untersuchte Einflussfaktoren in einem Schaubild zusammengefasst (vgl. Abb. 10-1). Zu jedem Element dieser Darstellung wird in Klammern angegeben, wie viele Studien diesem Faktor einen Einfluss auf den Projekterfolg empirisch nachweisen konnten. Gemünden und Lechler (1999, S. 9) unterscheiden dabei nach Stärke und Richtung des Einflusses auf den Projekterfolg, wie in der Legende der Abbildung 10-1 wiedergegeben.

Im Konstrukt „Akteure" wird am häufigsten ein positiver Erfolgseinfluss durch das Engagement des Top-Managements und die Motivation des Projektteams nachgewiesen.

Unter Top-Management werden dabei die Führungsebenen zusammengefasst, die im projektdurchführenden Unternehmen „... aus der Perspektive des jeweiligen Projektes die wesentlichen Rahmenbedingungen gestalten und beeinflussen können" (Gemünden & Lechler, 1999, S. 24). Dies entspricht in der durchgeführten Befragung den Gruppen „Unternehmensleitung" und „Steuerungsgremium", die keinen bzw. einen geringen Einfluss auf eine Erfolgsdimension - Einhaltung der Budgetziele - hatten.

Die Motivation des Projektteams findet sich im untersuchten Einflussfaktor „Zusammenarbeit im Projektteam" wieder, der nicht nur auf sechs der sieben Erfolgsdimensionen wirkt, sondern auch mit die höchsten Korrelationswerte der gesamten Studie aufweist.

Die Befugnisse des Projektleiters zeigten genauso wie sein Know-how und das Know-how des Projektteams bei Kleinprojekten keine positive Erfolgswirkung. Das Know-how ist sogar negativ korreliert mit dem „weitergehenden Nutzen für die Mitarbeiter". In zwei der Studien in Abbildung 10-1 konnte dieser negative Einfluss ebenfalls nachgewiesen werden, während in den anderen Studien, die ebenfalls das Know-how und die Befugnisse untersucht haben, überwiegend ein positiver Einfluss gefunden wurde.

Die „Zieldefinition" und die „Kommunikation" aus dem Konstrukt „Funktionen" (s. Abb. 10-1) sind die am häufigsten untersuchten Einflussfaktoren in der Zusammenstellung von Gemünden und Lechler (s. Abb. 10-1). Mit einer Ausnahme, bei der kein Zusammenhang gefunden wurde, konnte in allen anderen Studien ein positiver Zusammenhang mit dem Projekterfolg nachgewiesen werden. Zum vergleichbaren Ergebnis kommt auch die vorgestellte Studie über Kleinprojekte: übereinstimmendes Verständnis der Ziele und effiziente und häufige Kommunikation sind signifikant korreliert mit jeweils mehreren Erfolgsdimensionen.

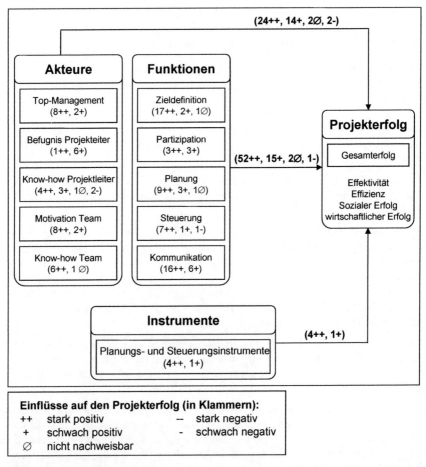

Abb. 10-1: Schlüsselfaktoren des Projekterfolges (vgl. Gemünden & Lechler, 1999, S. 10)

Die Partizipation bei Kleinprojekten wurde im Rahmen dieser Studie detailliert untersucht und ergab nur für die beiden Projektbeteiligten „Auftraggeber" und „Projektleiter" in Kombination mit einzelnen Projektphasen signifikante Korrelationen.

Die Darstellung von Gemünden und Lechler (s. Abb. 10-1) zeigt, dass die Partizipation der Funktionsträger bisher nur bei sechs Studien empirisch untersucht wurde, die übereinstimmend einen positiven Einfluss der Partizipation – insbesondere des Projektteams – an Projektentscheidungen feststellten (vgl. Gemünden & Lechler, 1999, S. 19).

Die Studien, die sich bisher mit der Projektplanung und -steuerung und den Planungs- und Steuerungsinstrumenten als Einflussfaktoren auf den Projekterfolg beschäftigt haben, ermittelten überwiegend positive Einflüsse. Bei jeweils einer Studie konnte kein bzw. ein negativer Zusammenhang festgestellt werden.

Die Planung und Steuerung der Projektgrößen und auch die dazu genutzten Instrumente wirkten bei den Kleinprojekten nur auf den weitergehenden Nutzen für die Mitarbeiter, was auf den Know-how-Zuwachs beim Umgang mit den Planungs- bzw. Steuerungstools zurückzuführen ist.

Darüber hinaus fassen Gemünden und Lechler (1999, S. 22) unter dem Titel „Planung und Steuerung" noch weitere Aspekte zusammen, die bei den Kleinprojekten unterschiedliche Wirkungen hatten. Während bei den Faktoren „klare Aufgabenverteilungen" und „Bereitstellung ausreichender Ressourcen" Zusammenhänge mit einzelnen Erfolgsdimensionen nachgewiesen werden konnten, blieb das Know-how des Projektteams im Umgang mit den Planungs- und Controlling-Instrumenten und auch die Aufteilung der Kapazität der Projektteammitarbeiter auf verschiedene Projekte ohne Folgen.

10.2 Ableitung von Handlungsempfehlungen für Kleinprojekte

Die Ergebnisse der Hypothesenprüfungen in Kapitel 9 zeigen, zwischen welchen Einflussfaktoren und welchen Erfolgsdimensionen signifikante Zusammenhänge nachgewiesen werden konnten und wie hoch jeweils der Korrelationskoeffizient und das Signifikanzniveau sind.

Um den Erfolg des Problemlösungsprozesses in einem Kleinprojekt positiv zu beeinflussen, kann aus jeder dieser signifikanten Korrelationen eine Handlungsempfehlung abgeleitet werden, die direkt aus den Tabellen 9-28 bis 9-40 ablesbar ist. Insgesamt würden so mehr als 100 Empfehlungen entstehen, deren Bedeutung für den Projekterfolg aber nicht gleich groß zu sehen ist.

Deshalb sollen aus allen signifikanten Einflüssen die stärksten ausgewählt werden und darauf aufbauend Handlungsempfehlungen abgeleitet werden. Diese Handlungsempfehlungen beziehen sich dann vereinfacht auf den Erfolg des

Problemlösungsprozesses in Kleinprojekten und werden nicht mehr nach einzelnen Dimensionen des Nutzens unterschieden.

Stellt man an die auszuwählenden „starken" Faktoren die Bedingung, dass der Betrag der Korrelation größer oder gleich 0,25 und zusätzlich die Vertrauenswahrscheinlichkeit kleiner oder gleich 0,01 sein muss, so bleiben 26 Faktoren übrig, die im folgenden zur Formulierung von Handlungsempfehlungen herangezogen werden sollen.

Nicht mehr vertreten sind dabei die Einflussfaktoren aus der Gruppe „Projektmanagement". Dort sind alle Korrelationskoeffizienten kleiner als 0,25 und nur auf dem 5%-Niveau signifikant, so dass sie nicht zur hier getroffenen Auswahl „starker" Faktoren zählen.

In den folgenden Tabellen wurde zu Gunsten einer übersichtlicheren Darstellung auf alle Korrelationen verzichtet, die die o.g. Bedingungen für „starke" Faktoren nicht erfüllen. Somit machen diese Tabellen keine Aussage über die Zusammenhänge, wenn das entsprechende Tabellenfeld leer ist. In diesen Fällen kann in Kapitel 9 nachgelesen werden, um welche Art von Zusammenhang es sich detailliert handelt.

Tabelle 10-1 zeigt vier Einflussfaktoren, die durch die Projektbeteiligten in der Regel nicht direkt zu beeinflussen sind. Deshalb können daraus keine Handlungsempfehlungen abgeleitet werden. Diese Faktoren sollten trotzdem bei der Vorbereitung eines Kleinprojekts beachtet werden, um auf die positiven bzw. negativen Einflüsse vorbereitet zu sein. Ein positiver Effekt auf den Projekterfolg wird unter folgenden Bedingungen erreicht:

- Mit dem Auftraggeber wurden schon in der Vergangenheit Projekt durchgeführt.

- Die Problemlösung kann sich auf vorhandenen Teillösungen stützen.

- Es gibt keine Konflikte im Unternehmen.

- Die Lösung des Problems ist für das Unternehmen von großer Bedeutung.

Die Einflussfaktoren der zweiten Kategorie (s. Tab. 10-2) werden von einzelnen Projektbeteiligten aktiv bestimmt. Charakteristisch für diese Faktoren ist, dass die Projektbeteiligten meist vor oder bei Projektstart die Ausprägung dieser Faktoren für die gesamte Projektlaufzeit festlegen.

Für den Erfolg von Kleinprojekten werden die beiden folgenden Handlungsanleitungen formuliert:

- Bei Projektbeginn muss zwischen den Projektbeteiligten ein gemeinsames Verständnis der Aufgaben und Ziele des Projekts hergestellt werden, das anschließend in einer für alle zugänglichen Dokumentation festgehalten wird.

- Für das Projekt müssen ausreichende Ressourcen bereitgestellt werden. Insbesondere darf die Personalkapazität zur Bewältigung der Projektleitung nicht unterschätzt werden.

Tab. 10-1: Ausgewählte Einflussfaktoren zu Randbedingungen des Projekts (nur τ ≥ 0,25 dargestellt)

Einflussfaktor \ Nutzen	Projekt-termine	Projekt-budget	Anforde-rungen	Projekt-verlauf	Projekt-ergebnis	Mitar-beiter	Unter-nehmen
bekannter Auftraggeber	τ = 0,25 **						
Konflikte im Unternehmen	τ = -0,33 ***						
Relevanz					τ = 0,26 ***		
Vorhandene Lösungsansätze	τ = 0,28 ***			τ = 0,34 ***	τ = 0,42 ***		

** auf dem 1%-Niveau, *** auf dem 0,1%-Niveau signifikant

Tab. 10-2: Ausgewählte Einflussfaktoren zum Projektstart (nur τ ≥ 0,25 dargestellt)

Einflussfaktor \ Nutzen	Projekt-termine	Projekt-budget	Anforde-rungen	Projekt-verlauf	Projekt-ergebnis	Mitar-beiter	Unter-nehmen
Zieldefinition	τ = 0,26 ***			τ = 0,29 ***			
Dokumentation der Ziele	τ = 0,28 ***			τ = 0,29 ***			
Klare Aufgaben-verteilung			τ = 0,35 ***		τ = 0,28 ***		
Belastung des Projektleiters				τ = -0,29 ***	τ = -0,33 ***		
Bereitstellung ausreichender Ressourcen						τ = 0,31 ***	
Erfahrung und Wissen im Projektteam						τ = -0,34 ***	

** auf dem 1%-Niveau, *** auf dem 0,1%-Niveau signifikant

Eine untergeordnete Rolle spielt die Erfahrung und das Wissen im Projektteam. Hierzu kann nicht direkt eine Empfehlung gegeben werden, da die Studie lediglich gezeigt hat, dass bei Know-how-Zuwachs diejenigen Mitarbeiter am meisten profitierten, die vor dem Projekt die geringste Erfahrung hatten. Diese negative Korrelation ist aber nicht auf die anderen Erfolgsdimensionen übertragbar, so dass hierzu keine verallgemeinerte Handlungsempfehlung gegeben werden kann.

In Tabelle 10-3 sind die Einflussfaktoren aufgelistet, die sich auf die Projektarbeit beziehen. Den Schwerpunkt bildet die partnerschaftliche Zusammenarbeit aller Beteiligten im Projekt. Daneben spielen die Methoden des Systems Engineerings noch eine wichtige Rolle.

Dazu werden folgende Handlungsempfehlung für Kleinprojekte gegeben:

- Die Projektbeteiligten müssen eine gute Zusammenarbeit im Projektteam fördern.

- Der Auftraggeber und das Steuerungsgremium müssen das Projektteam bei der Projektarbeit unterstützen.

- Das Projektteam muss den Auftraggeber während der Planungsphasen in die Entscheidungsprozesse einbinden.

- Der Projektleiter muss von Anfang an in die Entscheidungsprozesse mit einbezogen werden.

- Das Projektteam muss in den Planungsphasen vor Ort zu den Systemnutzern gehen, damit diese ihre Erfahrung und Meinung einbringen können.

- Das Projektteam muss die Projektbeteiligten über den Stand des Projekts und die Aktivitäten ausführlich und häufig informieren.

- Das Projektteam muss durch zyklisches Durchlaufen der Planungsschritte sicherstellen, dass eine Variantenauswahl nur dann getroffene wird, wenn damit gleichzeitig eine Reduzierung des Risikos verbunden ist.

- Änderungen an den Plänen nach Abschluss der Detailstudie sind zu vermeiden oder dürfen nur mit gleichzeitiger Zielanpassung vorgenommen werden.

Die genannten vier Randbedingungen mit positivem Erfolgseinfluss und die zehn Handlungsempfehlungen dürfen nur auf Kleinprojekte bezogen werden. Dies lässt sich auch deutlich an der relativ geringen Bedeutung des Projektmanagements ablesen, während die Methoden des Systems Engineering z.B. mit dem gezielten Risikoabbau zu den stärksten Einflüssen auf den Projekterfolg in dieser Studie zählen.

In einem Satz zusammengefasst besagen die Handlungsempfehlungen:

Der größte Erfolg bei der Abwicklung von Kleinprojekten wird erreicht, wenn die Projektbeteiligten bei der zyklischen Lösungssuche auf der Grundlage eines gemeinsamen Aufgaben- und Zielverständnisses partnerschaftlich zusammenarbeiten.

Tab. 10-3: Ausgewählte Einflussfaktoren zum Projektverlauf (Teil 1)
(nur τ ≥ 0,25 dargestellt)

Einflussfaktor \ Nutzen	Projekt-termine	Projekt-budget	Anforde-rungen	Projekt-verlauf	Projekt-ergebnis	Mitar-beiter	Unter-nehmen
Zusammenarbeit im Projektteam			τ = 0,29 ***	τ = 0,43 ***			τ = 0,25 **
Unterstützung durch Auftraggeber			τ = 0,35 ***		τ = 0,28 ***		
Unterstützung durch Steuerungsgremium		τ = 0,29 **					
Partizipation des Auftraggebers ... - in der Vorstudie			τ = 0,29 ***	τ = 0,30 ***	τ = 0,25 **		
- in der Hauptstudie				τ = 0,33 ***	τ = 0,27 **		
- in der Detailstudie				τ = 0,26 **	τ = 0,25 **		
Partizipation Projektleiters bei Projektstart		τ = 0,25 **					
Quantität und Qualität der Informationen					τ = 0,28 ***		
Effizienz des Informationsaustausches			τ = 0,34 ***				
Häufigkeit des Informationsaustausches				τ = 0,30 ***			
Vor Ort bei den Systemnutzern		τ = 0,26 **					

** auf dem 1%-Niveau, *** auf dem 0,1%-Niveau signifikant

Tab. 10-4: Ausgewählte Einflussfaktoren zum Projektverlauf (Teil 2)
(nur $\tau \geq 0{,}25$ dargestellt)

Einflussfaktor \ Nutzen	Projekt-termine	Projekt-budget	Anforde-rungen	Projekt-verlauf	Projekt-ergebnis	Mitar-beiter	Unter-nehmen
Abbau des Risikos bei Terminzielen				$\tau = 0{,}42$ ***			
Abbau des Risikos bei Budgetzielen		$\tau = 0{,}26$ **					
Abbau des Risikos bei Anforderungen				$\tau = 0{,}26$ **			
Veränderung der Pläne ... - in der Systembauphase	$\tau = -0{,}34$ ***						
- in der System-einführungsphase	$\tau = -0{,}39$ ***		$\tau = -0{,}30$ ***	$\tau = -0{,}38$ ***	$\tau = -0{,}33$ ***		

** auf dem 1%-Niveau, *** auf dem 0,1%-Niveau signifikant

11 Zusammenfassung und Ausblick

Die wachsende Zahl der Kleinprojekte in Unternehmen wirft die Frage auf, ob die Ergebnisse der Erfolgsfaktorenforschung, die sich auf die empirischen Untersuchungen größerer Projekte stützen, auch auf Kleinprojekte übertragbar sind. Um auf diese offene Frage eine wissenschaftlich gesicherte Antwort geben zu können, wurde diese Studie über den Erfolg des Problemlösungsprozesses in Kleinprojekten durchgeführt.

Für die vollständige Abbildung des Problemlösungsprozesses in Projekten werden ein Vorgehensmodell, ein Erfolgsmessmodell und ein Einflussfaktorenmodell benötigt.

Das Vorgehensmodell bildet die zeitliche Dimension des Projekts ab. Die Literaturrecherche ergab, dass das Vorgehensmodell des Systems Engineerings das einzige etablierte Modell ist, das mit dem zyklisch aufgebauten Phasenkonzept unterschiedliche Vorgehensweisen bei der Projektarbeit abbilden kann. Auch neuere Konzepte wie das Simultaneous Engineering oder das systemisch-evolutionäre Projektmanagement sind hierbei keine Ausnahme. Daher wurde das SE-Vorgehensmodell für diese Studie ausgewählt.

Das Erfolgsmessmodell bestimmt den Nutzen, der insgesamt aus dem Problemlösungsprozess hervorgeht. In der Literatur werden mehrere empirisch untersuchte Erfolgsmessmodelle beschrieben. Da es sich bei Kleinprojekten um ein bisher unerforschtes Gebiet handelt, wurden alle bisher eingesetzten Erfolgsmessgrößen übernommen. Zusätzlich wurden noch fehlende Kategorien aus Benchmarking-Modellen ergänzt und Unterkategorien für Größen wie Projekttermine oder Kosten gebildet. Daraus entstand schließlich das im Rahmen dieser Studie eingesetzte Erweiterte Erfolgsmessmodell mit drei Nutzendimensionen.

Das Einflussfaktorenmodell beschreibt die Beziehungen zwischen den Einflussfaktoren und den Erfolgsgrößen. Aus den zahllosen Ratschlägen zur erfolgreichen Projektarbeit wurden empirisch geprüfte Einflussfaktorenmodelle aus der Literatur selektiert. Alle in den einzelnen Studien postulierten Erfolgsfaktoren wurden um die Einflussfaktoren aus dem Bereich des Systems Engineerings ergänzt und zusammen mit dem Vorgehensmodell des Systems Engineerings und dem Erweiterten Erfolgsmessmodell zum Integrierten Gesamtmodell zusammengebaut.

Die 48 Einflussfaktoren im Integrierten Gesamtmodell ergaben 237 Hypothesen, aus denen ein entsprechend dem Vorgehensmodell des Systems Engineerings gegliederter, fünfzigseitiger Fragenbogen aufgebaut wurde. Mit Hilfe dieses Fragebogens wurden 80 strukturierte Interviews kombiniert mit einer Dokumentenanalyse durchgeführt und so die notwendigen Daten über Kleinprojekte für die statistischen Prüfungen gewonnen.

Die Interviews bestätigten, dass das SE-Vorgehensmodell für die Abbildung unterschiedlicher Vorgehensweisen in Kleinprojekten geeignet ist. Die

Projektphasen mit den durch die SE-Philosophie definierten Inhalten konnten bei allen analysierten Projekten identifiziert werden.

Nachdem eine konfirmatorische Faktorenanalyse zur Prüfung der hypothetischen Konstrukte der zweiten und dritten Nutzendimension zeigte, dass das Datenmaterial die postulierten Zusammenhänge nicht stützte, wurde das Erweiterte Erfolgsmessmodell zum Modifizierten Erfolgsmessmodell abgeändert. Die zweite und dritte Nutzendimensionen wurden dazu durch vier Dimensionen mit geänderter Zuordnung der Indikatoren ersetzt, was eine deutlich bessere Anpassung des Modells an die Daten zur Folge hatte.

Bei der Prüfung der Hypothesen zeigten sich bezüglich der Erfolgsfaktoren deutliche Unterschiede zwischen den Kleinprojekten und den in anderen Studien untersuchten größeren Projekten. Bei kleinen Projekten zeigen die Faktoren „Know-how im Projektteam", „Befugnisse des Projektleiters" und „Methoden und Instrumente des Projektmanagement" nur wenige signifikante Zusammenhänge mit den Erfolgsdimensionen.

Mehr Übereinstimmung zwischen Projekten verschiedener Größenordnungen gab es bei den Einflussfaktoren „Klare Zieldefinition", „Kommunikation" und „Top-Management-Support". Der bei größeren Projekten nachgewiesene Einflussfaktor „Top-Management-Support" kann jedoch nur teilweise auf Kleinprojekte übertragen werden. Während die Faktoren „Unterstützung durch Auftraggeber" und „Unterstützung durch Steuerungsgremium" signifikante Korrelationen mit Erfolgsdimensionen zeigten, war der Einfluss der Unternehmensleitung nicht nachweisbar.

Die bisher in empirischen Studie noch nicht untersuchten Einflüsse der Methoden und Verfahren des Systems Engineerings zeigten signifikante Zusammenhänge mit einzelnen Erfolgsdimensionen. Insbesondere die Faktoren „Gezielter Risikoabbau" und „Veränderung der Projektziele in der Realisierung" korrelieren relativ stark mit Erfolgsdimensionen. Durch die Ergänzung dieser Faktoren konnten weitere bedeutende Einflussfaktoren auf den Erfolg der Kleinprojekte nachgewiesen werden.

Durch den detaillierten Fragebogen war es möglich, bei der Auswertung einzelne Einflussfaktoren in Abhängigkeit von der Projektphase darzustellen, wodurch insbesondere bei „Kommunikationshäufigkeit", „Auftraggeberpartizipation" und „Projektzieländerung" zusätzliche signifikante Zusammenhänge nachgewiesen werden konnten, die nur zeitweise im Projektverlauf auftraten.

Beim Interview wurde zusätzlich zu den Daten für die Hypothesen- und Konstruktprüfungen auch Daten erhoben, die weitere Informationen über die Unternehmen und Personen, die Projektorganisation, die Projektvereinbarungen, die Projektgröße und die Projektarbeit liefern.

Nachdem es mit dieser empirischen Studie gelungen ist, zum einen die grundsätzliche Tauglichkeit des im Rahmen dieser Studie entworfenen strukturierten
Fragebogens für die Analyse der Kleinprojekte zu zeigen und zum anderen die
Unterschiede zwischen kleinen und großen Projekten darzustellen, sollte im
nächsten Forschungsschritt die Erhebung mit deutlich größerem Stichprobenumfang wiederholt werden.

Das Ziel dabei wäre eine stärkere Differenzierung der Beziehungen bei gleichzeitig vergrößerter Vertrauenswahrscheinlichkeit. Möglicherweise kann dann
auch von einer Normalverteilung der Grundgesamtheit ausgegangen werden, so
dass bei der statistischen Auswertung keine zusätzlichen Beschränkungen mehr
beachtet werden müssen.

Die vorgelegte Ergebnisse können mit der detaillierten Darstellung einzelner
Beziehungen außerdem Hilfestellung geben beim Entwurf von Studien zur vertiefenden Erforschung einzelner Erfolgsdimensionen oder einzelner Einflussfaktoren.

12 Literatur

Aggteleky, B. (1973)
Systemtechnik in der Fabrikplanung
Carl Hanser, München

Antoni, C., Hoffmann, K., Bungard, W. (1996)
Gruppenarbeit
In: Bullinger, H.-J., Warnecke, H. J. (Hrsg.): Neue Organisationsformen
im Unternehmen
Springer, Berlin, Heidelberg, New York, S. 489-498

Atteslander, P. (2000)
Methoden der empirischen Sozialforschung
Walter de Gruyter, Berlin, New York

Backhaus, K., Erichson, B., Plinke, W., Weiber, R. (2000)
Multivariante Analysemethoden
Springer, Berlin, Heidelberg, New York

Balck, H. (1989)
Projektmanagement im Wandel – Wandel im Projektmanagement
in: Zeitschrift für Organisation, Heft 6, S. 396-404

Bauer, F. (1984)
Datenanalyse mit SPSS
Springer, Berlin, Heidelberg, NewYork, Tokyo

Beale, P., Freeman, M. (1991)
Successful Project Execution: A Model
In: Project Management Journal, Nr. 4, S. 23-30

Beer, S. (1967)
Kybernetik und Management
Fischer, Hamburg

Benninghaus, H. (1996)
Einführung in die sozialwissenschaftliche Datenanalyse
Oldenbourg, München Wien

Blümlinger, K. (2003)
Projekt Management SS 2003
Institut für Informationssysteme und Computer Medien (IICP), Technische
Universität Graz, Graz
Online im Internet: URL: http://courses.iicm.edu/project_management/
unterlagen/slides_main_project_life_cycle.pdf [26.05.2003]

Bol, G. (1995)
Diskriptive Statistik
Oldenbourg, München, Wien

Bortz, J. (1999)
Statistik für Sozialwissenschaftler
Springer, Berlin, Heidelberg, New York

Bosch, K. (1992)
Statistik-Taschenbuch
Oldenbourg, München Wien

Bösenberg, D. (1992)
Lean Management: Vorsprung durch schlanke Konzepte
Moderne Industrie, Landsberg/Lech

Brockhaus (Hrsg., 1996)
Brockhaus - Die Enzyklopädie in 24 Bänden, Bd. 17
Brockhaus, Leipzig, Mannheim

Bronstein, I. N., Semendjajew, K. A., Musiol, G., Mühlig, H. (2000)
Taschenbuch der Mathematik
Thun, Frankfurt am Main

Brosius, F (1999)
SPSS 8.0: professionelle Statistik unter Windows
MITP, Bonn

Budde, R., Kautz, K., Kuhlenkamp, K., Züllighoven, H. (1992)
Prototyping: an approach to evolutionary system development
Springer, New York, Berlin, Heidelberg

Budde, R., Sylla, K.H., Züllighoven, H. (1997)
Prototyping
in: Mertens, P. (Hrsg.): Lexikon der Wirtschaftsinformatik
Springer, Berlin, S. 353-355

Bühl, A., Zöfel, P. (2005)
SPSS 12 – Einführung in die moderne Datenanalyse unter Windows
Pearson Studium, München

Bullinger, H.-J. (1993)
Wege aus der Krise: Geschäftsprozeßoptimierung und Informationslogistik
(Leitvortrag)
in: Bullinger, H. (Hrsg.): 12. IAO-Arbeitstagung; Wege aus der Krise:
Geschäftsprozeßoptimierung und Informationslogistik, 9.-10. November 1993
Springer, Berlin, Heidelberg, S. 9-47

Bullinger, H.-J. (1995)
Integrierte Produktentwicklung : zehn erfolgreiche Praxisbeispiele
Gabler, Wiesbaden

Bunge, M. (1967)
Scientific Research I – The Search for System
Springer, Berlin, Heidelberg, New York

Büning, H, Trenkler, G. (1994)
Nichtparametrische statistische Methoden
Walter de Gruyter, Berlin, New York

Burghardt, M. (1995)
Einführung in Projektmanagement. Definition, Planung, Kontrolle, Abschluß
Siemens-Aktiengesellschaft, Berlin und München (Hrsg.)
Publicis-MCD, München, Erlangen

Burghardt, M. (2002)
Projektmanagement. Leitfaden für die Planung, Überwachung und
Steuerung von Entwicklungsprojekten
Publicis Corporate Publishing, Erlangen

Clauß, G., Ebner, H. (1972)
Grundlagen der Statistik für Psychologen, Pädagogen und Soziologen
Deutsch, Frankfurt a. M.

Cohen, J. (1977)
Statistical power analysis for the behavioral sciences
Academic Press, New York

Daenzer, W. F. (Hrsg., 1976)
Systems Engineering: Leitfaden zur methodischen Durchführung
umfangreicher Planungsvorhaben
Industrielle Organisation, Zürich

Daenzer, W. F., Huber, F. (Hrsg., 1994)
Systems Engineering: Methodik und Praxis
Industrielle Organisation, Zürich

Daum, A. (1993)
Erfolgs- und Misserfolgsfaktoren im Büro-Projektmanagement
Rainer Hampp, München, Mering

Deppe, J. (1989)
Quality Circle und Lernstatt: ein integrativer Ansatz
Gabler, Wiesbaden

DIN - Deutsches Institut für Normung e.V. (Hrsg., 1987)
Projektmanagement
DIN 69 901
Deutsches Institut für Normung e.V., Berlin

Doujak, A. (1991)
Systemisch-evolutionäres Management im projektorientierten Unternehmen
Dissertation an der Wirtschaftsuniversität Wien, Wien

Dreier, V. (1994)
Datenanalyse für Sozialwissenschaftler
Oldenbourg, München, Wien

Dreßler, H. (1975)
Problemlösen mit Entscheidungstabellen
Oldenbourg, München, Wien

Duden (2003)
Das große Fremdwörterbuch
Wissenschaftlicher Rat der Dudenredaktion (Hrsg.)
Duden, Mannheim, Leipzig

Dülfer, E. (1982)
Projekte und Projektmanagement im internationalen Kontext. Eine Einführung
In: Dülfer, E. (Hrsg.): Projektmanagement – International
Poeschel, Stuttgart, S. 1-32

Eberhardt , D. (1998)
Kleingruppenorientiertes Projektmanagement: eine empirische Untersuchung
zur Gestaltung ganzheitlicher Aufgabenbearbeitung durch teilautonome
Projektarbeitsgruppen
Rainer Hampp, München, Mering

EFQM - European Foundation for Quality Management (Hrsg., 2004)
EFQM Excellence Model
Online im Internet: URL:
http://www.efqm.org/model_awards/model/excellence_model.htm [14.09.2004]

Eidenmüller, B. (1989)
Die Produktion als Wettbewerbsfaktor: Herausforderung an das
Produktionsmanagement
Industrielle Organisation, Köln

Eigen, M., Winkler, R. (1975)
Das Spiel – Naturgesetze steuern den Zufall
R. Piper & Co., München, Zürich

Eschbach, H. (1996)
Stillstand ist Rückschritt im Wettbewerb. Kontinuierlicher Verbesserungsprozeß
im Unternehmen.
In: Handelsblatt, Nr. 148, 2./3.8.1996, S. K1

Europäische Kommission (Hrsg., 1996)
Empfehlung der Kommission vom 3. April 1996 betreffend die Definition der
kleinen und mittleren Unternehmen
In Amtsblatt der Europäischen Gemeinschaft, Ausgabe Nr. L 107 vom
30.04.1996, S. 4-9
Europäische Kommission, Brüssel, Luxemburg

Eversheim, W. (1989)
Simultaneous Engineering – eine organisatorische Chance!
in: VDI Berichte 758: Simultaneous Engineering,
Verlag des Vereins Deutscher Ingenieure, Düsseldorf, S. 1-26

Fahrmeir, L., Künstler, R., Pigeot, I., Tutz, G. (2004)
Statistik. Der Weg zur Datenanalyse
Springer, Berlin, Heidelberg

Fallon, C. (1973)
Produktivitätssteigerung durch Wertanalyse
Herder & Herder, Frankfurt, New York

Floyd, C. (1984)
A Systematic Look at Prototyping
in Budde, R., Kuhlenkamp, K., Mathiassen, L. Züllighoven, H. (Hrsg.):
Approaches to Prototyping
Springer, Berlin, Heidelberg, S. 1-18

Fredrich, A. (1991)
Projektkrisen vermeiden – Arbeitsabläufe optimieren,
Bericht zur Konferenz des Institute for International Research in Frankfurt
in: Personalwirtschaft, Heft 6/1991, S. 52-53

Fuchs, M., Giese, M. (2003)
Globale Arbeitsteilung – transnationale Kompetenzaufteilung
Institut für Entwicklung und Frieden der Universität Duisburg-Essen: INEF
Report Heft 73/2003
Online im Internet: URL:
http://inef.uni-duisburg.de/page/documents/Report73.pdf [30.08.2004]

Galtung, J. (1970)
Theory and methods of social research
George Allen and Unwin, London

Garbowski, H., Rude, S., Schmidt, M. (1992)
Entwerfen in Konstruktionsräumen zur Unterstützung der Teamarbeit
In: Scheer, A.-W. (Hrsg.): Simultane Produktentwicklung,
Gesellschaft für Management und Technologie AG, München, S. 123-159

Gemünden, H. G. (1990)
Erfolgsfaktoren des Projektmanagements – eine kritische Bestandsaufnahme
der empirischen Untersuchungen
In: Projekt Management, Nr 1&2, S. 4-15

Gemünden, H. G. (1992)
Erfolgsfaktoren des Projektmanagements, Ein State-of-the-Art-Report
In: Lange, D., Schelle, H. (Hrsg.): Projektmanagementforum ´92, S. 156-169
Vahlen, München

Gemünden, H.-G., Lechler, T. (1999)
Schlüsselfaktoren des Projekterfolges
In: Knauth, P., Wollert, A. (Hrsg.): Human Resource Management, Grundwerk
Oktober 1999, Beitrag-Nr. 5.23
Dt. Wirtschaftsdienst, Köln

Gemünden, H.G., Zielasek, G. (1997)
Projektmanagement (Version 3.1)
Vorlesungsskript, Karlsruhe

Gogolok, J., Schuemer, R., Ströhlein, G. (1990)
Datenverarbeitung und statistische Auswertung mit SAS, Band I
Fischer, Stuttgart, New York

GPM - Gesellschaft für Projektmanagement (Hrsg., 2003a)
Der Deutsche Projektmanagement Award 2004: Über den Award
Online im Internet: URL: http://www.gpm-ipma.de/10-1.htm [22.09.2003]

GPM - Gesellschaft für Projektmanagement (Hrsg., 2003b)
Der Deutsche Projektmanagement Award 2004: Das Modell für Project
Excellence
Online im Internet: URL: http://www.gpm-ipma.de/10-3.htm [22.09.2003]

GPM - Gesellschaft für Projektmanagement (Hrsg., 2003c)
GPM international: IPMA International Project Management Association
Online im Internet: URL: http://www.gpm-ipma.de/06-1.htm [22.09.2003]

Grün, O. (1992)
Projektorganisation
In: Frese, E. (Hrsg.): Handwörterbuch der Organisation, S. 2099-2115
Poeschel Verlag, Stuttgart

Haberfellner, R. (1988)
Wertanalyse
in: Daenzer, W.F., Huber, F. (Hrsg.): Systems Engineering – Leitfaden zur
methodische Durchführung umfangreicher Planungsvorhaben, S.266-268
Industrielle Organisation, Zürich

Haberfellner, R., Nagel, P., Becker, M., Büchel, A., von Massow, H. (2002)
Systems Engineering: Methodik und Praxis
Daenzer, W.F., Huber, F. (Hrsg.)
Industrielle Organisation, Zürich

Haken, H. (1978)
Synergetics – An Introduction
Springer, Berlin, Heidelberg, New York

Haken, H. (1983)
Erfolgsgeheimnisse der Natur – Synergetik: Die Lehre vom Zusammenwirken
Deutsche Verlags-Anstalt, Stuttgart

Hansel, J., Lomnitz, G. (1993)
Projektleiter-Praxis: erfolgreiche Projektabwicklung durch verbesserte
Kommunikation und Kooperation
Springer, Berlin, Heidelberg, New York

Hartung, J., Elpelt, B. (1995)
Multivariate Statistik. Lehr- und Handbuch der angewandten Statistik
Oldenbourg, München, Wien

Hartung, J., Elpelt, B., Klösener (1987)
Statistik. Lehr- und Handbuch der angewandten Statistik
Oldenbourg, München

Haunschild, J. (1991)
Zur Messung des Innovationserfolgs
In: ZfB, Heft 4, S. 451–476

Heeg, F. (1991)
Moderne Arbeitsorganisation: Grundlagen der organisatorischen Gestaltung
von Arbeitssystemen bei Einsatz neuer Technologien
Carl Hanser, München, Wien

Heiler, S., Michels, P. (1994)
Diskriptive und explorative Datenanalyse
Oldenbourg, München, Wien

Heisenberg, W. (1971)
Der Teil und das Ganze: Gespräche im Umkreis der Atomphysik
R. Piper & Co., München

Hilf, H.H. (1969)
In: Nadler, G. (Hrsg.): Arbeitsgestaltung – zukunftsbewußt. Schöpferisches
Entwerfen und systematisches Entwickeln von Wirksystemen, S. VIII-XVI,
S. 184-193
Carl Hanser, München

Hinkel, H., Mann, C. (1998)
Prozeßmanagement
Seminarunterlage, Robert Bosch GmbH, Stuttgart

Hochstädter, D. (1996)
Statistische Methodenlehre. Ein Lehrbuch für Wirtschafts- und
Sozialwissenschaftler
Deutsch, Frankfurt a.m.

Hoffmann, H. (1983)
Wertanalyse – Ein Weg zur Erschließung neuer Rationalisierungsquellen
Erich Schmidt, Berlin

Imai, M. (1992)
Kaizen – Der Schlüssel zum Erfolg der Japaner im Wettbewerb
Langen Müller Herbig, München

Jantsch, E. (1979)
Die Selbstorganisation des Universums. Vom Urknall zum menschlichen Geist
Carl Hanser, München, Wien

Kaestner, R. (1991)
Ziele, Abläufe und Phasen von Projekten
In: Projektmanagement Fachmann, S. 61-149
Rationalisierungs-Kuratorium der deutschen Wirtschaft (RKW), Eschborn

Kallmann, A. (1979)
Skalierung in der empirischen Forschung: das Problem ordinaler Daten
Aschoff, C., Müller-Bader, P. (Hrsg.)
Florentz, München

Kappelhoff, P. (2000)
Methoden der empirischen Wirtschafts- und Sozialforschung
Skript zur Vorlesung, Wuppertal
Online im Internet: URL: http://www.wiwi.uni-wuppertal.de/kappelhoff/pages/
download.html [14.05.2003]

Kees, J. (2004)
Automobilindustrie in Allgemeinen
Ministerium für Wirtschaft und Arbeit des Landes Nordrhein-Westfalen
Online im Internet: URL: http://www.nrw-export.de/export/1620.asp
[30.08.2004]

Keßler, H., Winkelhofer, G. A. (1999)
Projektmanagement: Leitfaden zur Steuerung und Führung von Projekten
Springer, Berlin, Heidelberg

Klose, B. (1999)
Projektabwicklung: Arbeitshilfen, Projektanalyse, Fallbeispiele, Checklisten
Ueberreuter, Wien

Knöpfel, H., Gray, C., Dworatschek, S. (1992)
Projektorganisationsformen: Internationale Studie über ihre Verwendung
und ihren Erfolg
In: Project Management, Nr. 1/92, S. 3-14

Kosiol, E., Szyperski, N. Chmielewicz, K. (1965)
Zum Standort der Systemforschung im Rahmen der Wissenschaften
ZfbF Jg. 17, Heft 7, S. 337-378

Kraus, G., Westermann, R. (1994)
Projektmanagement – Projekte erfolgreich abwickeln
Manuskript, Karlsruhe

Krcmar, H. (1984)
Gestaltung von Computer-am-Arbeitsplatz-Systemen: Entwicklung von
Alternativen und deren Bewertung durch Simulation
Minerva-Publikation, München

Krüger, W. (1987)
Problemangepaßtes Management von Projekten
In: Gesellschaft für Organisation (Hrsg.): Zeitschrift für Organisation, Heft 4,
Gießen, S. 207-216

Kuhn, A. (1982)
Unternehmensführung
Vahlen, München

Lechler, T. (1997)
Erfolgsfaktoren des Projektmanagements
Peter Lang, Frankfurt a. M., Berlin, Bern, New York, Paris, Wien

Lienert, G. (1969)
Testaufbau und Testanalyse
Julius Beltz, Weinheim, Berlin, Basel

Linder, A., Berchtold, W. (1979)
Elementare statistische Methoden
Birkhäuser, Basel, Boston, Stuttgart

Litke, H.-D. (2004)
Projektmanagement: Methoden, Techniken, Verhaltensweisen
Carl Hanser, München, Wien

Llanes, J. R. (1996)
Researching Quality: The Continuous Improvement Process (CIP)
In: International Journal: Continuous Improvement Monitor, Vol1 No1
Center for Applied Research in Education, Edinburg (Texas)

Lorenz, K. (1973)
Die Rückseite des Spiegels: Versuch einer Naturgeschichte menschlichen
Erkennens
R. Piper & Co., München

Madauss, B. (1990)
Handbuch Projektmanagement: Mit Handlungsanleitungen für
Industriebetriebe, Unternehmensberater und Behörden
Poeschel, Stuttgart

Malik, F. (1990)
Systemisch-evolutionäres Projektmanagement
In: Balck, H. (Hrsg.): Neuorientierung im Projektmanagement, S. 78-111
TÜV Rheinland, Köln

Malik, F. (1992)
Strategie des Managements komplexer Systeme. Ein Beitrag zur
Management-Kybernetik evolutionärer Systeme
Paul Haupt, Bern, Stuttgart

Martino, R.L. (1964)
Project Management and Control
New York

Medelsohn, S. (1964)
Value Engineering and Analysis
Industrial Value Service, New York

Miles, L.D. (1964)
Value Engeneering – Wertanalyse, die praktische Methode zur Kostensenkung
Moderne Industrie, München

Miles, L.D. (1972)
Technique of Value analysis and Engeneering
McGraw-Hill Book Comp., Inc., New York

Monod, J. (1971)
Zufall und Notwendigkeit: philosophische Fragen der modernen Biologie
R. Piper & Co., München

Mueller, R. (1996)
Basic Principles of Structural Equation Modeling. An Introduction to LISREL
an EQS
Springer, New York, Berlin, Heidelberg

Mühlfelder, P., Nippa M. (1989)
Erfolgsfaktoren des Projektmanagement
In: Zeitschrift für Organisation, Heft 6, S. 368-380

Murphy, D., Baker, N., Fischer, D. (1974)
Determinants of Project Success
National Aeronautics and Space Administration, Boston

Nadler, G. (1967)
Work Systems Design: The Ideals Concept
Richard D. Irwin, Homewood (Illinois)

Nadler, G. (1969)
Arbeitsgestaltung – zukunftsbewußt;
Schöpferisches Entwerfen und systematisches Entwickeln von Wirksystemen
Carl Hanser, München

Nagel, P. (1988)
Systemdenken
In: Daenzer, W.F. (Hrsg.): Systems Engineering - Leitfaden zur methodische
Durchführung umfangreicher Planungsvorhaben, S. 10-25
Industrielle Organisation, Zürich

Nagl, W. (1992)
Statistische Datenanalyse mit SAS
Campus, Frankfurt a. M., New York

Neumann, K. (1987)
Netzplantechnik
In: Gal, T. (Hrsg.): Grundlagen des Operations Research, Bd. 2, S. 165-260
Springer, Berlin, Heidelberg

Neumann, K., Morlock, M. (2002)
Operations Research
Carl Hanser, München, Wien

Opp, K.-D. (1995)
Methodologie der Sozialwissenschaften. Einführung in Probleme ihrer
Theoriebildung und praktischen Anwendung
Westdeutscher, Opladen

Ortseifen, C. (1997)
Der SAS-Kurs – eine leicht verständliche Einführung
Thomson, Bonn

Pantele, F., Lancey, C.E. (1989)
Mit ‚Simultaneous Engineering‘ die Entwicklungszeit kürzen
In: IO Management Zeitschrift, Nr. 11, S. 56-58
Industrielle Organisation, Zürich

Patzak, G. (1982)
Systemtechnik - Planung komplexer innovativer Systeme
Springer, Berlin, Heidelberg, New York

Patzelt, W. (1985)
Einführung in die sozialwissenschaftliche Statistik
Oldenbourg, München Wien

Peters, T., Waterman, R.H. (1986)
Auf der Suche nach Spitzenleistung: was man von den bestgeführten
US-Unternehmen lernen kann
Moderne Industrie, Landsberg a. Lech

Pfeiffer, W. (1992)
Grundlagen der Führung und Organisation industrieller Unternehmen
Erich Schmidt, Berlin

Pinkenburg, H. (1980)
Projektmanagement als Führungskonzeption in Prozessen tiefgreifenden
organisatorischen Wandels
Dissertation, München

Pinto, J. K. (1986)
Project Implementation: A Determination Of Its Critical Success Factors,
Moderators And Their Relative Importance Across The Project Life Cycle
Dissertation an der University of Pittsburgh, Pittsburgh

Platz, J. (1999)
Projektstart
In: Projektmanagement Fachmann Bd. 2, S. 1053-1080
Rationalisierungs-Kuratorium der deutschen Wirtschaft (RKW) (Hrsg.),
Eschborn

Popper, K. R. (1994)
Logik der Forschung
Mohr, Tübingen

Prigogine, I., Stengers, I. (1981)
Dialog mit der Natur. Neue Wege naturwissenschaftlichen Denkens
R. Piper & Co., München, Zürich

Rabl, W., Weidinger, B., Gareiss, R. (1995)
Prozeßmanagement und Projektmanagement
In: Wermter, M. (Hrsg.): Projektmanagement-Forum <1995, Erlangen>,
S. 141-152
GPM, München

REFA – Verband für Arbeitsstudien und Betriebsorganisation e.V.
(Hrsg., 1985)
Methodenlehre des Arbeitsstudiums
Teil 3: Kostenrechnung, Arbeitsgestaltung
Carl Hanser, München

REFA – Verband für Arbeitsstudien und Betriebsorganisation e.V.
(Hrsg., 1987)
Methodenlehre der Betriebsorganisation
Planung und Gestaltung komplexer Produktionssysteme
Carl Hanser, München

REFA – Verband für Arbeitsstudien und Betriebsorganisation e.V.
(Hrsg., 1991)
Methodenlehre der Betriebsorganisation
Teil 6: Planung und Steuerung
Carl Hanser, München

Riedl. R. (1976)
Die Strategie der Genesis. Naturgeschichte der realen Welt
R. Piper & Co., München, Zürich

Riedl. R. (1982)
Evolution und Erkenntnis. Antworten auf Fragen aus unserer Zeit
R. Piper & Co., München, Zürich

Rietz, C. (2002)
Folien zur Statistik – Einführung in die Multivariaten Verfahren für
Psychologen (Teil VI)
Psychologisches Institut der Uni Bonn, Bonn
Online im Internet: URL:
http://www.psychologie.uni-bonn.de/zentrum/CIP/b4download/B4%20Folien
%20VI.doc [10.02.2003]

Rinza, P. (1998)
Projektmanagement – Planung, Steuerung und Überwachung von
technischen und nichttechnischen Vorhaben
Springer, Berlin, Heidelberg

Ropohl, G. (1975)
Systemtechnik – Grundlagen und Anwendungen
Carl Hanser, München, Wien

SAS Institute (Hrsg., 1999a)
SAS/STAT Procedure Guide, Version 8
SAS Institute, Cary (NC)

SAS Institute (Hrsg., 1999b)
SAS/STAT User's Guide, Version 8
SAS Institute, Cary (NC)

SAS Institute (Hrsg., 2004)
Documentation - FAQ # 911
Online im Internet: URL:
http://support.sas.com/faq/009/FAQ00911.html [12.09.2004]

214

Saynisch, M. (1979)
Grundlagen des Phasenweisen Projektablaufs
In: Saynisch, M. (Hrsg.): Projektmanagement: Konzepte, Verfahren,
Anwendungen, S. 33- 58
Oldenbourg, München, Wien

Saynisch, M. (1990)
Auf dem Weg zu einem systemisch-evolutionären Projektmanagement
In: Balck, H. (Hrsg.): Neuorientierung im Projektmanagement, S. 213-230
TÜV Rheinland, Köln

Saynisch, M. (1995)
Business Re-Engineering durch Projekte und Projektmanagement
In: Wermter, M (Hrsg.): Projektmanagement-Forum <1995, Erlangen>,
S. 187-199
GPM, München

Schelle, H. (1979)
Planungstechnik und Projekterfolg: Empirische Analysen abgeschlossener
Projekte
in: Saynisch, M. (Hrsg.): Projektmanagement: Konzepte, Verfahren,
Anwendungen, S. 351-370
Oldenbourg, München, Wien

Schelle, H. (1989)
Zur Lehre vom Projektmanagement
In: Reschke, H., Schelle, H., Schnopp, R. (Hrsg.): Handbuch
Projektmanagement, S. 3-25
TÜV Rheinland, Köln

Schelle, H. (1991)
Einführung in das Projektmanagement
In: Projektmanagement Fachmann, S. 5-14
Rationalisierungs-Kuratorium der deutschen Wirtschaft (RKW), Eschborn

Schelle, H. (1997)
Einführung in das Projektmanagement
Vorlesungsskript, Universität der Bundeswehr, München
Online im Internet: URL: http://emma.informatik.unibw-muenchen.de/inst5/
lehre/SWEnII/Einfuehrung%20PM.pdf [15.06.2001]

Schelle, H. (2001)
Projekte zum Erfolg führen
Deutscher Taschenbuch, München

Schnell, R., Hill, P., Esser, E. (1999)
Methoden der empirischen Sozialforschung
Oldenburg, München, Wien

Schöll, U. (1986)
Programmiersprachen der 4. Generation
In: Network GmbH (Hrsg.): Konferenzunterlagen zur Eurosoftware 86,
Hamburg 13.-15. Mai 1986, Bd. 2, Hagenburg

Schuemer, R., Ströhlein, G., Gogolok, J. (1990)
Datenverarbeitung und statistische Auswertung mit SAS, Band II
Fischer, Stuttgart, New York

Schwarzer, B., Krcmar, H. (1995)
Grundlagen der Prozeßorientierung: eine vergleichende Untersuchung
in der Elektronik und Pharmaindustrie
Gabler, Wiesbaden

Selig, J. (1986)
EDV-Management
Springer, Berlin, Heidelberg, New York, Tokyo

Sherwin, F. (1967)
Value Engineering Project Workbook
Lexington, Mass.

Stork, W. (1995)
Rentabilität durch Qualität
In: Wermter, M (Hrsg.): Projektmanagement-Forum <1995, Erlangen>, S. 43-46
GPM, München

Striening, H.-D. (1988)
Prozeß-Management: Versuch eines integrierten Konzeptes situationsadäquater
Gestaltung von Verwaltungsprozessen
Peter Lang, Frankfurt a. M., Bern, New York, Paris

Swietlik, A., Schwanke, S. (1994)
Simultaneous Engineering
In: Stumbries, C. M. (Hrsg.): Projektleiter mit Profil. Qualifizierung durch
Methode Projektmanagement, S. 173-190
Landt + Henkel, Hamburg

Tabachnick, B. G., Fidell, L. (1995)
Using multivariate statistics
Harper Collins, New York

Theiner, M. (2002)
Key elements of an Iterative Software Development Process
Department of Computer Science, University of Salzburg, Salzburg
Online im Internet: URL:
http://wiseweb.wiwi.tu-dresden.de/Lehre/ewi1/0020564.pdf [27.05.2003]

Thom, N. (1991)
Betriebliches Vorschlagswesen. Ein Instrument der Betriebsführung
Peter Lang, Bern, Berlin, Frankfurt et al.

Tipotsch, C. (2001)
Projektmanagement Framework der team4e.com
Technology & Management Consulting GmbH (Hrsg.), Wien
Online im Internet: URL:
http://www.team4e.com/upload/20010922_PM-Framework.pdf [22.09.2003]

Ulrich, H., Probst, G. (1988)
Anleitung zum ganzheitlichen Denken und Handeln: ein Brevier für
Führungskräfte
Paul Haupt, Bern

VDI - Verein Deutscher Ingenieure (Hrsg., 1993a)
Methodik zum Entwickeln und Konstruieren technischer Systeme und Produkte
VDI-Richtlinie 2221
Verein Deutscher Ingenieure, Düsseldorf

VDI - Verein Deutscher Ingenieure (Hrsg., 1993b)
Wertanalyse-Arbeitsplan
VDI-Richtlinie 2801 - Entwurf
Verein Deutscher Ingenieure, Düsseldorf

VDI - Verein Deutscher Ingenieure (Hrsg., 2000)
Wertanalyse
VDI-Richtlinie 2800
Verein Deutscher Ingenieure, Düsseldorf

Wahl, R. (2001)
Akzeptanzprobleme bei der Implementierung von Projektmanagementkonzepten
in der Praxis: eine empirische Analyse
Peter Lang, Frankfurt a. M., Berlin, Bern

Wahrig, G. (Hrsg., 1983)
Brockhaus-Wahrig – Deutsches Wörterbuch in sechs Bänden
Deutsche Verlags-Anstalt, Stuttgart

Wahrig-Burfeind, R. (Hrsg., 2002)
Deutsches Wörterbuch
Wissen-Media, Güterloh, München

Wellenreuther, M. (1982)
Grundkurs: Empirische Forschungsmethoden
Athenaeum, Königsstein/Ts

Wexlberger, L. (1984)
Arbeitsgestaltung in der Serienfertigung: Erfahrungen zur
Organisationsentwicklung aus einem Humanisierungsprojekt
Campus, Frankfurt/Main

Wildemann, H. (1992)
Strategien zur Realisierung „schlanker Strukturen" in der Produktion
In: Lean Management - Der Weg zur schlanken Fabrik, S. 5-50
gfmt, München

Woll, A. (Hrsg., 1993)
Wirtschaftslexikon
Oldenbourg, München

Zachau, T. (1995)
Prozeßgestaltung in industriellen Anlagegeschäften
Gabler, Wiesbaden

Zieiasek, G. (1999)
Projektmanagement als Führungskonzept, Erfolgreich durch Aktivierung
aller Unternehmensebenen
Springer, Berlin, Heidelberg

Zöfel, P. (1992)
Statistik in der Praxis
Fischer, Stuttgart, Jena

Zöfel, P. (2001)
Statistik verstehen. Begleitbuch zur Computergestützten Anwendung
Addison-Wesley, München

Zogg, A. (1974)
Systemorientiertes Projekt-Management
Industrielle Organisation, Zürich

Anhang

A   Unterlagen zur Vorbereitung des Interviews

B   Fragebogen

A Unterlagen zur Vorbereitung des Interviews

Tab. A-1: Übersicht über die Projektbeteiligten

Projektbeteiligte	Namen/Kürzel
Auftraggeber:	....
Unternehmensleitung bzw. Vorgesetzter:	....
Steuerungsgremium:	....
Projektleiter:	....
Projektteam:	....
Berater (extern)	....
Fachabteilungen:	....
Planer/Mitarbeiter:	....
Systembetreiber:	....
Systembenutzer:	....
Lieferanten:	....
sonstige:	....

Projektbeteiligte

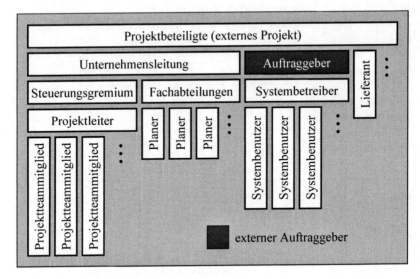

Abb. A-1: Projektbeteiligte bei einem Projekt mit externem Auftraggeber

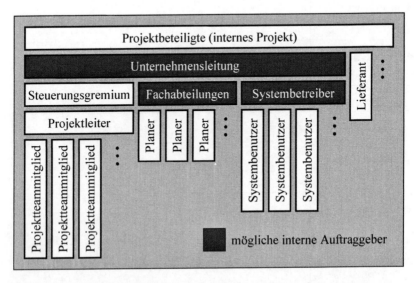

Abb. A-2: Projektbeteiligte bei einem Projekt mit internem Auftraggeber

Projektorganisationsformen

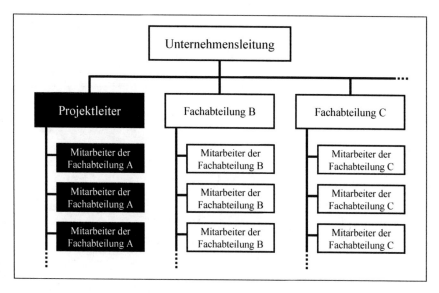

Abb. A-3: Reine oder autonome Projektorganisation

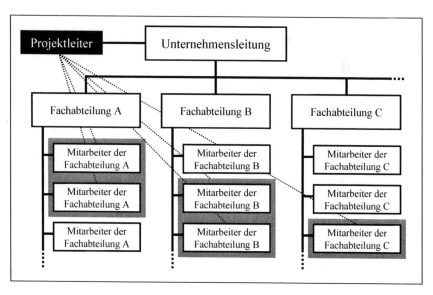

Abb. A-4: Einfluss- oder Stabs-Projektorganisation

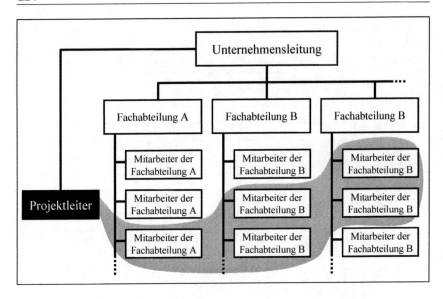

Abb. A-5: Matrix-Projektorganisation

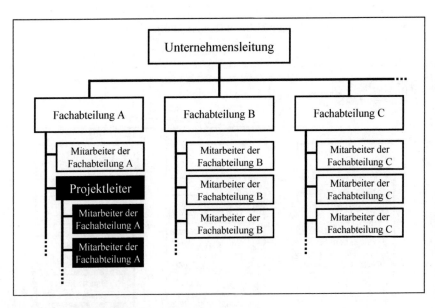

Abb. A-6: Projektmanagement in der Linie

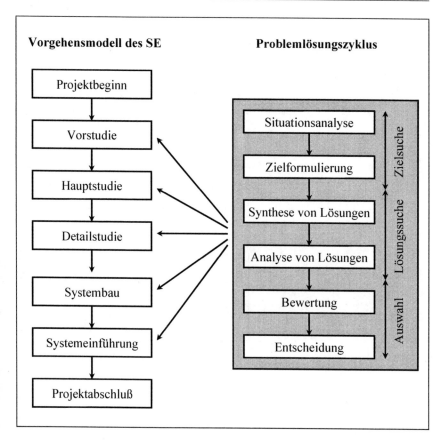

Abb. A-7: Darstellung des Projektverlaufs gemäß Vorgehensmodell des SE (vgl. Haberfellner et. al., 2002, S. 59)

Tab. A-2: Erläuterungen zu den Phasen des Projektverlaufs (mit Beispiel)

Bezeichnung	Aufgaben	Ergebnisse	Beispiel (Bau einer Lagerhalle)
Vorstudie	• Problemfeld, Gestaltungsbereich und Umwelt abgrenzen • Varianten von grundsätzlichen Lösungsprinzipien erarbeiten • Realisierbarkeit der Varianten untersuchen • Beurteilungskriterien festlegen	• Varianten von grundsätzlichen Lösungsprinzipien • Entscheidung für ein Lösungsprinzip	• Problem: Mehrbedarf an Lagerfläche • Varianten: Kauf, Umbau, Neubau • Risiken: Angebot, Finanzierung • Beurteilungskriterien: Zeit, Kosten • Entscheidung für Lagerneubau
Hauptstudie	• Lösung aufbauen • Varianten von Gesamtkonzepten erarbeiten • Struktur des Gesamtsystems verfeinern • Systemeigenschaften (Zweckmäßigkeit, Funktionstüchtigkeit) beurteilen • Entscheidungsgrundlage erarbeiten	• Varianten von Gesamtkonzepten • Entscheidung für ein Gesamtkonzept	• Varianten: versch. Lagersysteme • Beurteilungskriterien: Kosten, Kommissionierzeit • Entscheidung: Lagerhalle mit Paletten- und Fachbodemregallager
Detailstudie	• detaillierte Lösungskonzepte erarbeiten • Teillösungen konkretisieren	• Varianten von detaillierte Lösungskonzepte • Entscheidung für ein Detailkonzept	• Varianten: Layout, Fachgrößen • Beurteilungskriterien: Kosten, Kommissionierzeit, Artikelspektrum • Ergebnis: genehmigte Baupläne, Einrichtungspläne (Layout etc.)
Systembau	• Erstellung des Systems • Dokumentation erstellen • Organisatorische Abläufe definieren • Informationsfluß definieren • Abläufe bei Fehler/Störung definieren • Schulung der Systembenutzer • Wartungs- und Instandhaltungsabläufe definieren • Festlegung von Abnahme und Prüfverfahren	• System aufgebaut • System getestet	• Lagerhalle und Regale aufbauen • Bauüberwachung • Lagersysteme testen
Systemeinführung	• Stufenweise Inbetriebnahme • Know-how-Transfer zwischen Systementwicklern und Systembenutzern/-betreiber (Schulung) • Erfüllung der Ziele prüfen	• System in Betrieb • System abgenommen	• Abnahme Hallenbau und Lagersystem • Ware ein- und auslagern (Probebetrieb) • Lagerleistung langsam steigern

Tab. A-3: Gliederung des Projektverlaufs

Projektvereinbarungen
Wie wurden die Projektvereinbarungen im Verlauf des Projekts geändert?

Tab. A-4: Veränderung der Projektvereinbarungen über den Projektverlauf

Nr. Projektvereinbarung	Vereinbarungen bei Projektbeginn
1. Projektendtermin:	
2. Systembauzeit:	
3. Zeitraum der Systemeinführung:	
4. Mitarbeiter im Projektteam:	
5. Reisekosten (Planung):	
6. Personalkosten (Planung):	
7. MAE[88]-Investitionskosten:	
8. DV[89]-Investitionskosten:	
9. Investitionsgemeinkosten:	
10. Kosten der Systemeinführung:	
11. Betriebskosteneinsparung:	
12. Veränderung der Mitarbeiterzahl:	
13. Kapazitätserweiterung:	
14. Qualitätsverbesserung:	
15. technische Anforderungen:	
16. organisatorische Anforderungen:	
17. ergonomische Anforderungen:	
18. psychosoziale Anforderungen:	
19. ökologische Anforderungen:	
20. Randbedingungen[90]:	
21. Projektrisiken:	
22. sonstige, welche?	

---

[88] MAE: Maschinen-Anlagen-Einrichtungen

[89] DV-Investitionen: Kosten für Hard- und Software incl. Installation, keine Schulungskosten

[90] verlangte Normen, Vorschriften, geltende Gesetzte etc.

(Bitte den Inhalt der getroffenen bzw. geänderten Vereinbarungen kurz beschreiben)

Nr.	Vereinbarungen nach der Vorstudie	Nr.	Vereinbarungen nach der Hauptstudie
1.		1.	
2.		2.	
3.		3.	
4.		4.	
5.		5.	
6.		6.	
7.		7.	
8.		8.	
9.		9.	
10.		10.	
11.		11.	
12.		12.	
13.		13.	
14.		14.	
15.		15.	
16.		16.	
17.		17.	
18.		18.	
19.		19.	
20.		20.	
21.		21.	
22.		22.	

Nr.	Vereinbarungen nach der Detailstudie
1.	
2.	
3.	
4.	
5.	
6.	
7.	
8.	
9.	
10.	
11.	
12.	
13.	
14.	
15.	
16.	
17.	
18.	
19.	
20.	
21.	
22.	

B Fragebogen

Seite 1 — —

A Die Projektmerkmale

1. **Projektart:** _____

2. **Projektbeginn:** _____

3. **Das Projekt war eine:** ☐ Änderung eines bestehenden Systems

   ☐ Neuplanung eines Systems

4. **Wer war der Auftraggeber bei diesem Projekt?**

   ☐ Unternehmensleitung

   ☐ eigene Abteilung

   ☐ andere Abteilung im Unternehmen

   ☐ konzernangehöriger Auftraggeber

   ☐ externer Auftraggeber

5. **Wurden von Ihrer Abteilung schon einmal andere Projekte mit diesem Auftraggeber durchgeführt?**

   ☐ nein   ☐ ja, wieviel? _____

6. **Wer hat das Projekt initiiert?**

   ☐ Unternehmensleitung   ☐ Systembetreiber

   ☐ Leitender Mitarbeiter   ☐ Systembenutzer

   ☐ externer Berater   ☐ andere, wer? _____

7. **Welche Gründe hatte der Auftraggeber, dieses Projekt durchzuführen?**
   (Mehrfachnennungen möglich)

   ☐ Mängel am bestehenden System

   ☐ hohe Kosten des bestehenden Systems

   ☐ gestiegene (Kunden-) Anforderungen

   ☐ Erweiterung des unternehmerischen Betätigungsfeldes

   ☐ unternehmenspolitische Gründe

   ☐ andere, welche? _____

8. Welche Form der Projektorganisation wurde gewählt?

◻ Reine Projektorganisation   ◻ Einfluß-Projektorganisation

◻ Matrix-Projektorganisation   ◻ Projektmanagement in der Linie

9. Welchen Einfluß hatten die folgenden Projektbeteiligten auf die Auswahl der Mitarbeiter im Projektteam? (Bitte in jeder Zeile ankreuzen)

	keinen Einfluß	Beratung	entscheidender Einfluß
Auftraggeber	◻	◻	◻
Unternehmensleitung	◻	◻	◻
Steuerungsgremium	◻	◻	◻
Projektleiter	◻	◻	◻

10. Welchen Einfluß hatten die folgenden Projektbeteiligten auf die Verteilung der Projektaufgaben (Arbeitspakete)? (Bitte in jeder Zeile ankreuzen)

	keinen Einfluß	Beratung	entscheidender Einfluß
Auftraggeber	◻	◻	◻
Unternehmensleitung	◻	◻	◻
Steuerungsgremium	◻	◻	◻
Projektleiter	◻	◻	◻
Projektteammitglied	◻	◻	◻
Planer	◻	◻	◻

11. Wurde die Verteilung der Projektaufgaben schriftlich festgehalten?

◻ nein   ◻ ja, teilweise   ◻ ja, vollständig

12. Hatten die Projektbeteiligten immer einen eindeutigen Ansprechpartner bei allen Fragen zum Projekt? (Bitte in jeder Zeile ankreuzen)

	ja	nein
Auftraggeber	◻	◻
Unternehmensleitung	◻	◻
Steuerungsgremium	◻	◻
Projektleiter	◻	◻
Projektmitarbeiter	◻	◻
Planer	◻	◻

Seite 3   __ __

13. Inwieweit war das Problem, das dem Projekt zugrunde lag, vor diesem Projekt schon gelöst?

☐   Teilprobleme gelöst

☐   alternative Lösungsansätze vorhanden

☐   kein Lösungsansatz und keine Lösung bekannt

14. Wieviel Projekte mit ähnlicher Problemstellung wurden vor diesem Projekt von Ihrem Unternehmen durchgeführt?

	keine	1	2 - 5	mehr als 5
Anzahl Projekte	☐	☐	☐	☐

15. Gab es allgemeine Richtlinien zur Projektarbeit?

☐   nein   ☐   ja, welche?

                  ☐   Handbücher

                  ☐   Checklisten

                  ☐   Verfahrensanweisungen

                  ☐   sonstige, welche? _____

16. Wie wurde die Relevanz dieses Projektes von den Projektbeteiligten eingestuft?
(Bitte in jeder Zeile ankreuzen)

	sehr wichtig	wichtig	weder / noch	nicht so wichtig	unwichtig
Auftraggeber	☐	☐	☐	☐	☐
Unternehmensleitung	☐	☐	☐	☐	☐
Steuerungsgremium	☐	☐	☐	☐	☐
Projektleiter	☐	☐	☐	☐	☐
Projektteammitglied	☐	☐	☐	☐	☐
Planer	☐	☐	☐	☐	☐
Systembenutzer	☐	☐	☐	☐	☐
Systembetreiber	☐	☐	☐	☐	☐

17. Wie erfolgreich war dieses Projekt?

sehr erfolgreich	erfolgreich	weniger erfolgreich	nicht erfolgreich
☐	☐	☐	☐

235

Seite 4

B Die Projektziele

1. Wie groß war bei Projektbeginn das Risiko der Erfüllung der Projektvereinbarungen[1]? (Bitte in jeder Zeile ankreuzen)

Vereinbarung	sehr klein	klein	groß	sehr groß	keine Vereinbarung
Projektendtermin	☐	☐	☐	☐	☐
Systembauzeit	☐	☐	☐	☐	☐
Zeitraum der Systemeinführung	☐	☐	☐	☐	☐
Mitarbeiter im Projektteam	☐	☐	☐	☐	☐
Reisekosten	☐	☐	☐	☐	☐
Personalkosten	☐	☐	☐	☐	☐
MAE-Investitionskosten	☐	☐	☐	☐	☐
DV-Investitionskosten	☐	☐	☐	☐	☐
Investitionsgemeinkosten	☐	☐	☐	☐	☐
Kosten der Systemeinführung	☐	☐	☐	☐	☐
Betriebskosteneinsparung	☐	☐	☐	☐	☐
Veränderung der Mitarbeiterzahl	☐	☐	☐	☐	☐
Kapazitätserweiterung	☐	☐	☐	☐	☐
Qualitätsverbesserung	☐	☐	☐	☐	☐
technische Anforderungen	☐	☐	☐	☐	☐
organisatorische Anforderungen	☐	☐	☐	☐	☐
ergonomische Anforderungen	☐	☐	☐	☐	☐
psychosoziale Anforderungen	☐	☐	☐	☐	☐
ökologische Anforderungen	☐	☐	☐	☐	☐
Randbedingungen	☐	☐	☐	☐	☐
sonstige, welche? _____	☐	☐	☐	☐	☐

[1] Die Projektvereinbarungen werden vor Interviewbeginn auf getrenntem Blatt festgehalten.

Seite 5   — —

2. **Wurden die Projektziele schriftlich festgehalten?**

☐ nein (weiter mit Frage 4)   ☐ ja, teilweise   ☐ ja, vollständig

3. **Wie wurden die Projektziele festgehalten?**
(Mehrfachnennungen möglich)

☐ detaillierte Beschreibung

☐ Protokoll

☐ Notiz

☐ Schriftwechsel

☐ sonstiges, wie? _____

4. **Wer hat bei der Zusammenstellung der Projektziele mitgearbeitet?**
(Mehrfachnennungen möglich)

☐ Auftraggeber   ☐ Planer

☐ Unternehmensleitung   ☐ Fachabteilungen

☐ Steuerungsgremium   ☐ Systembenutzer

☐ Projektleiter   ☐ Systembetreiber

☐ Projektteam   ☐ Experte (extern)

5. **Wie wurden die Projektziele vom Auftraggeber gewichtet?**
(Bitte in jeder Zeile ankreuzen)

	sehr wichtig	wichtig	weder / noch	nicht so wichtig	unwichtig
wirtschaftliche Ziele	☐	☐	☐	☐	☐
technische Ziele	☐	☐	☐	☐	☐
organisatorische Ziele	☐	☐	☐	☐	☐
ergonomische Ziele	☐	☐	☐	☐	☐
psychosoziale Ziele	☐	☐	☐	☐	☐
ökologische Ziele	☐	☐	☐	☐	☐
Projekttermine	☐	☐	☐	☐	☐

6. Wie wurden die Projektziele von der Unternehmensleitung gewichtet?
(Bitte in jeder Zeile ankreuzen)

	sehr wichtig	wichtig	weder / noch	nicht so wichtig	unwichtig
wirtschaftliche Ziele	☐	☐	☐	☐	☐
technische Ziele	☐	☐	☐	☐	☐
organisatorische Ziele	☐	☐	☐	☐	☐
ergonomische Ziele	☐	☐	☐	☐	☐
psychosoziale Ziele	☐	☐	☐	☐	☐
ökologische Ziele	☐	☐	☐	☐	☐
Projekttermine	☐	☐	☐	☐	☐

7. Wie wurden die Projektziele vom Steuerungsgremium gewichtet?
(Bitte in jeder Zeile ankreuzen)

	sehr wichtig	wichtig	weder / noch	nicht so wichtig	unwichtig
wirtschaftliche Ziele	☐	☐	☐	☐	☐
technische Ziele	☐	☐	☐	☐	☐
organisatorische Ziele	☐	☐	☐	☐	☐
ergonomische Ziele	☐	☐	☐	☐	☐
psychosoziale Ziele	☐	☐	☐	☐	☐
ökologische Ziele	☐	☐	☐	☐	☐
Projekttermine	☐	☐	☐	☐	☐

8. Wie wurden die Projektziele vom Projektteam gewichtet?
(Bitte in jeder Zeile ankreuzen)

	sehr wichtig	wichtig	weder / noch	nicht so wichtig	unwichtig
wirtschaftliche Ziele	☐	☐	☐	☐	☐
technische Ziele	☐	☐	☐	☐	☐
organisatorische Ziele	☐	☐	☐	☐	☐
ergonomische Ziele	☐	☐	☐	☐	☐
psychosoziale Ziele	☐	☐	☐	☐	☐
ökologische Ziele	☐	☐	☐	☐	☐
Projekttermine	☐	☐	☐	☐	☐

Seite 7 — —

9. Wie wurden vom Projektteam bei Projektbeginn die folgenden Einflußfaktoren bewertet? (Bitte in jeder Zeile ankreuzen)

	angemessen	knapp	ungenügend
Projektbudget	☐	☐	☐
Personalkapazität	☐	☐	☐
Betriebsmittelkapazität	☐	☐	☐
Projektmanagementerfahrung	☐	☐	☐
Technisches Know-how	☐	☐	☐

10. Wie detailliert wurden die folgenden Projektgrößen geplant? (Bitte in jeder Zeile ankreuzen)

	keine Planung	grobe Schätzung	detaillierte Berechnung
Projektkosten	☐	☐	☐
Projekttermine	☐	☐	☐
Personalkapazität	☐	☐	☐
Betriebsmittelkapazität	☐	☐	☐
Arbeitspakete	☐	☐	☐
Projektrisiken	☐	☐	☐

11. Welche Methode wurde zur Terminplanung eingesetzt? (Mehrfachnennungen möglich)

☐ keine   ☐ CPM-Netzplantechnik

☐ Tabelle/Liste   ☐ MPM-Netzplantechnik

☐ Balkendiagramm   ☐ PERT/GERT-Netzplantechnik

12. Wie wurden die folgenden Projektgrößen überwiegend kontrolliert? (Bitte in jeder Zeile ankreuzen)

	keine Kontrolle	manuelle Kontrolle	PM^2-Software
Projektkosten	☐	☐	☐
Projektterminplan	☐	☐	☐
Personalkapazität	☐	☐	☐
Betriebsmittelkapazität	☐	☐	☐
Projektfortschritt	☐	☐	☐

---

[2] PM: Projektmanagement

C   Das Projektteam

1.   Wieviel Personen waren im Projektverlauf Mitglied im Projektteam? _____

2.   Wieviel Projekte mit ähnlicher Problemstellung wurden vor diesem Projekt vom Projektleiter durchgeführt?

	keine	1	2 - 5	mehr als 5
Anzahl Projekte	☐	☐	☐	☐

3.   In wieviel Projektteams anderer Projekte hat der Projektleiter zur selben Zeit (parallel zu diesem Projekt) noch mitgearbeitet?

_____

4.   Hatte der Projektleiter neben der Projekttätigkeit auch noch Linienaufgaben zu erfüllen?

☐   nein   ☐   ja, zeitweise   ☐   ja, immer

5.   Wieviel Projekte mit ähnlicher Problemstellung wurden vor diesem Projekt von den Projektteammitgliedern durchgeführt?   (Bitte die Anzahl der Personen eintragen)

Anzahl Projekte	keine	1	2 - 5	mehr als 5
Anzahl der Projektteammitglieder	———	———	———	———

6.   Wieviel Projektteammitglieder hatten neben der Projekttätigkeit auch noch Linienaufgaben zu erfüllen?   (Bitte die Anzahl der Personen eintragen)

	keine Linienaufgaben	zeitweise Linienaufgaben	immer Linienaufgaben
Anzahl der Projektteammitglieder	———	———	———

7.   Wieviel Projektteammitglieder hatten bereits Projekterfahrung bei der Lösung von Problemen aus den folgenden Fachgebieten?   (Bitte in jeder Zeile ankreuzen)

	keiner	einige	alle
Betriebswirtschaft	☐	☐	☐
Maschinenbau	☐	☐	☐
Betriebsorganisation	☐	☐	☐
Arbeitswissenschaft	☐	☐	☐
Datenverarbeitung	☐	☐	☐

Seite 9   — —

D Angaben zu Ihrer Person

1. **Wie alt sind Sie?** _____ Jahre

2. **Welche Funktionen haben Sie im Rahmen dieses Projektes wahrgenommen?**
   (Mehrfachnennungen möglich)

   ☐ Projektleiter   ☐ Planer   ☐ Berater

Die Fragen 3 - 6 beziehen sich auf die Zeit vor Beginn des hier untersuchten Projektes:

---

3. **Seit wieviel Jahren arbeiteten Sie an Projekten mit?** _____ Jahre

4. **An wieviel Projekten hatten Sie schon mitgearbeitet?** _____ Projekte

5. **Wieviel Projekterfahrung hatte Sie dadurch bei der Lösung von Problemen aus den folgenden Fachgebieten?** (Bitte in jeder Zeile ankreuzen)

	keine Projekte	1 Projekt	2 - 5 Projekte	mehr als 5 Projekte
Betriebswirtschaft	☐	☐	☐	☐
Maschinenbau	☐	☐	☐	☐
Elektrotechnik	☐	☐	☐	☐
Betriebsorganisation	☐	☐	☐	☐
Arbeitswissenschaft	☐	☐	☐	☐
Datenverarbeitung	☐	☐	☐	☐

6. **Im Rahmen welcher Ausbildungen haben Sie Fachwissen auf den folgenden Gebieten erworben?** (Bitte in jeder Zeile ankreuzen)

	keine	Berufs-ausbildung	Hochschul-studium	berufliche Fortbildung	sonstige, welche? (bitte kurz beschreiben)
Betriebswirtschaft	☐	☐	☐	☐	☐ _____
Maschinenbau	☐	☐	☐	☐	☐ _____
Elektrotechnik	☐	☐	☐	☐	☐ _____
Datenverarbeitung	☐	☐	☐	☐	☐ _____
Arbeitswissenschaft	☐	☐	☐	☐	☐ _____
Betriebsorganisation	☐	☐	☐	☐	☐ _____
Projektmanagement	☐	☐	☐	☐	☐ _____

7. **Konnten Sie durch die Mitarbeit bei diesem Projekt Ihre Kenntnisse auf den folgenden Fachgebieten vertiefen?** (Bitte in jeder Zeile ankreuzen)

	keine neuen Kenntnisse	einige neue Kenntnisse	viele neue Kenntnisse
Betriebswirtschaft	☐	☐	☐
Maschinenbau	☐	☐	☐
Elektrotechnik	☐	☐	☐
Datenverarbeitung	☐	☐	☐
Arbeitswissenschaft	☐	☐	☐
Betriebsorganisation	☐	☐	☐
Projektmanagement	☐	☐	☐

Seite 11 　　　— —

E Die Vorstudie

1. **Beginn** der Vorstudie: _____

2. **Ende** der Vorstudie: _____

3. **Wieviel Personen haben bei der Vorstudie mitgearbeitet?**

   direkt: _____　　　indirekt: _____

4. **Wieviel Fachabteilungen haben bei der Vorstudie mitgearbeitet?** _____

5. **Wie hoch war der Anteil der Projektarbeitszeit gemessen an der gesamten Arbeitszeit während der Vorstudie?**
   Bitte den Anteil der Projektarbeit für jeden **direkten** Projektmitarbeiter (Frage 3) getrennt bestimmen. In der folgenden Tabelle wird dann unter jedem Zeitanteil die Anzahl der Mitarbeiter eingetragen, für die dieser Zeitanteil ermittelt wurde.
   Wenn der Anteil über die Dauer der Vorstudie variiert, dann bitte auf getrenntem Blatt die Anteile über die Zeitdauer aufschlüsseln.

Zeitanteil	0% ... 10%	... 25%	... 50%	... 75%	... 90%	... 100%
Anzahl der Projektmitarbeiter	_____	_____	_____	_____	_____	_____

6. **Wann fanden in der Vorstudie Projektsitzungen statt?**
   (Mehrfachnennungen möglich)

   ☐ keine Projektsitzungen

   ☐ zu Beginn der Vorstudie

   ☐ bei Problemen

   ☐ regelmäßig, alle _____ Arbeitstage

   ☐ bei bestimmten Ereignissen, welche? _____

   ☐ am Ende der Vorstudie

7. **Wie oft wurden in der Vorstudie aktuelle Informationen zwischen dem Projektteam und dem Auftraggeber ausgetauscht?** (Bitte in jeder Zeile ankreuzen)

Kontakte	täglich	pro Woche mehrmals	pro Woche einmal	pro Monat mehrmals	pro Monat einmal	im Quartal einmal	weniger	keine
persönliche	☐	☐	☐	☐	☐	☐	☐	☐
telefonische	☐	☐	☐	☐	☐	☐	☐	☐
schriftliche	☐	☐	☐	☐	☐	☐	☐	☐

8. Wie oft wurden in der Vorstudie aktuelle Informationen zwischen dem Projektteam und dem Steuerungsgremium ausgetauscht?
(Bitte in jeder Zeile ankreuzen)

Kontakte	täglich	pro Woche mehrmals	pro Woche einmal	pro Monat mehrmals	pro Monat einmal	im Quartal einmal	weniger	keine
persönliche	☐	☐	☐	☐	☐	☐	☐	☐
telefonische	☐	☐	☐	☐	☐	☐	☐	☐
schriftliche	☐	☐	☐	☐	☐	☐	☐	☐

9. Wo hat das Planungsteam die Vorstudie erstellt?

Arbeitszeit vor Ort	0% ... 10%	... 25%	... 50%	... 75%	... 90%	... 100%
	☐	☐	☐	☐	☐	☐

10. Wie wurden die für die Planung in der Vorstudie notwendigen betrieblichen Basisdaten ermittelt? (Mehrfachnennungen möglich)

☐ Zählen und Messen   ☐ Übernahme von Plandaten

☐ Befragung   ☐ Checklisten

☐ Beobachtung   ☐ Schätzungen

☐ Auswertung von EDV-Daten

11. Wer hat betriebliche Basisdaten aufgenommen bzw. geschätzt?
(Bitte in jeder Zeile ankreuzen)

	keine Daten	wenige Daten	viele Daten
Auftraggeber	☐	☐	☐
Unternehmensleitung	☐	☐	☐
Steuerungsgremium	☐	☐	☐
Projektleiter	☐	☐	☐
Projektteam	☐	☐	☐
Planer	☐	☐	☐
Fachabteilungen	☐	☐	☐
Systembetreiber	☐	☐	☐
Systembenutzer	☐	☐	☐
Experte (extern)	☐	☐	☐
Lieferant	☐	☐	☐

Seite 13 — —

12. Wurde das Datengerüst dem Auftraggeber zur Bestätigung mitgeteilt?

☐ nein(weiter mit Frage 15)   ☐ ja, teilweise   ☐ ja, vollständig

13. Wie wurde das Datengerüst dem Auftraggeber mitgeteilt?

☐ telefonisch   ☐ schriftlich   ☐ persönlich

14. Wie wurde nach Lösungsansätzen gesucht? [3]   (Mehrfachnennungen möglich)

☐ Intuitives Vorgehen

☐ Verknüpfendes Vorgehen

☐ Kombinatorisches Vorgehen

15. Woher kam der wichtigste Impuls / die „zündende Idee" bei der Lösungsfindung?
(Mehrfachnennungen möglich)

☐ eigene Idee   ☐ Erfahrung einer Fachabteilung

☐ eigene Erfahrung   ☐ Betriebliches Vorschlagswesen

☐ Gespräch mit Kollegen   ☐ Gespräch mit Systembenutzern

☐ Erfahrung des Auftraggebers   ☐ Gespräch mit Systembetreibern

☐ Erfahrung der Unternehmensleitung   ☐ Literaturstudium

☐ Erfahrung des Steuerungsgremiums   ☐ Beratung durch Experten

16. Wie wurden die Ergebnisse der Vorstudie festgehalten?
(Mehrfachnennungen möglich)

☐ Notizen   ☐ Ablaufbeschreibungen

☐ Berichte   ☐ Fluß-/Ablaufdiagramme

☐ Präsentation   ☐ Lastenhefte

☐ Skizzen/Zeichnungen   ☐ Pflichtenhefte

☐ Graphiken   ☐ nicht schriftlich

---

[3] Zur Erläuterung der verschiedenen Vorgehensweisen s. „Erläuterungen zu den Fragen" auf Seite 50

17. Wer hat die Methode zur Bewertung der Varianten der Vorstudie festgelegt?
(Mehrfachnennungen möglich)

- ☐ Auftraggeber
- ☐ Unternehmensleitung
- ☐ Steuerungsgremium
- ☐ Projektleiter
- ☐ Projektteam

- ☐ Planer
- ☐ Systembenutzer
- ☐ Systembetreiber
- ☐ Experte (extern)
- ☐ Lieferant

18. Welche Bewertungstechnik wurde verwendet, um die Varianten der Vorstudie zu bewerten? (Mehrfachnennungen möglich)

- ☐ Argumentenbilanz
- ☐ Wirtschaftlichkeitsrechnung
- ☐ Nutzwertanalyse

- ☐ Kosten-Wirksamkeits-Analyse
- ☐ keine Bewertungstechnik
  (weiter mit Frage 20)

19. Wer hat die Gewichtung der Kriterien bei der Variantenbewertung in der Vorstudie festgelegt? (Mehrfachnennungen möglich)

- ☐ Auftraggeber
- ☐ Unternehmensleitung
- ☐ Steuerungsgremium
- ☐ Projektleiter
- ☐ Projektteam

- ☐ Planer
- ☐ Systembenutzer
- ☐ Systembetreiber
- ☐ Experte (extern)
- ☐ Lieferant

20. Wer hat die Variantenauswahl am Ende der Vorstudie getroffen?
(Mehrfachnennungen möglich)

- ☐ Auftraggeber
- ☐ Unternehmensleitung
- ☐ Steuerungsgremium
- ☐ Projektleiter
- ☐ Projektteam

- ☐ Planer
- ☐ Systembenutzer
- ☐ Systembetreiber
- ☐ Experte (extern)
- ☐ Lieferant

Seite 15   — —

21. Wie wurden die folgenden Kriterien bei der Variantenbewertung in der Vorstudie gewichtet? (Bitte in jeder Zeile ankreuzen)

	sehr wichtig	wichtig	weder/ noch	nicht so wichtig	unwichtig
1. Ablauforganisation	☐	☐	☐	☐	☐
2. Durchlaufzeit	☐	☐	☐	☐	☐
3. Eignung[4]/ Funktion	☐	☐	☐	☐	☐
4. Ergonomie	☐	☐	☐	☐	☐
5. Flexibilität bzgl. Auslastung	☐	☐	☐	☐	☐
6. Flexibilität bzgl. Erweiterung	☐	☐	☐	☐	☐
7. Kosten der Systemeinführung	☐	☐	☐	☐	☐
8. Kundenorientierung	☐	☐	☐	☐	☐
9. Ökologie	☐	☐	☐	☐	☐
10. Personalqualifikation	☐	☐	☐	☐	☐
11. Personalkosten	☐	☐	☐	☐	☐
12. Psychosoziale Gesichtspunkte	☐	☐	☐	☐	☐
13. Systembaukosten	☐	☐	☐	☐	☐
14. Systembauzeit	☐	☐	☐	☐	☐
15. Systembetriebskosten	☐	☐	☐	☐	☐
16. Wirtschaftlichkeit	☐	☐	☐	☐	☐
17. Zeitraum der Systemeinführung	☐	☐	☐	☐	☐

22. Welche Systemeigenschaft war für die Entscheidungsträger (Frage 20) bei der Variantenauswahl ausschlaggebend?

_____

23. Wieviel Arbeitstage dauerte die Entscheidungsphase, nachdem die Ergebnisse der Vorstudie den Entscheidungsträgern (Frage 20) vorlagen?

_____ Arbeitstage

24. Wurde die von Ihnen persönlich bevorzugte Variante weitgehend übernommen?

☐ ja   ☐ nein

---

[4] „Eignung ist der Grad der Deckung von Anforderungsprofil und Fähigkeitsprofil" (Patzak, G., 1982, S.165)

25. Wie wurden die Projektbeteiligten über die Ergebnisse der Vorstudie informiert?
(Bitte in jeder **Spalte** ankreuzen, Mehrfachnennungen in der Spalte möglich)

	Auftrag-geber	Unterneh-mensleitung	Steuerungs-gremium	Projektteam-mitglieder	Planer
keine Information	☐	☐	☐	☐	☐
Notizen	☐	☐	☐	☐	☐
Berichte	☐	☐	☐	☐	☐
Präsentation	☐	☐	☐	☐	☐
Skizzen/Zeichnungen	☐	☐	☐	☐	☐
Graphiken	☐	☐	☐	☐	☐
Ablaufbeschreibungen	☐	☐	☐	☐	☐
Fluß-/ Ablaufdiagramme	☐	☐	☐	☐	☐
Lastenhefte	☐	☐	☐	☐	☐
Pflichtenhefte	☐	☐	☐	☐	☐
Besprechungen	☐	☐	☐	☐	☐
Einzelgespräche	☐	☐	☐	☐	☐

26. Wurden Vereinbarungen, die bei Projektbeginn getroffen wurden[5], innerhalb der Vorstudie geändert oder ergänzt?

☐ nein (weiter mit Frage 30)   ☐ ja

27. Wie sind diese Änderungen in der Vorstudie entstanden?
(Bitte alle Änderungen mit der Nr. auf dem Beiblatt zuordnen)

	Beratung	Entscheidung
Auftraggeber	_____	_____
Unternehmensleitung	_____	_____
Steuerungsgremium	_____	_____
Projektleiter	_____	_____
Projektteam	_____	_____
Planer	_____	_____
andere, wer? _____	_____	_____

---

[5] Die Projektvereinbarungen werden vor Interviewbeginn auf getrenntem Blatt festgehalten.

248

**28. Auf welche Ursachen lassen sich diese Änderungen der Vereinbarungen zurück-
führen?**
(Bitte alle Änderungen einer Ursachen zuordnen, Nr. auf dem Beiblatt verwenden)

Ursache für Änderungen	Vereinbarungen
Anforderung nachträglich geändert/erweitert	_____
Anforderung falsch definiert	_____
notwendige Informationen kamen zu spät	_____
Fehler bei der Planung (z.b. bei Berechnungen)	_____
Arbeitsschritte wurden vergessen	_____
Arbeitsaufwand wurde unterschätzt	_____
Planung mit fehlerhaften Daten	_____
Planung mit unbekannten Randbedingungen	_____
Auftraggeber erfüllte seine Zusagen nicht	_____
Unternehmensleitung erfüllte ihre Zusagen nicht	_____
Lieferant erfüllte seine Zusagen nicht	_____
Entscheidungen wurden verspätet getroffen	_____
Personalkapazität verringert (z.B. wg. Krankheit)	_____
Projektmitarbeiter waren ungenügend qualifiziert	_____
Projektmitarbeiter waren ungenügend motiviert	_____
Erkenntnisse/Ergebnisse des Planungsprozesses	_____
sonstige, welche?_____	_____

29. Wer wurde über diese Änderungen der Vereinbarungen informiert?
(Bitte in jeder Zeile ankreuzen)

	nicht infor-miert	teilweise in-formiert	vollständig informiert
Auftraggeber	☐	☐	☐
Unternehmenslei-tung	☐	☐	☐
Steuerungsgremium	☐	☐	☐
Projektleiter	☐	☐	☐
Projektteam	☐	☐	☐
Planer	☐	☐	☐

30. **Wie groß war das Risiko der Erfüllung der Projektvereinbarungen[6], die nach der Vorstudie verbindlich waren?** (Bitte in jeder Zeile ankreuzen)

Vereinbarung	sehr klein	klein	groß	sehr groß	keine Vereinbarung
Projektendtermin	☐	☐	☐	☐	☐
Systembauzeit	☐	☐	☐	☐	☐
Zeitraum der Systemeinführung	☐	☐	☐	☐	☐
Mitarbeiter im Projektteam	☐	☐	☐	☐	☐
Reisekosten	☐	☐	☐	☐	☐
Personalkosten	☐	☐	☐	☐	☐
MAE-Investitionskosten	☐	☐	☐	☐	☐
DV-Investitionskosten	☐	☐	☐	☐	☐
Investitionsgemeinkosten	☐	☐	☐	☐	☐
Kosten der Systemeinführung	☐	☐	☐	☐	☐
Betriebskosteneinsparung	☐	☐	☐	☐	☐
Veränderung der Mitarbeiterzahl	☐	☐	☐	☐	☐
Kapazitätserweiterung	☐	☐	☐	☐	☐
Qualitätsverbesserung	☐	☐	☐	☐	☐
technische Anforderungen	☐	☐	☐	☐	☐
organisatorische Anforderungen	☐	☐	☐	☐	☐
ergonomische Anforderungen	☐	☐	☐	☐	☐
psychosoziale Anforderungen	☐	☐	☐	☐	☐
ökologische Anforderungen	☐	☐	☐	☐	☐
Randbedingungen	☐	☐	☐	☐	☐
sonstige, welche? _____	☐	☐	☐	☐	☐

---

[6] Die detaillierten Projektvereinbarungen sind auf dem Beiblatt festgehalten.

Seite 19 — —

F Die Hauptstudie

1. **Beginn** der Hauptstudie: _____

2. **Ende** der Hauptstudie: _____

3. **Wieviel Personen haben bei der Hauptstudie mitgearbeitet?**

   direkt: _____ indirekt: _____

4. **Wieviel Fachabteilungen haben bei der Hauptstudie mitgearbeitet?** _____

5. **Wie hoch war der Anteil der Projektarbeitszeit gemessen an der gesamten Arbeitszeit während der Hauptstudie?**
   Bitte den Anteil der Projektarbeit für jeden **direkten** Projektmitarbeiter (Frage 3) getrennt bestimmen. In der folgenden Tabelle wird dann unter jedem Zeitanteil die Anzahl der Mitarbeiter eingetragen, für die dieser Zeitanteil ermittelt wurde.
   Wenn der Anteil über die Dauer der Hauptstudie variiert, dann bitte auf getrenntem Blatt die Anteile über die Zeitdauer aufschlüsseln.

Zeitanteil	0% ... 10%	... 25%	... 50%	... 75%	... 90%	... 100%
Anzahl der Projektmitarbeiter	_____	_____	_____	_____	_____	_____

6. **Wann fanden in der Hauptstudie Projektsitzungen statt?**
   (Mehrfachnennungen möglich)

   ☐ keine Projektsitzungen

   ☐ zu Beginn der Hauptstudie

   ☐ bei Problemen

   ☐ regelmäßig, alle _____ Arbeitstage

   ☐ bei bestimmten Ereignissen, welche? _____

   ☐ am Ende der Hauptstudie

7. **Wie oft wurden in der Hauptstudie aktuelle Informationen zwischen dem Projektteam und dem Auftraggeber ausgetauscht?** (Bitte in jeder Zeile ankreuzen)

Kontakte	täglich	pro Woche mehrmals	pro Woche einmal	pro Monat mehrmals	pro Monat einmal	im Quartal einmal	weniger	keine
persönliche	☐	☐	☐	☐	☐	☐	☐	☐
telefonische	☐	☐	☐	☐	☐	☐	☐	☐
schriftliche	☐	☐	☐	☐	☐	☐	☐	☐

8. Wie oft wurden in der Hauptstudie aktuelle Informationen zwischen dem Projekt-team und dem Steuerungsgremium ausgetauscht?
(Bitte in jeder Zeile ankreuzen)

		pro Woche		pro Monat		im Quartal		
Kontakte	täglich	mehrmals	einmal	mehrmals	einmal	einmal	weniger	keine
persönliche	☐	☐	☐	☐	☐	☐	☐	☐
telefonische	☐	☐	☐	☐	☐	☐	☐	☐
schriftliche	☐	☐	☐	☐	☐	☐	☐	☐

9. Wo hat das Planungsteam die Hauptstudie erstellt?

Arbeitszeit vor Ort	0% ... 10%	... 25%	... 50%	... 75%	... 90%	... 100%
	☐	☐	☐	☐	☐	☐

10. Wie wurden die für die Planung in der Hauptstudie notwendigen betrieblichen Basisdaten ermittelt? (Mehrfachnennungen möglich)

☐ Zählen und Messen   ☐ Übernahme von Plandaten

☐ Befragung   ☐ Checklisten

☐ Beobachtung   ☐ Schätzungen

☐ Auswertung von EDV-Daten   ☐ keine weiteren Daten erforderlich
(weiter mit Frage 14)

11. Wer hat betriebliche Basisdaten aufgenommen bzw. geschätzt?
(Bitte in jeder Zeile ankreuzen)

	keine Daten	wenige Daten	viele Daten
Auftraggeber	☐	☐	☐
Unternehmensleitung	☐	☐	☐
Steuerungsgremium	☐	☐	☐
Projektleiter	☐	☐	☐
Projektteam	☐	☐	☐
Planer	☐	☐	☐
Fachabteilungen	☐	☐	☐
Systembetreiber	☐	☐	☐
Systembenutzer	☐	☐	☐
Experte (extern)	☐	☐	☐
Lieferant	☐	☐	☐

Seite 21 — —

12. Wurde das Datengerüst dem Auftraggeber zur Bestätigung mitgeteilt?

☐ nein(weiter mit Frage 15)   ☐ ja, teilweise   ☐ ja, vollständig

13. Wie wurde das Datengerüst dem Auftraggeber mitgeteilt?

☐ telefonisch   ☐ schriftlich   ☐ persönlich

14. Wie wurde nach Lösungsansätzen gesucht? [7] (Mehrfachnennungen möglich)

☐ Intuitives Vorgehen

☐ Verknüpfendes Vorgehen

☐ Kombinatorisches Vorgehen

15. Woher kam der wichtigste Impuls / die „zündende Idee" bei der Lösungsfindung?
(Mehrfachnennungen möglich)

☐ eigene Idee   ☐ Erfahrung einer Fachabteilung

☐ eigene Erfahrung   ☐ Betriebliches Vorschlagswesen

☐ Gespräch mit Kollegen   ☐ Gespräch mit Systembenutzern

☐ Erfahrung des Auftraggebers   ☐ Gespräch mit Systembetreibern

☐ Erfahrung der Unternehmensleitung   ☐ Literaturstudium

☐ Erfahrung des Steuerungsgremiums   ☐ Beratung durch Experten

16. Wie wurden die Ergebnisse der Hauptstudie festgehalten?
(Mehrfachnennungen möglich)

☐ Notizen   ☐ Ablaufbeschreibungen

☐ Berichte   ☐ Fluß-/Ablaufdiagramme

☐ Präsentation   ☐ Lastenhefte

☐ Skizzen/Zeichnungen   ☐ Pflichtenhefte

☐ Graphiken   ☐ nicht schriftlich

---

[7] Zur Erläuterung der verschiedenen Vorgehensweisen s. „Erläuterungen zu den Fragen" auf Seite 50

17. Wer hat die Methode zur Bewertung der Varianten der Hauptstudie festgelegt? (Mehrfachnennungen möglich)

☐ Auftraggeber   ☐ Planer

☐ Unternehmensleitung   ☐ Systembenutzer

☐ Steuerungsgremium   ☐ Systembetreiber

☐ Projektleiter   ☐ Experte (extern)

☐ Projektteam   ☐ Lieferant

18. Welche Bewertungstechnik wurde verwendet, um die Varianten der Hauptstudie zu bewerten? (Mehrfachnennungen möglich)

☐ Argumentenbilanz   ☐ Kosten-Wirksamkeits-Analyse

☐ Wirtschaftlichkeitsrechnung   ☐ keine Bewertungstechnik

☐ Nutzwertanalyse   (weiter mit Frage 20)

19. Wer hat die Gewichtung der Kriterien bei der Variantenbewertung in der Hauptstudie festgelegt? (Mehrfachnennungen möglich)

☐ Auftraggeber   ☐ Planer

☐ Unternehmensleitung   ☐ Systembenutzer

☐ Steuerungsgremium   ☐ Systembetreiber

☐ Projektleiter   ☐ Experte (extern)

☐ Projektteam   ☐ Lieferant

20. Wer hat die Variantenauswahl am Ende der Hauptstudie getroffen? (Mehrfachnennungen möglich)

☐ Auftraggeber   ☐ Planer

☐ Unternehmensleitung   ☐ Systembenutzer

☐ Steuerungsgremium   ☐ Systembetreiber

☐ Projektleiter   ☐ Experte (extern)

☐ Projektteam   ☐ Lieferant

21. Wie wurden die folgenden Kriterien bei der Variantenbewertung in der Hauptstudie gewichtet? (Bitte in jeder Zeile ankreuzen)

	sehr wichtig	wichtig	weder/ noch	nicht so wichtig	unwichtig
1. Ablauforganisation	☐	☐	☐	☐	☐
2. Durchlaufzeit	☐	☐	☐	☐	☐
3. Eignung[8]/ Funktion	☐	☐	☐	☐	☐
4. Ergonomie	☐	☐	☐	☐	☐
5. Flexibilität bzgl. Auslastung	☐	☐	☐	☐	☐
6. Flexibilität bzgl. Erweiterung	☐	☐	☐	☐	☐
7. Kosten der Systemeinführung	☐	☐	☐	☐	☐
8. Kundenorientierung	☐	☐	☐	☐	☐
9. Ökologie	☐	☐	☐	☐	☐
10. Personalqualifikation	☐	☐	☐	☐	☐
11. Personalkosten	☐	☐	☐	☐	☐
12. Psychosoziale Gesichtspunkte	☐	☐	☐	☐	☐
13. Systembaukosten	☐	☐	☐	☐	☐
14. Systembauzeit	☐	☐	☐	☐	☐
15. Systembetriebskosten	☐	☐	☐	☐	☐
16. Wirtschaftlichkeit	☐	☐	☐	☐	☐
17. Zeitraum der Systemeinführung	☐	☐	☐	☐	☐

22. Welche Systemeigenschaft war für die Entscheidungsträger (Frage 20) bei der Variantenauswahl ausschlaggebend?

_____

23. Wieviel Arbeitstage dauerte die Entscheidungsphase, nachdem die Ergebnisse der Hauptstudie den Entscheidungsträgern (Frage 20) vorlagen?

_____ Arbeitstage

24. Wurde die von Ihnen persönlich bevorzugte Variante weitgehend übernommen?

☐ ja   ☐ nein

---

[8] „Eignung ist der Grad der Deckung von Anforderungsprofil und Fähigkeitsprofil" (Patzak, G., 1982, S.165)

25. Wie wurden die Projektbeteiligten über die Ergebnisse der Hauptstudie informiert?
(Bitte in jeder **Spalte** ankreuzen, Mehrfachnennungen in der Spalte möglich)

	Auftrag-geber	Unterneh-mensleitung	Steuerungs-gremium	Projektteam-mitglieder	Planer
keine Information	☐	☐	☐	☐	☐
Notizen	☐	☐	☐	☐	☐
Berichte	☐	☐	☐	☐	☐
Präsentation	☐	☐	☐	☐	☐
Skizzen/Zeichnungen	☐	☐	☐	☐	☐
Graphiken	☐	☐	☐	☐	☐
Ablaufbeschreibungen	☐	☐	☐	☐	☐
Fluß-/ Ablaufdiagramme	☐	☐	☐	☐	☐
Lastenhefte	☐	☐	☐	☐	☐
Pflichtenhefte	☐	☐	☐	☐	☐
Besprechungen	☐	☐	☐	☐	☐
Einzelgespräche	☐	☐	☐	☐	☐

26. Wurden Vereinbarungen[9], die nach der Vorstudie verbindlich waren innerhalb der Hauptstudie geändert oder ergänzt?

☐ nein (weiter mit Frage 30) ☐ ja

27. Wie sind diese Änderungen in der Hauptstudie entstanden?
(Bitte alle Änderungen mit der Nr. auf dem Beiblatt zuordnen)

	Beratung	Entscheidung
Auftraggeber	_____	_____
Unternehmensleitung	_____	_____
Steuerungsgremium	_____	_____
Projektleiter	_____	_____
Projektteam	_____	_____
Planer	_____	_____
andere, wer? _____	_____	_____

---

[9] Die Veränderungen der Projektvereinbarungen in der Hauptstudie werden vor Interviewbeginn auf getrenntem Blatt festgehalten.

Seite 25   — —

28. Auf welche Ursachen lassen sich diese Änderungen der Vereinbarungen zurück-führen?
(Bitte alle Änderungen einer Ursachen zuordnen, Nr. auf dem Beiblatt verwenden)

Ursache für Änderungen	Vereinbarungen
Anforderung nachträglich geändert/erweitert	_____
Anforderung falsch definiert	_____
notwendige Informationen kamen zu spät	_____
Fehler bei der Planung (z.b. bei Berechnungen)	_____
Arbeitsschritte wurden vergessen	_____
Arbeitsaufwand wurde unterschätzt	_____
Planung mit fehlerhaften Daten	_____
Planung mit unbekannten Randbedingungen	_____
Auftraggeber erfüllte seine Zusagen nicht	_____
Unternehmensleitung erfüllte ihre Zusagen nicht	_____
Lieferant erfüllte seine Zusagen nicht	_____
Entscheidungen wurden verspätet getroffen	_____
Personalkapazität verringert (z.B. wg. Krankheit)	_____
Projektmitarbeiter waren ungenügend qualifiziert	_____
Projektmitarbeiter waren ungenügend motiviert	_____
Erkenntnisse/Ergebnisse des Planungsprozesses	_____
sonstige, welche?_____	_____

29. Wer wurde über diese Änderungen der Vereinbarungen informiert?
(Bitte in jeder Zeile ankreuzen)

	nicht infor-miert	teilweise in-formiert	vollständig informiert
Auftraggeber	☐	☐	☐
Unternehmenslei-tung	☐	☐	☐
Steuerungsgremium	☐	☐	☐
Projektleiter	☐	☐	☐
Projektteam	☐	☐	☐
Planer	☐	☐	☐

30. Wie groß war das Risiko der Erfüllung der Projektvereinbarungen[10], die nach der Hauptstudie verbindlich waren? (Bitte in jeder Zeile ankreuzen)

Vereinbarung	sehr klein	klein	groß	sehr groß	keine Vereinbarung
Projektendtermin	☐	☐	☐	☐	☐
Systembauzeit	☐	☐	☐	☐	☐
Zeitraum der Systemeinführung	☐	☐	☐	☐	☐
Mitarbeiter im Projektteam	☐	☐	☐	☐	☐
Reisekosten	☐	☐	☐	☐	☐
Personalkosten	☐	☐	☐	☐	☐
MAE-Investitionskosten	☐	☐	☐	☐	☐
DV-Investitionskosten	☐	☐	☐	☐	☐
Investitionsgemeinkosten	☐	☐	☐	☐	☐
Kosten der Systemeinführung	☐	☐	☐	☐	☐
Betriebskosteneinsparung	☐	☐	☐	☐	☐
Veränderung der Mitarbeiterzahl	☐	☐	☐	☐	☐
Kapazitätserweiterung	☐	☐	☐	☐	☐
Qualitätsverbesserung	☐	☐	☐	☐	☐
technische Anforderungen	☐	☐	☐	☐	☐
organisatorische Anforderungen	☐	☐	☐	☐	☐
ergonomische Anforderungen	☐	☐	☐	☐	☐
psychosoziale Anforderungen	☐	☐	☐	☐	☐
ökologische Anforderungen	☐	☐	☐	☐	☐
Randbedingungen	☐	☐	☐	☐	☐
sonstige, welche? _____	☐	☐	☐	☐	☐

---

[10] Die detaillierten Projektvereinbarungen sind auf dem Beiblatt festgehalten.

Seite 27   — —

G   Die Detailstudie

1. **Beginn** der Detailstudie: _____

2. **Ende** der Detailstudie: _____

3. **Wieviel Personen haben bei der Detailstudie mitgearbeitet?**

   direkt: _____   indirekt: _____

4. **Wieviel Fachabteilungen haben bei der Detailstudie mitgearbeitet?** _____

5. **Wie hoch war der Anteil der Projektarbeitszeit gemessen an der gesamten Arbeitszeit während der Detailstudie?**
Bitte den Anteil der Projektarbeit für jeden **direkten** Projektmitarbeiter (Frage 3) getrennt bestimmen. In der folgenden Tabelle wird dann unter jedem Zeitanteil die Anzahl der Mitarbeiter eingetragen, für die dieser Zeitanteil ermittelt wurde.
Wenn der Anteil über die Dauer der Detailstudie variiert, dann bitte auf getrenntem Blatt die Anteile über die Zeitdauer aufschlüsseln.

Zeitanteil	0% ... 10%	... 25%	... 50%	... 75%	... 90%	... 100%
Anzahl der Projektmitarbeiter	_____	_____	_____	_____	_____	_____

6. **Wann fanden in der Detailstudie Projektsitzungen statt?**
(Mehrfachnennungen möglich)

   ☐ keine Projektsitzungen

   ☐ zu Beginn der Detailstudie

   ☐ bei Problemen

   ☐ regelmäßig, alle _____ Arbeitstage

   ☐ bei bestimmten Ereignissen, welche? _____

   ☐ am Ende der Detailstudie

7. **Wie oft wurden in der Detailstudie aktuelle Informationen zwischen dem Projektteam und dem Auftraggeber ausgetauscht?** (Bitte in jeder Zeile ankreuzen)

Kontakte	pro Woche			pro Monat		im Quartal		
	täglich	mehrmals	einmal	mehrmals	einmal	einmal	weniger	keine
persönliche	☐	☐	☐	☐	☐	☐	☐	☐
telefonische	☐	☐	☐	☐	☐	☐	☐	☐
schriftliche	☐	☐	☐	☐	☐	☐	☐	☐

8. Wie oft wurden in der Detailstudie aktuelle Informationen zwischen dem Projektteam und dem Steuerungsgremium ausgetauscht?
(Bitte in jeder Zeile ankreuzen)

Kontakte	täglich	pro Woche mehrmals	einmal	pro Monat mehrmals	einmal	im Quartal einmal	weniger	keine
persönliche	❑	❑	❑	❑	❑	❑	❑	❑
telefonische	❑	❑	❑	❑	❑	❑	❑	❑
schriftliche	❑	❑	❑	❑	❑	❑	❑	❑

9. Wo hat das Planungsteam die Detailstudie erstellt?

Arbeitszeit vor Ort	0% ... 10%	... 25%	... 50%	... 75%	... 90%	... 100%
	❑	❑	❑	❑	❑	❑

10. Wie wurden die für die Planung in der Detailstudie notwendigen betrieblichen Basisdaten ermittelt? (Mehrfachnennungen möglich)

❑ Zählen und Messen   ❑ Übernahme von Plandaten

❑ Befragung   ❑ Checklisten

❑ Beobachtung   ❑ Schätzungen

❑ Auswertung von EDV-Daten   ❑ keine weiteren Daten erforderlich
(weiter mit Frage 14)

11. Wer hat betriebliche Basisdaten aufgenommen bzw. geschätzt?
(Bitte in jeder Zeile ankreuzen)

	keine Daten	wenige Daten	viele Daten
Auftraggeber	❑	❑	❑
Unternehmensleitung	❑	❑	❑
Steuerungsgremium	❑	❑	❑
Projektleiter	❑	❑	❑
Projektteam	❑	❑	❑
Planer	❑	❑	❑
Fachabteilungen	❑	❑	❑
Systembetreiber	❑	❑	❑
Systembenutzer	❑	❑	❑
Experte (extern)	❑	❑	❑
Lieferant	❑	❑	❑

260

12. Wurde das Datengerüst dem Auftraggeber zur Bestätigung mitgeteilt?

☐ nein(weiter mit Frage 15)   ☐ ja, teilweise   ☐ ja, vollständig

13. Wie wurde das Datengerüst dem Auftraggeber mitgeteilt?

☐ telefonisch   ☐ schriftlich   ☐ persönlich

14. Wie wurde nach Lösungsansätzen gesucht? [11] (Mehrfachnennungen möglich)

☐ Intuitives Vorgehen

☐ Verknüpfendes Vorgehen

☐ Kombinatorisches Vorgehen

15. Woher kam der wichtigste Impuls / die „zündende Idee" bei der Lösungsfindung?
(Mehrfachnennungen möglich)

☐ eigene Idee   ☐ Erfahrung einer Fachabteilung

☐ eigene Erfahrung   ☐ Betriebliches Vorschlagswesen

☐ Gespräch mit Kollegen   ☐ Gespräch mit Systembenutzern

☐ Erfahrung des Auftraggebers   ☐ Gespräch mit Systembetreibern

☐ Erfahrung der Unternehmensleitung   ☐ Literaturstudium

☐ Erfahrung des Steuerungsgremiums   ☐ Beratung durch Experten

16. Wie wurden die Ergebnisse der Detailstudie festgehalten?
(Mehrfachnennungen möglich)

☐ Notizen   ☐ Ablaufbeschreibungen

☐ Berichte   ☐ Fluß-/Ablaufdiagramme

☐ Präsentation   ☐ Lastenhefte

☐ Skizzen/Zeichnungen   ☐ Pflichtenhefte

☐ Graphiken   ☐ nicht schriftlich

---

[11] Zur Erläuterung der verschiedenen Vorgehensweisen s. „Erläuterungen zu den Fragen" auf Seite 50

17. Wer hat die Methode zur Bewertung der Varianten der Detailstudie festgelegt?
(Mehrfachnennungen möglich)

☐ Auftraggeber   ☐ Planer

☐ Unternehmensleitung   ☐ Systembenutzer

☐ Steuerungsgremium   ☐ Systembetreiber

☐ Projektleiter   ☐ Experte (extern)

☐ Projektteam   ☐ Lieferant

18. Welche Bewertungstechnik wurde verwendet, um die Varianten der Detailstudie zu bewerten? (Mehrfachnennungen möglich)

☐ Argumentenbilanz   ☐ Kosten-Wirksamkeits-Analyse

☐ Wirtschaftlichkeitsrechnung   ☐ keine Bewertungstechnik
                               (weiter mit Frage 20)
☐ Nutzwertanalyse

19. Wer hat die Gewichtung der Kriterien bei der Variantenbewertung in der Detailstudie festgelegt? (Mehrfachnennungen möglich)

☐ Auftraggeber   ☐ Planer

☐ Unternehmensleitung   ☐ Systembenutzer

☐ Steuerungsgremium   ☐ Systembetreiber

☐ Projektleiter   ☐ Experte (extern)

☐ Projektteam   ☐ Lieferant

20. Wer hat die Variantenauswahl am Ende der Detailstudie getroffen?
(Mehrfachnennungen möglich)

☐ Auftraggeber   ☐ Planer

☐ Unternehmensleitung   ☐ Systembenutzer

☐ Steuerungsgremium   ☐ Systembetreiber

☐ Projektleiter   ☐ Experte (extern)

☐ Projektteam   ☐ Lieferant

262

21. Wie wurden die folgenden Kriterien bei der Variantenbewertung in der Detailstudie gewichtet? (Bitte in jeder Zeile ankreuzen)

	sehr wichtig	wichtig	weder/ noch	nicht so wichtig	unwichtig
1. Ablauforganisation	☐	☐	☐	☐	☐
2. Durchlaufzeit	☐	☐	☐	☐	☐
3. Eignung[12]/ Funktion	☐	☐	☐	☐	☐
4. Ergonomie	☐	☐	☐	☐	☐
5. Flexibilität bzgl. Auslastung	☐	☐	☐	☐	☐
6. Flexibilität bzgl. Erweiterung	☐	☐	☐	☐	☐
7. Kosten der Systemeinführung	☐	☐	☐	☐	☐
8. Kundenorientierung	☐	☐	☐	☐	☐
9. Ökologie	☐	☐	☐	☐	☐
10. Personalqualifikation	☐	☐	☐	☐	☐
11. Personalkosten	☐	☐	☐	☐	☐
12. Psychosoziale Gesichtspunkte	☐	☐	☐	☐	☐
13. Systembaukosten	☐	☐	☐	☐	☐
14. Systembauzeit	☐	☐	☐	☐	☐
15. Systembetriebskosten	☐	☐	☐	☐	☐
16. Wirtschaftlichkeit	☐	☐	☐	☐	☐
17. Zeitraum der Systemeinführung	☐	☐	☐	☐	☐

22. Welche Systemeigenschaft war für die Entscheidungsträger (Frage 20) bei der Variantenauswahl ausschlaggebend?

_____

23. Wieviel Arbeitstage dauerte die Entscheidungsphase, nachdem die Ergebnisse der Detailstudie den Entscheidungsträgern (Frage 20) vorlagen?

_____ Arbeitstage

24. Wurde die von Ihnen persönlich bevorzugte Variante weitgehend übernommen?

☐ ja   ☐ nein

---

[12] „Eignung ist der Grad der Deckung von Anforderungsprofil und Fähigkeitsprofil" (Patzak, G., 1982, S.165)

25. Wie wurden die Projektbeteiligten über die Ergebnisse der Detailstudie informiert?
(Bitte in jeder **Spalte** ankreuzen, Mehrfachnennungen in der Spalte möglich)

	Auftrag-geber	Unterneh-mensleitung	Steuerungs-gremium	Projektteam-mitglieder	Planer
keine Information	☐	☐	☐	☐	☐
Notizen	☐	☐	☐	☐	☐
Berichte	☐	☐	☐	☐	☐
Präsentation	☐	☐	☐	☐	☐
Skizzen/Zeichnungen	☐	☐	☐	☐	☐
Graphiken	☐	☐	☐	☐	☐
Ablaufbeschreibungen	☐	☐	☐	☐	☐
Fluß-/ Ablaufdiagramme	☐	☐	☐	☐	☐
Lastenhefte	☐	☐	☐	☐	☐
Pflichtenhefte	☐	☐	☐	☐	☐
Besprechungen	☐	☐	☐	☐	☐
Einzelgespräche	☐	☐	☐	☐	☐

26. Wurden Vereinbarungen[13], die nach der Hauptstudie verbindlich waren innerhalb der Detailstudie geändert oder ergänzt?

☐ nein (weiter mit Frage 30)   ☐ ja

27. Wie sind diese Änderungen in der Detailstudie entstanden?
(Bitte alle Änderungen mit der Nr. auf dem Beiblatt zuordnen)

	Beratung	Entscheidung
Auftraggeber	_____	_____
Unternehmensleitung	_____	_____
Steuerungsgremium	_____	_____
Projektleiter	_____	_____
Projektteam	_____	_____
Planer	_____	_____
andere, wer? _____	_____	_____

[13] Die Veränderungen der Projektvereinbarungen in der Hauptstudie werden vor Interviewbeginn auf getrenntem Blatt festgehalten.

28. Auf welche Ursachen lassen sich diese Änderungen der Vereinbarungen zurück-führen?
(Bitte alle Änderungen einer Ursachen zuordnen, Nr. auf dem Beiblatt verwenden)

Ursache für Änderungen	Vereinbarungen
Anforderung nachträglich geändert/erweitert	
Anforderung falsch definiert	
notwendige Informationen kamen zu spät	
Fehler bei der Planung (z.b. bei Berechnungen)	
Arbeitsschritte wurden vergessen	
Arbeitsaufwand wurde unterschätzt	
Planung mit fehlerhaften Daten	
Planung mit unbekannten Randbedingungen	
Auftraggeber erfüllte seine Zusagen nicht	
Unternehmensleitung erfüllte ihre Zusagen nicht	
Lieferant erfüllte seine Zusagen nicht	
Entscheidungen wurden verspätet getroffen	
Personalkapazität verringert (z.B. wg. Krankheit)	
Projektmitarbeiter waren ungenügend qualifiziert	
Projektmitarbeiter waren ungenügend motiviert	
Erkenntnisse/Ergebnisse des Planungsprozesses	
sonstige, welche?_____	

29. Wer wurde über diese Änderungen der Vereinbarungen informiert?
(Bitte in jeder Zeile ankreuzen)

	nicht infor-miert	teilweise in-formiert	vollständig informiert
Auftraggeber	▢	▢	▢
Unternehmenslei-tung	▢	▢	▢
Steuerungsgremium	▢	▢	▢
Projektleiter	▢	▢	▢
Projektteam	▢	▢	▢
Planer	▢	▢	▢

265

Seite 34

30. Wie groß war das Risiko der Erfüllung der Projektvereinbarungen[14], die nach der Detailstudie verbindlich waren? (Bitte in jeder Zeile ankreuzen)

Vereinbarung	sehr klein	klein	groß	sehr groß	keine Vereinbarung
Projektendtermin	☐	☐	☐	☐	☐
Systembauzeit	☐	☐	☐	☐	☐
Zeitraum der Systemeinführung	☐	☐	☐	☐	☐
Mitarbeiter im Projektteam	☐	☐	☐	☐	☐
Reisekosten	☐	☐	☐	☐	☐
Personalkosten	☐	☐	☐	☐	☐
MAE-Investitionskosten	☐	☐	☐	☐	☐
DV-Investitionskosten	☐	☐	☐	☐	☐
Investitionsgemeinkosten	☐	☐	☐	☐	☐
Kosten der Systemeinführung	☐	☐	☐	☐	☐
Betriebskosteneinsparung	☐	☐	☐	☐	☐
Veränderung der Mitarbeiterzahl	☐	☐	☐	☐	☐
Kapazitätserweiterung	☐	☐	☐	☐	☐
Qualitätsverbesserung	☐	☐	☐	☐	☐
technische Anforderungen	☐	☐	☐	☐	☐
organisatorische Anforderungen	☐	☐	☐	☐	☐
ergonomische Anforderungen	☐	☐	☐	☐	☐
psychosoziale Anforderungen	☐	☐	☐	☐	☐
ökologische Anforderungen	☐	☐	☐	☐	☐
Randbedingungen	☐	☐	☐	☐	☐
sonstige, welche? _____	☐	☐	☐	☐	☐

[14] Die detaillierten Projektvereinbarungen sind auf dem Beiblatt festgehalten.

Seite 35   — —

H Der Systembau

1. **Beginn** des Systembaus: _____

2. **Ende** des Systembaus: _____

3. **Wurde der Verlauf der Systembauphase schriftlich dokumentiert?**

   ☐ nein   ☐ ja, wie?

                   ☐ Notizen

                   ☐ Berichte

                   ☐ Protokolle

                   ☐ Präsentation

4. **Welchen Einfluß hatten die Projektbeteiligten auf die Vertragsverhandlungen mit den Lieferanten?** (Bitte in jeder Zeile ankreuzen)

	keinen Einfluß	Beratung	entscheidender Einfluß
Auftraggeber	☐	☐	☐
Unternehmensleitung	☐	☐	☐
Steuerungsgremium	☐	☐	☐
Projektleiter	☐	☐	☐
Projektteam	☐	☐	☐
Planer	☐	☐	☐

5. **Welchen Einfluß hatten die Projektbeteiligten auf die Vergabe der Aufträge an die Lieferanten?** (Bitte in jeder Zeile ankreuzen)

	keinen Einfluß	Beratung	entscheidender Einfluß
Auftraggeber	☐	☐	☐
Unternehmensleitung	☐	☐	☐
Steuerungsgremium	☐	☐	☐
Projektleiter	☐	☐	☐
Projektteam	☐	☐	☐
Planer	☐	☐	☐

6. Wie wurden die Projektbeteiligten über den Fortschritt in der Systembauphase informiert?
(Bitte in jeder **Spalte** ankreuzen, Mehrfachnennungen in der Spalte möglich)

	Auftrag-geber	Unterneh-mensleitung	Steuerungs-gremium	Projekt-leiter	Projekt-team-mitglieder	Planer
keine Information	☐	☐	☐	☐	☐	☐
Notizen	☐	☐	☐	☐	☐	☐
Berichte	☐	☐	☐	☐	☐	☐
Protokolle	☐	☐	☐	☐	☐	☐
Präsentation	☐	☐	☐	☐	☐	☐
Besprechungen	☐	☐	☐	☐	☐	☐
Einzelgespräche	☐	☐	☐	☐	☐	☐

7. Wann wurden die Projektbeteiligten über den Fortschritt in der Systembauphase informiert?
(Bitte in jeder **Spalte** ankreuzen, Mehrfachnennungen in der Spalte möglich)

	Auftrag-geber	Unterneh-mensleitung	Steuerungs-gremium	Projekt-leiter	Projekt-team-mitglieder	Planer
keine Information	☐	☐	☐	☐	☐	☐
bei Problemen	☐	☐	☐	☐	☐	☐
regelmäßig, alle ... Arbeitstage	☐	☐	☐	☐	☐	☐
am Ende jedes Bauabschnittes	☐	☐	☐	☐	☐	☐
am Ende der Systembauphase	☐	☐	☐	☐	☐	☐

Seite 37   — —

8. Mußten in der Systembauphase erfolgsrelevante Änderungen an den Plänen der Detailstudie vorgenommen werden?

☐   nein (weiter mit Frage 11)   ☐   ja

9. Welche erfolgsrelevanten Änderungen mußten in der Systembauphase an den Plänen der Detailstudie vorgenommen werden?
(Bitte die Änderungen kurz beschreiben)

Nr.	Notwendige Änderung
1	
2	
3	
4	
5	
6	

10. Auf welche Ursachen lassen sich diese Änderungen zurückführen?
(Bitte alle Änderungen mit der Nr. aus Frage 7 zuordnen)

Ursache	Änderungen (Nr. eintragen)
Anforderung nachträglich geändert/erweitert	
Anforderung falsch definiert	
notwendige Informationen kamen zu spät	
Fehler bei der Planung (z.B. bei Berechnungen)	
Arbeitsschritte wurden vergessen	
Arbeitsaufwand wurde unterschätzt	
Planung mit fehlerhaften Daten	
Planung mit unbekannten Randbedingungen	
Lieferant erfüllte seine Zusagen nicht	
Entscheidungen wurden verspätet getroffen	
sonstige, welche? _____	

I Die Systemeinführung

1. **Beginn** der Systemeinführung:_____

2. **Ende** der Systemeinführung: _____

> Im folgenden bezeichnet der Begriff „Systembenutzer" alle Mitarbeiter, die in
> dem neuen oder neugestalteten Arbeitssystem tätig sind.

3. **Wieviel Systembenutzer waren bei der Systemeinführung in dem Arbeitssystem beschäftigt?**

_____

4. **Wann wurden die Systembenutzer über die Systemeinführung erstmals informiert?**
(Bitte Datum eintragen)

_____

5. **Wurden die Systembenutzer *vor* der Systemeinführung geschult?**
   ☐ nein(weiter mit Frage 11)   ☐ ja

6. **Wie lange wurden die Systembenutzer geschult?** _____ Arbeitstage

7. **Welche Mitarbeiter wurden geschult?**
(Mehrfachnennungen möglich)
   ☐ alle betroffenen Mitarbeiter
   ☐ alle Systembenutzer
   ☐ Systembenutzer an neuartigen Arbeitsplätzen
   ☐ Systembetreiber
   ☐ Vorarbeiter

8. **Wer hat die Schulung durchgeführt?** (Mehrfachnennungen möglich)
   ☐ Projektteam   ☐ Systembetreiber eines Vergleichssystems
   ☐ Systembetreiber (bereits geschult) ☐ Systembenutzer eines Vergleichssystems
   ☐ Systembenutzer (bereits geschult) ☐ externer Berater
   ☐ Systemlieferant   ☐ sonstige, wer?_____

Seite 39 __ __

9. Wie wurden die Systembenutzer geschult? (Mehrfachnennungen möglich)

◻ theoretische Ausbildung   ◻ praktische Übungen

◻ Einzelschulung   ◻ Gruppenschulung

◻ schriftliche Begleitunterlagen

10. Wo wurde die Schulung durchgeführt? (Mehrfachnennungen möglich)

◻ am neuen Arbeitsplatz

◻ in einem Modellbereich (Ausbildungsplatz)

◻ in einem Schulungsraum o.ä. innerhalb der Firma

◻ beim Systemlieferanten

◻ sonstige Schulungsorte (z.B. IHK, Hotel), wo? _____

11. Wie wurden die Systembenutzer bei der Systemeinführungsphase unterstützt?
(Mehrfachnennungen möglich)

◻ die Systembenutzer wurden nicht unterstützt (weiter mit Frage 13)

◻ schriftliche Ablaufbeschreibungen an allen Arbeitsplätzen

◻ bei Problemen standen Fachleute für Fragen vor Ort zur Verfügung

◻ bei Problemen standen Fachleute für Fragen telefonisch zur Verfügung

◻ Schulung der Systembenutzer während der Systemeinführung

◻ regelmäßiger Informationsaustausch zwischen Planer und Anwender

12. Wie lange wurden die Systembenutzer bei der Systemeinführung unterstützt?

◻ während der gesamten Systemeinführung

◻ nur zeitweise, wie lange insgesamt? _____ Arbeitstage

13. Wurde der Verlauf der Systemeinführungsphase schriftlich dokumentiert?

◻ nein   ◻ ja, wie?

◻ Notizen

◻ Berichte

◻ Protokolle

◻ Präsentation

Seite 40

14. **Wie wurden die Projektbeteiligten über den Fortschritt in der Systemeinführungsphase informiert?**
(Bitte in jeder **Spalte** ankreuzen, Mehrfachnennungen in der Spalte möglich)

	Auftraggeber	Unternehmensleitung	Steuerungsgremium	Projektleiter	Projektteammitglieder	Planer
keine Information	☐	☐	☐	☐	☐	☐
Notizen	☐	☐	☐	☐	☐	☐
Berichte	☐	☐	☐	☐	☐	☐
Protokolle	☐	☐	☐	☐	☐	☐
Präsentation	☐	☐	☐	☐	☐	☐
Besprechungen	☐	☐	☐	☐	☐	☐
Einzelgespräche	☐	☐	☐	☐	☐	☐

15. **Wann wurden die Projektbeteiligten über den Fortschritt in der Systemeinführungsphase informiert?**
(Bitte in jeder **Spalte** ankreuzen, Mehrfachnennungen in der Spalte möglich)

	Auftraggeber	Unternehmensleitung	Steuerungsgremium	Projektleiter	Projektteammitglieder	Planer
keine Information	☐	☐	☐	☐	☐	☐
bei Problemen	☐	☐	☐	☐	☐	☐
regelmäßig, alle ... Arbeitstage	☐	☐	☐	☐	☐	☐
am Ende der Systemeinführung	☐	☐	☐	☐	☐	☐

Seite 41 — —

16. Mußten in der Systemeinführungsphase erfolgsrelevante Änderungen an den Plänen der Detailstudie vorgenommen werden?

☐ nein (weiter mit Frage K1)   ☐ ja

17. Welche erfolgsrelevanten Änderungen mußten in der Systemeinführungsphase an den Plänen der Detailstudie vorgenommen werden?
(Bitte die Änderungen kurz beschreiben)

Nr.	Notwendige Änderung
1	
2	
3	
4	
5	
6	

18. Auf welche Ursachen lassen sich diese Änderungen zurückführen?
(Bitte alle Änderungen mit der Nr. aus Frage 15 zuordnen)

Ursache für Änderungen	Änderungen (Nr. eintragen)
Anforderung nachträglich geändert/erweitert	
Anforderung falsch definiert	
notwendige Informationen kamen zu spät	
Fehler bei der Planung (z.B. bei Berechnungen)	
Arbeitsschritte wurden vergessen	
Arbeitsaufwand wurde unterschätzt	
Planung mit fehlerhaften Daten	
Planung mit unbekannten Randbedingungen	
Auftraggeber erfüllte seine Zusagen nicht	
Unternehmensleitung erfüllte ihre Zusagen nicht	
Lieferant erfüllte seine Zusagen nicht	
Entscheidungen wurden verspätet getroffen	
Personalkapazität verringert (z.B. wg. Krankheit)	
Projektmitarbeiter waren ungenügend qualifiziert	
Projektmitarbeiter waren ungenügend motiviert	
sonstige, welche?	

J   Der Projektabschluß

1. Wurde der Projekt*verlauf* am Ende des Projektes zusammengefaßt?

☐ nein   ☐ ja, wie? (Mehrfachnennungen möglich)

  ☐ Abschlußbericht

  ☐ Präsentation

  ☐ Protokoll

  ☐ Notiz

  ☐ sonstiges, was? _____

2. Wurde das Projekt*ergebnis* am Ende des Projektes zusammengefaßt?

☐ nein   ☐ ja, wie? (Mehrfachnennungen möglich)

  ☐ Abschlußbericht

  ☐ Präsentation

  ☐ Protokoll

  ☐ Notiz

  ☐ sonstiges, wie? _____

3. Wurden die Erfahrungen aus dem Projekt festgehalten?

☐ nein(weiter mit Frage 6)   ☐ ja, wie? (Mehrfachnennungen möglich)

  ☐ Erfahrungsdatenbank

  ☐ Erfahrungsbericht

  ☐ Checklisten

  ☐ Protokoll

  ☐ Arbeits-, Verfahrensanweisungen

  ☐ sonstiges, wie? _____

4. Wessen Projekterfahrung wurde erfragt und festgehalten?
(Mehrfachnennungen möglich)

☐ Auftraggeber   ☐ Planer

☐ Unternehmensleitung   ☐ Systembenutzer

☐ Steuerungsgremium   ☐ Systembetreiber

☐ Projektleiter   ☐ Experte (extern)

☐ Projektteam   ☐ Lieferant

5. Wurden die Erfahrungen aus dem Projekt anderen Mitarbeitern zugänglich gemacht?

☐ nein   ☐ ja, wie? (Mehrfachnennungen möglich)

　　　　　　　　　　☐ Präsentation

　　　　　　　　　　☐ Diskussion / Besprechung

　　　　　　　　　　☐ Erfahrungsdokumentation (s. Frage 3)

　　　　　　　　　　☐ Projektunterlagen

　　　　　　　　　　☐ sonstiges, wie? _____

6. Besteht auch nach Projektabschluß noch Kontakt zum Auftraggeber?

☐ nein   ☐ ja, wie? (Mehrfachnennungen möglich)

　　　　　　　　　　☐ Erfahrungsaustausch

　　　　　　　　　　☐ Beratung

　　　　　　　　　　☐ Anschlußprojekt

　　　　　　　　　　☐ Nachbesserungen (Mängelbeseitigung)

7. Wie beurteilen Sie den Einsatz von Methoden, Verfahren und Instrumente...

... des Projektmanagements bei diesem Projekt? (Bitte in jeder Zeile ankreuzen)

	in übertriebenem Maße eingesetzt	in notwendigem Maße eingesetzt	in nicht ausreichendem Maße eingesetzt
bei der Projektplanung	☐	☐	☐
bei der Projektverfolgung	☐	☐	☐

... des Systems Engineerings bei diesem Projekt? (Bitte in jeder Zeile ankreuzen)

	in übertriebenem Maße eingesetzt	in notwendigem Maße eingesetzt	in nicht ausreichendem Maße eingesetzt
bei der Problemabgrenzung	☐	☐	☐
bei der Lösungsfindung	☐	☐	☐

8. Welches Ergebnis brachte die Wirtschaftlichkeitsnachrechnung (WINA)?

☐ Für dieses Projekt wurde keine WINA erstellt.

☐ Die Wirtschaftlichkeitsziele aus dem Projektauftrag wurden nicht erreicht.

☐ Die Wirtschaftlichkeitsziele aus dem Projektauftrag wurden erreicht.

☐ Die Wirtschaftlichkeitsziele aus dem Projektauftrag wurden übertroffen.

9. Wie hoch ist die Gesamtsumme der Projektkosten nach Abschluß des Projektes?

☐ Die Summe der Projektkosten ist nicht bekannt.

☐ Die Projektkosten betragen insgesamt ca.: _____ DM.

10. Wie gut werden bzw. wurden die Projektvereinbarungen, die nach der Detailstudie verbindlich waren, erfüllt?
(Bitte in jeder Zeile ankreuzen)

Vereinbarung	sehr gut	gut	weder/ noch	schlecht	sehr schlecht	keine Vereinb.
Projektendtermin	☐	☐	☐	☐	☐	☐
Systembauzeit	☐	☐	☐	☐	☐	☐
Zeitraum der Systemeinführung	☐	☐	☐	☐	☐	☐
Mitarbeiter im Projektteam	☐	☐	☐	☐	☐	☐
Reisekosten	☐	☐	☐	☐	☐	☐
Personalkosten	☐	☐	☐	☐	☐	☐
MAE-Investitionskosten	☐	☐	☐	☐	☐	☐
DV-Investitionskosten	☐	☐	☐	☐	☐	☐
Investitionsgemeinkosten	☐	☐	☐	☐	☐	☐
Kosten der Systemeinführung	☐	☐	☐	☐	☐	☐
Betriebskosteneinsparung	☐	☐	☐	☐	☐	☐
Veränderung der Mitarbeiterzahl	☐	☐	☐	☐	☐	☐
Kapazitätserweiterung	☐	☐	☐	☐	☐	☐
Qualitätsverbesserung	☐	☐	☐	☐	☐	☐
technische Anforderungen	☐	☐	☐	☐	☐	☐
organisatorische Anforderungen	☐	☐	☐	☐	☐	☐
ergonomische Anforderungen	☐	☐	☐	☐	☐	☐
psychosoziale Anforderungen	☐	☐	☐	☐	☐	☐
ökologische Anforderungen	☐	☐	☐	☐	☐	☐
Randbedingungen	☐	☐	☐	☐	☐	☐
sonstige, welche? _____	☐	☐	☐	☐	☐	☐

Seite 45   — —

11. Wie wurde von den Projektbeteiligten der Projekt*verlauf* beurteilt?
(Bitte in jeder Zeile ankreuzen)

Projektverlauf	sehr zu-frieden	zufrieden	unent-schieden	unzufrieden	sehr unzufrieden	nicht bekannt
Auftraggeber	☐	☐	☐	☐	☐	☐
Unternehmensleitung	☐	☐	☐	☐	☐	☐
Steuerungsgremium	☐	☐	☐	☐	☐	☐
Projektleiter	☐	☐	☐	☐	☐	☐
Projektteam	☐	☐	☐	☐	☐	☐
Planer	☐	☐	☐	☐	☐	☐

12. Wie wurde von den Projektbeteiligten und den Systemanwendern das Projekt*ergebnis* beurteilt?
(Bitte in jeder Zeile ankreuzen)

Projektergebnis	sehr zu-frieden	zufrieden	unent-schieden	unzufrieden	sehr unzufrieden	nicht bekannt
Auftraggeber	☐	☐	☐	☐	☐	☐
Unternehmensleitung	☐	☐	☐	☐	☐	☐
Steuerungsgremium	☐	☐	☐	☐	☐	☐
Projektleiter	☐	☐	☐	☐	☐	☐
Projektteam	☐	☐	☐	☐	☐	☐
Planer	☐	☐	☐	☐	☐	☐
Systemanwender	☐	☐	☐	☐	☐	☐

13. Bitte erläutern Sie in 2 kurzen Sätzen, wie es zu dem Projektverlauf und dem Projektergebnis gekommen ist.

....

....

....

....

277

Seite 46

14. Wie ausführlich war die von den Projektbeteiligten im Verlauf dieses Projekts weitergegebenen Informationen? (Bitte in jeder Zeile ankreuzen)

Beurteilen Sie in der folgenden Tabelle die **Qualität** und die **Quantität** der weitergegebenen Informationen. Wählen Sie eine Bewertung, die den Informationsaustausch - über die gesamte Projektlaufzeit gesehen - am besten beschreibt. Beurteilen Sie dabei die Qualität und Quantität der Informationen nach der Verwendungsmöglichkeit der Informationen bei der Projektplanung bzw. bei der Projektsteuerung.

Qualität und Quantität	keine Information	ungenügende Information	ausreichende Information	ausführliche Information
Auftraggeber	☐	☐	☐	☐
Berater	☐	☐	☐	☐
Fachabteilungen	☐	☐	☐	☐
Lieferanten	☐	☐	☐	☐
Projektleiter	☐	☐	☐	☐
Projektteam	☐	☐	☐	☐
Steuerungsgremium	☐	☐	☐	☐
Unternehmensleitung	☐	☐	☐	☐

15. Wie schnell wurden von den Projektbeteiligten im Verlauf dieses Projekts Informationen weitergegeben? (Bitte in jeder Zeile ankreuzen)

Beurteilen Sie in der folgenden Tabelle die **Schnelligkeit** der Informationsweitergabe. Wählen Sie eine Bewertung, die den Informationsaustausch - über die gesamte Projektlaufzeit gesehen - am besten beschreibt.

Schnelligkeit	keine Weitergabe	nur auf Nachfrage	verzögerte Weitergabe	sofortige Weitergabe
Auftraggeber	☐	☐	☐	☐
Berater	☐	☐	☐	☐
Fachabteilungen	☐	☐	☐	☐
Lieferanten	☐	☐	☐	☐
Projektleiter	☐	☐	☐	☐
Projektteam	☐	☐	☐	☐
Steuerungsgremium	☐	☐	☐	☐
Unternehmensleitung	☐	☐	☐	☐

Seite 47 — —

K Die Gesamtbetrachtung

Beurteilen Sie bitte folgende Aussagen:

	stimmt genau	stimmt weit- gehend	teils - teils	stimmt eher nicht	stimmt nicht	nicht re- levant
1. Für die Projektlaufzeit wurde mit einer unveränderten wirtschaftlichen Lage gerechnet.	☐	☐	☐	☐	☐	☐
2. Die aufgewendete Projektarbeitszeit stand in einem guten Verhältnis zum erreichten Projektergebnis.	☐	☐	☐	☐	☐	☐
3. Mit diesem Projektteam würde ich gerne wieder in einem Projekt zusammenarbeiten.	☐	☐	☐	☐	☐	☐
4. Mit diesem Auftraggeber würde ich gerne wieder in einem Projekt zusammenarbeiten.	☐	☐	☐	☐	☐	☐
5. Der Auftraggeber unterstützte das Projektteam, wenn Probleme auftraten.	☐	☐	☐	☐	☐	☐
6. Die Erfahrungen aus diesem Projekt können sofort bei anderen Projekten genutzt werden.	☐	☐	☐	☐	☐	☐
7. Es gab keine zwischenmenschlichen Konflikte mit Projektteammitgliedern oder mit Kollegen.	☐	☐	☐	☐	☐	☐
8. Sobald Probleme auftraten, wurde umgehend darüber gesprochen.	☐	☐	☐	☐	☐	☐
9. Das Steuerungsgremium unterstützte das Projektteam, wenn Probleme auftraten.	☐	☐	☐	☐	☐	☐
10. Das Steuerungsgremium stand hinter den Entscheidungen des Projektteams.	☐	☐	☐	☐	☐	☐
11. Die Unternehmensleitung unterstützte das Projektteam, wenn Probleme auftraten.	☐	☐	☐	☐	☐	☐
12. Die Unternehmensleitung stand hinter den Entscheidungen des Projektteams.	☐	☐	☐	☐	☐	☐
13. Die Mitarbeiter aus den verschiedenen Fachabteilungen arbeiteten im Projektteam gut zusammen.	☐	☐	☐	☐	☐	☐
14. Durch dieses Projekt ist meine Arbeit interessanter geworden.	☐	☐	☐	☐	☐	☐
15. Jedem Projektmitarbeiter waren seine Aufgaben im Rahmen dieses Projektes verständlich.	☐	☐	☐	☐	☐	☐
16. Die Aufgaben wurden so verteilt, daß kein Projektmitarbeiter überfordert wurde.	☐	☐	☐	☐	☐	☐
17. Der Projektleiter hatte die volle Projektverantwortung.	☐	☐	☐	☐	☐	☐
18. Teamgeist und Motivation kennzeichneten die Arbeit im Projektteam.	☐	☐	☐	☐	☐	☐

Seite 48

	stimmt genau	stimmt weit- gehend	teils - teils	stimmt eher nicht	stimmt nicht	nicht re- levant
19. Das Verhältnis zwischen Projektleiter und Projektteam war jederzeit gut.	❑	❑	❑	❑	❑	❑
20. Das Projektteam hatte genügend Erfahrung im Umgang mit PM-Methoden und PM-Instrumenten.	❑	❑	❑	❑	❑	❑
21. Das Projektteam war in Fragen der Projektabwicklung ausreichend geschult.	❑	❑	❑	❑	❑	❑
22. Die Projektmitarbeiter hatten bezogen auf ihre Aufgabenerfüllung einen großen Handlungsspielraum.	❑	❑	❑	❑	❑	❑
23. Die Projektmitarbeiter waren über die Projektziele ausführlich informiert worden.	❑	❑	❑	❑	❑	❑
24. Die Projektmitarbeiter konnten sich mit den Projektzielen identifizieren.	❑	❑	❑	❑	❑	❑
25. Die Projektmitarbeiter wußten, welche Aufgabe sie nach Projektende übernehmen werden.	❑	❑	❑	❑	❑	❑
26. Das Verhältnis zwischen Auftraggeber und Projektteam war jederzeit gut.	❑	❑	❑	❑	❑	❑
27. Das Projektergebnis stellt die denkbar beste Lösung für das zugrunde liegende Problem dar.	❑	❑	❑	❑	❑	❑
28. Der Projektleiter hatte genügend formale Autorität, um seine Aufgabe optimal zu erfüllen.	❑	❑	❑	❑	❑	❑
29. Der Projektleiter hatte gegenüber dem Projektteam uneingeschränkte fachliche Weisungsbefugnis.	❑	❑	❑	❑	❑	❑
30. Das Verhältnis zwischen dem Steuerungsgremium und dem Projektteam war jederzeit gut.	❑	❑	❑	❑	❑	❑
31. Das Verhältnis zwischen der Unternehmensleitung und dem Projektteam war jederzeit gut.	❑	❑	❑	❑	❑	❑
32. Die Unternehmensleitung unterstützte das Projektteam in einer Krise.	❑	❑	❑	❑	❑	❑
33. Bisher im Unternehmen bestehende Konflikte wurden in das Projekt hinein getragen.	❑	❑	❑	❑	❑	❑
34. Der Auftraggeber unterstützte das Projektteam in einer Krise.	❑	❑	❑	❑	❑	❑
35. Das Steuerungsgremium unterstützte das Projektteam in einer Krise.	❑	❑	❑	❑	❑	❑

Seite 49 — —

Erläuterungen zu den Fragen:

Zuerst die Projektbeteiligten und den Projektverlauf beschreiben.

A1: Beispiele für Projektarten: Bau-, Organisations-, Entwicklungs-, Forschungs-, Software-projekt.

A2: Der Projektbeginn ist der Tag, an dem die Geschäftsleitung die Durchführung des Projektes beschlossen hat.

A8: Aufbau der Projektorganisationen siehe Blatt.

A10: Waren die Projektbeteiligte darüber informiert, wo sie Informationen zum Projekt bekommen konnten oder mußte man sich durchfragen und die zuständigen Mitarbeiter selbst suchen?

A13: Jedem Projekt liegt ein Problem zu Grunde, das gelöst werden soll. Wieviel von der gesamten Projektaufgabe war schon bei Projektbeginn gelöst, wieviel mußte noch erarbeitet werden?

A15: Keine Richtlinien zu einem speziellen Bereich, sondern nur zu Projektmanagement.

B1: Vereinbarungen: welche Einschränkungen wurden vorgegeben, die nicht systembedingt waren („Wünsche des Kunden")

B11: Tabelle/Liste: Auflistung von Terminen und Arbeitspaketen

Balkendiagramm: Graphische Darstellung der Arbeitspakete in Balkenform über einer Zeitachse

Netzplantechniken[15]:

CPM-Netzplan: Vorgangs-Pfeil-Netzplan: vorgangsorientiert, deterministisch

MPM-Netzplan: Vorgangs-Knoten-Netzplan: vorgangsorientiert, „ereignisfrei"

PERT-Netzplan: Ereignis-Knoten-Netzplan: ereignisorientiert, stochastisch

GERT-Netzplan: Vorgangs-Pfeil-Netzplan: vorgangsorientiert, stochastisch

B12: Projektfortschritt: um wieviel ist man der Lösung näher gekommen? Projektterminplan: Einhaltung der vereinbarten Termine, z.B. Meilensteine

C5/6: Das Projektteam besteht aus Projektleiter und Projektteammitgliedern. Bei diesen Fragen soll aber der Projektleiter nicht berücksichtigt werden.

D6: Arbeitswissenschaft: Zeitwirtschaft, mitarbeiterbezogene Betriebsorganisation Betriebsorganisation: hier beschränkt auf technische BO: Durchlaufzeit, Standzeit ...

E3: direkte Mitarbeit: offizielle Projektmitarbeiter, die an bestimmten Arbeitspaketen mitarbeiten

indirekte Mitarbeit: externe oder interne Mitarbeiter, die um Rat gefragt werden, um übergeordnete Probleme lösen zu können; keine längere projektbegleitende Tätigkeit

E4: Nur die Fachabteilungen, die ein Arbeitspaket bearbeitet haben.

---

[15] s. Beschreibungen der Methoden bei Neumann (1983, S. 6 ff.) bzw. Neumann (1990, S. 11 ff.)

Seite 50

E5: Der Mitarbeiter soll die einzelnen Projekte kurz beschreiben, damit eine einheitliche Einordnung vorgenommen werden kann.

E9: Vor Ort: Arbeitszeit „in der Nähe" des zukünftigen Systems, um Eindrücke zu sammeln mittels Beobachtungen, Gespräche, Messungen etc.

E14: Intuitives Vorgehen: Lösungen basieren auf den Ideen, die z.b. durch Gedankenaustausch im Hinblick auf eine konkrete Fragestellung in einer Gruppe gefunden werden.

Verknüpfendes Vorgehen: Lösungen werden konstruiert, indem verschiedene Lösungen aus verwandten Bereiche (z.B.: der Natur) auf das eigene Problem übertragen.

Kombinatorisches Vorgehen: Die Lösungen entstehen, indem die unterschiedlichen Lösungsmerkmale systematisch variiert werden. Im Vordergrund steht die Inspiration durch die entstandenen Lösungen.

E18: Argumentenbilanz: die Vorteile und Nachteile einzelner Varianten werden in Form verbaler Argumente aufgelistet[16]

Wirtschaftlichkeitsrechnung: mit Hilfe von Geldeinheiten werden negative (aufwandsmäßige) und positive (ertragsmäßige) Auswirkungen von Lösungen ermittelt[17]

Nutzwertanalyse: mit Hilfe von Beurteilungsnoten wird die Erfüllung von Teilzielen beurteilt. Die Teilziele werden gewichtet und die gewichteten Beurteilungsnoten zu Wirksamkeitszahlen für die Varianten addiert. (andere Bezeichnungen: Bewertungsmatrix, Punktbewertung, Multikriterienmethode)[18]

Kosten-Wirksamkeits-Analyse: Beurteilung und Gewichtung wie bei der Nutzwertanalyse. Im Gegensatz zur Nutzwertanalyse werden die Kostenbeurteilung und die Wirksamkeitszahlen der Varianten durch Division ins Verhältnis gesetzt.[19]

I2: Die Systemeinführungsphase ist dann vorüber, wenn das System seine Aufgabe erfüllen kann. Dabei müssen ca. 90% der späteren Leistung erreicht sein!

---

[16] nach Daenzer & Huber (1994, S. 197)

[17] nach Daenzer & Huber (1994, S. 202)

[18] „Die (...) Bewertungsmatrix ist Kernstück einer Reihe von Bewertungsmethoden (Punktbewertung/ Multikriterienmethode Nutzwertanalyse), die unter verschiedenen Bezeichnungen das gleiche meinen." (Daenzer & Huber, 1994, S. 197)

[19] nach Daenzer & Huber (1994, S. 200)

Seite 51   — —

Erläuterungen zu den Projektzielen:

Gruppe von Projektzielen	Beispiele für Projektvereinbarungen
Wirtschaftliche Ziele:	Betriebs- und Personalkosten; Amortisationszeit
Technische Ziele:	Leistung; Qualität; Durchlaufzeit; Inbetriebnahmezeit; Flexibilität (Ablaufänderungen, Mitarbeitereinsatz, Stückzahl, Erweiterung);
Organisatorische Ziele:	Kompetenzdelegation; Kundenorientierung; Reaktionsfähigkeit auf Veränderungen; Mitarbeiterqualifikation
Ergonomische Ziele:	Belastung durch Umwelteinflüsse; Physische, mentale und emotionale Belastung; Arbeitssicherheit; Arbeitsplatzgestaltung; Übersichtlichkeit
Psychosoziale Ziele:	Entfaltungsmöglichkeit; Kommunikationsmöglichkeit; zeitliche Eigenbestimmtheit; Mitarbeiterbeteiligung an Änderungen
Ökologische Ziele:	Stoffkreislauf; Energieverbrauch; Stoffabgabe an die Systemumwelt; Umweltfreundlichkeit der Einsatzstoffe
Projekttermine:	Projektendtermin; Meilensteine; Beginn der Systembauphase; Beginn der Inbetriebnahme

Anmerkung: Die Projektziele werden bei Projektbeginn oder im Projektverlauf konkret definiert. So wird dann z.b. bei den „Technischen Zielen" die Qualität (Qualitätsziel) definiert über: „Fehlerquote < 1‰".

Arbeitswissenschaft in der betrieblichen Praxis

Herausgegeben von Peter Knauth

Band 1 Ulrich Anstadt: Determinanten der individuellen Akzeptanz bei Einführung neuer Technologien. Eine empirische arbeitswissenschaftliche Studie am Beispiel von CNC-Werkzeugmaschinen und Industrierobotern. 1994.

Band 2 Stefan Lemke: Auswirkungen der Einführung teilautonomer Gruppenarbeit auf ausgewählte sozialpsychologische und betriebswirtschaftliche Kenngrößen. Eine Untersuchung in einem Automobilwerk. 1995.

Band 3 Patrick Lorer: Empirische Untersuchung über Einflußfaktoren der Lohnhöhe und Entlohnungszufriedenheit in der industriellen Fertigung. 1995.

Band 4 Jörg Wöltje: Weiterbildung für neue Technologien. Eine arbeitswissenschaftliche Erhebung in Industriebetrieben. 1995.

Band 5 Franz Metz: Konzeptionelle Grundlagen, empirische Erhebungen und Ansätze zur Umsetzung des Personal-Controlling in die Praxis. 1995.

Band 6 Georg Kraus: Einfluß des angewandten Projektmanagements auf die Arbeitszufriedenheit der in einer Projektorganisation integrierten Mitarbeiter. Eine Felduntersuchung in der Automobilindustrie. 1996.

Band 7 W. Peter Colquhoun / Giovanni Costa / Simon Folkard / Peter Knauth (eds.): Shiftwork. Problems and Solutions. 1996.

Band 8 Boris-Chris Liffers: Integrierte Methodik für die Verbesserung von verwaltenden Prozessen. Ein mitarbeiterorientiertes Instrument. 1998.

Band 9 Eckard Kern: Entwicklung und Anwendung eines Systems zur Lenkung von teilautonomen Gruppen. Analyse der betriebswirtschaftlichen und sozialwissenschaftlichen Auswirkungen am Beispiel eines Maschinenbauunternehmens. 1998.

Band 10 Arndt Zeitz: Das Survey-Feedback als Führungsinstrument zur Gestaltung strategiegeleiteter Veränderungsprozesse in großen Organisationen. 1998.

Band 11 Andreas Gissel: Wissensbasierte Prozeßunterstützung für das ergonomische Design und die Implementierung von Schichtsystemen. Konzeption und Realisierung eines Prototyps. 1998.

Band 12 Karsten Haasters: Innovative Instrumente der prozeßorientierten Personalarbeit. Konzeptionelle Grundlagen und empirische Erhebungen. 1999.

Band 13 Philipp Hölzle: Prozeßorientierte Personalarbeit. Vom Personal- zum Führungs-Controlling. 1999.

Band 14 Klaus Thunig: Erfolgsfaktoren für die Zielerreichung in Teams. Eine empirische Untersuchung am Beispiel von teilautonomen Fertigungsteams. 1999.

Band 15 Thomas Bauer: Entwicklung, Implementierung und Evaluation eines computerunterstützten Lernsystems zur Verbesserung der partizipativen Arbeitszeitflexibilisierung im Rahmen der betrieblichen Weiterbildung. 1999.

Band 16 Peter Knauth / Sonia Hornberger / Sibylle Olbert-Bock / Jürgen Weisheit: Erfolgsfaktor familienbewußte Personalpolitik. 2000.

Band 17 Sonia Hornberger / Peter Knauth / Giovanni Costa / Simon Folkard (eds.): Shiftwork in the 21st Century. Challenges for Research and Practice. 2000.

Band 18 Jürgen Weisheit: Veränderung der innerbetrieblichen Kommunikation bei der Einführung alternierender Telearbeit. Zwei Felduntersuchungen in der Großindustrie. 2001.

Band 19 Patric Claude Gauderer: Indivudualisierte Dienstplangestaltung. Ein partizipativer Ansatz zur Flexibilisierung der Arbeitszeit des Fahrpersonals im Öffentlichen Personennahverkehr (ÖPNV). 2002.

Band 20 Sibylle Olbert-Bock: Lernprozesse bei Veränderungen in Unternehmen. 2002.

Band 21 Manfred Hentz: Ein Instrument zur Kommunikationsstrukturanalyse auf Basis der autopoietischen Systemtheorie. Eine empirische Untersuchung in einem mittelständischen Unternehmen. 2002.

Band 22 Dorothee Karl: Erfahrungsaufbau und -transfer. Empirische Studie in einer Großbank. 2005.

Band 23 Kerstin Freier: Work Life Balance. Zielgruppenanalyse am Beispiel eines deutschen Automobilkonzerns. 2005.

Band 24 Roland Lerch: Einflussfaktoren auf den Erfolg des Problemlösungsprozesses in Projekten. Eine empirische Studie an Kleinprojekten. 2005.

www.peterlang.de